YONGLIAN CHINA

中国永联村

永钢集团工会
第六届二次职工（会员）代表大会

会议现场表决通过决议

永钢集团党委书记、总裁吴毅作指示

无记名投票

会议现场统计票数

永钢集团工会第六届二次职工（会员）代表大会

YONGLIAN ALMANAC 2021

永联年鉴

张家港市南丰镇永联村主办
永联年鉴编纂委员会编著

东南大学出版社
SOUTHEAST UNIVERSITY PRESS

图书在版编目（CIP）数据

永联年鉴. 2021 / 永联年鉴编纂委员会编著. --南京：东南大学出版社，2021.12
ISBN 978-7-5766-0005-6

Ⅰ. ①永… Ⅱ. ①永… Ⅲ. ①乡村 - 张家港 - 2021 - 年鉴 Ⅳ. ①Z525. 35

中国版本图书馆CIP数据核字(2021)第277890号

责任编辑 宋华莉 **责任校对** 韩小亮 **装帧设计** 德玺文化 **责任印制** 周荣虎

永联年鉴（2021） Yonglian Nianjian 2021

编　　著	永联年鉴编纂委员会
出版发行	东南大学出版社
社　　址	南京市四牌楼2号
邮　　编	210096
电　　话	025-83793330
网　　址	http://www.seupress.com
电子邮件	press@seupress.com
经　　销	全国各地新华书店
印　　刷	南京凯德印刷有限公司
开　　本	889毫米×1194毫米　1/16
印　　张	15.75
字　　数	452千字
版　　次	2021年12月第1版
印　　次	2021年12月第1次印刷
书　　号	ISBN 978-7-5766-0005-6
定　　价	66.00元（精装）

本社图书若有印装质量问题，请直接与营销部联系。电话（传真）：025-83791830

永联年鉴编纂委员会

名誉主任　吴栋材
顾　　问　吴耀芳　陈华斌　黄均时　吴惠英
　　　　　张刘瑜
主　　任　吴惠芳
副 主 任　吴　毅
委　　员　吴　睿　钱毅群　余加军　黄跟平
　　　　　秦　欢　张　迁　杜显峰　黄秀伟

《永联年鉴（2021）》

封面题字　吴栋材
主　　审　吴惠芳
主　　编　张　瑜
编　　辑　宋立娟　吴阳舒　单叶华
图片编辑　吴阳舒　单叶华
装帧设计　德玺文化
摄　　影　黄智强

《永联年鉴（2021）》审定单位

中共张家港市委党史地方志办公室

序

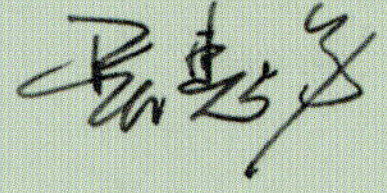

时值建党百年、建村五十周年的历史时刻,《永联年鉴(2021)》经历一年时间的精心编纂,数易其稿,通过评审、修正,终得出版成书。这是一本决策参考、沟通交流的优质教科书,以翔实的资料、精美的图片,全面、客观、系统记述了过去一年永联村域自然、政治、经济、文化、社会、生态建设等方面的基本情况,集中展示了永联村全面推进乡村振兴所取得的优异成绩,是一本存史、资政、育人的生动教材。

2020年,是极不平常的一年。面对新冠肺炎疫情冲击、经济下行压力加大等严峻形势,永联村坚持以习近平新时代中国特色社会主义思想为指导,紧紧围绕“产业兴旺、生态宜居、乡风文明、治理有效、生活富裕”的工作主线,把握经济社会发展规律,引导群众战胜困难、奋力拼搏,实现了村企经济又好又快发展。全年工农业实现销售收入1018亿元,创历史新纪录,利税总额60亿元,实现村级可支配收入1.84亿元。与此同时,永联村连续六届获评全国文明村;永钢集团获评2020年度环境社会责任企业,在中国民营企业500强中排名第93位,在中国制造业民营企业500强中排名第48位,获评抗击新冠肺炎疫情先进民营企业、绿色发展标杆企业、第十一届“中华慈善奖”、江苏省省长质量奖等荣誉称号。

2021年,是中国共产党建党100周年,是“十四五”开局之年,也是推进巩固拓展脱贫攻坚成果及乡村振兴有效衔接的起步之年。永联村将继续不忘初心谋发展,担当使命开新局,坚持党建引领,坚持共建共享理念,团结群众、凝聚人心,朝着工业高质量发展、农业深度融合、环境生态美丽、乡风文明和谐、治理井然有序、生活幸福富裕而努力奋斗,努力将永联打造成现代化乡村建设的新标杆。

“知过往而鉴未来。”《永联年鉴》作为记录永联村历史年轮的综合性地方年刊,将永联村的成绩载入史册,是一种责任和义务。永联年鉴编纂委员会要汲取先进典型的精神力量,要恪尽职守、担当奉献,科学、合理地反映具有时代特点的鲜活内容,使年鉴成为名副其实的“时代镜子”,为永联村发展提供历史借鉴和智力支持。

年度大事

1月6日，永钢集团2019年度工作总结表彰大会召开

1月10日，永联村2019年度分房大会召开

1月12日，永联渔业队回收渔船

1月20日，2019年度“最美永联人”颁奖典礼举行

2月5日，村企道路封闭防新冠疫情

2月15日，永联防疫闸口

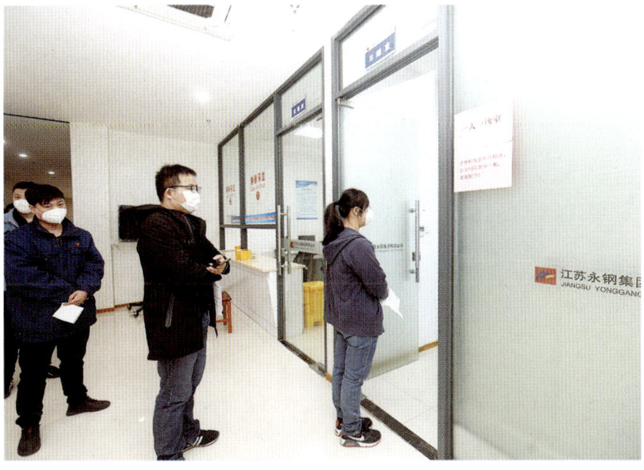

4月2日，永钢集团员工职业健康体检

7月15日，永联村高铁冠名列车首发

8月1日，永联村"八一"座谈会举行，首批退役军人示范岗获奖

8月17日，永联社区卫生服务中心新址建设中

9月1日，南丰小学永联校区开学第一天升旗仪式

9月22日，中国农民丰收节江苏省主场开幕式

9月21日，中国农民丰收节江苏主场活动暨永联村建村50周年庆祝活动主题晚会举办

11月24日，张家港市农村专业技术联合会第一届第二次会员大会暨第二届换届大会召开

经济强

3月6日，3D打印厕所

3月9日，建筑垃圾资源化综合利用项目签约

3月11日，永钢提货一点通系统投入使用

5月22日，永联米业小麦烘干

6月22日，天天鲜市区翡翠湾新店试营业

7月2日，农耕园游客中心改造完成

7月8日，永钢大道人脸识别门禁系统启用

7月31日，“万企联万村”合作项目签约仪式

9月4日，永钢集团获2019年度江苏省省长质量奖

8月6日，智慧永联首批项目签约仪式

9月14日，永钢集团与杜邦公司举行安全管理战略合作签约

8月24日，永联米业北稻南种实验基地

10月5日，永润餐饮中心中央厨房生产线现场

10月22日，苏州兴联城投资合伙企业成立仪式举行

11月30日，苏州市产业技术研究院绿色制造熔接技术研究所合作共建签约仪式

12月12日，天天鲜永联店开业

12月18日，永钢集团获海关AEO（经认证的经营者）高级认证证书

百姓富

1月7日，永联村民年货采买

1月8日，惠民社工给村民送春联

1月18日，永合社区邻里百家宴

1月20日，2020年春节永联村环境氛围布置

4月1日，2020永联美食节开幕

4月9日，寻味永联—沙洲春晓店

5月19日，永联爱心互助街金融超市启用

7月18日，苏州江南农耕文化园夜景

9月8日,"农行杯" 2020苏州美丽乡村健康行夜跑乡村活动(永联站)

11月14日,苏州江南农耕文化园游客畅游粉红沙滩

12月31日,苏州江南农耕文化园打铁花表演

环境美

永钢集团料场大棚

苏州江南农耕文化园一角

苏州江南农耕文化园嘟嘟小火车

永钢集团厂区

永钢集团转底炉车间夜景

永联小镇金手指广场

永联小镇美食街

永联小镇景观河

永钢集团厂区

永联小镇一角

永联小镇一角

永联小镇永联路

永联小镇永祥园

文明程度高

1月2日，惠民社工给老年人送腊八粥

1月25日，永合社区人员为文明家庭张贴文明家庭标识牌

1月15日，市、镇、永钢集团工会“春节送温暖”活动开展

2月11日，永钢集团捐赠2000万元用于新冠肺炎疫情防控

2月22日，儿童捐献零花钱抗击疫情

4月2日，网上文明祭祀活动开展

4月10日，永联村社员座谈会召开

4月16日，经济合作社无偿献血活动开展

6月5日，全国人大代表吴惠芳传达“两会”精神

7月22日，永钢集团暑期夏令营开营

9月4日，中共南丰镇永合社区党员大会

10月10日，永联图书馆跳蚤市场

11月24日，永钢党群服务之家

永联村地图
乐余镇
建农村
建农
和平村
新德村
永丰村
永丰
和平
乐余镇
和平村
永联村
村民委员会
永钢集团
永联小镇度假酒店
永合
永联社区
卫生服务中心
永联小学
永联幼儿园
永祥园
永颐园
永顺园
永馨园
永琪园
永瑞园
永锦园
永谐园
永秀园
永润园
永联江鲜大酒店
苏州江南农耕文化园
永和园
特钢厂
炼铁总厂
炼钢总厂
轧钢总厂
联峰实业
永联文化活动中心
循环利用
建筑垃圾资源化利用
水产养殖基地
天天鲜蔬菜基地
永联现代粮食基地
永兴园
永顺园
永兴园
塘桥镇
蒋家
欧桥
常熟市
S604
G346
长安路
双丰路
港丰公路
妙丰公路
和平公路
红旗路
永钢大道
永钢路
张杨公路
图例
永联村委会
村委会驻地
居委会驻地
城镇居民点
自然村
学校
医院
单位
酒店
桥梁
河流
绿地
市界
镇界
村界
国道
省道
普通道路
图内界线不作实地划界依据
审图号：图苏E审（2022）005号
苏州吴文化地名研究所
江苏图博地理信息科技有限公司
编制

编辑说明

一、《永联年鉴》是以马列主义、毛泽东思想、邓小平理论、“三个代表”重要思想、科学发展观和习近平新时代中国特色社会主义思想为指导，由中共张家港南丰镇永联村委员会领导、《永联年鉴》编纂办公室负责逐年编纂的地方综合性年鉴。

二、《永联年鉴（2021）》记述了2020年1月至12月永联村自然、政治、经济、文化、社会等方面的情况，所载资料全面、系统、翔实、真实，是社会各界人士、村企领导、干部群众了解和研究永联村不可或缺的参考书。

三、《永联年鉴（2021）》采用条目式记事体，分类编纂；分为类目、分目、条目三个层次。全书设有专记、大事记、概览、中共永联村委员会、中共永钢集团委员会、村（社区）·经济合作社、人民团体·社会组织、文明永联、交通·水务·邮电、现代农业和农村工作、永钢集团、服务业、人事·科技·教育、文化·卫生·体育、社会生活、荣誉、附录、索引18个类目；89个分目；341个条目；22张表格；正文使用图片85幅。

四、《永联年鉴（2021）》精选典型材料，彰显永联特色。篇首设年度大事、经济强、百姓富、环境美、文明程度高等宣传画页，重点反映2020年永联村经济社会发展的大事、要事、特事。中共永钢集团委员会类目体现党组织的引领作用，企业的高质量发展；文明永联类目反映永联村的精神文明与生态文明建设及其成果；社会生活类目反映永联村社区服务、老龄关爱、福利待遇等方面情况。框架设计与时俱进，取消永联小镇类目，增加新冠肺炎疫情防控等条目，突出村域实际和时代特色。

五、《永联年鉴（2021）》所收录的资料由全村各条线部门提供，并经相关单位领导审核。文中所列重点数据，以村企财务部门上报数据为准，其余数据以主管部门统计为准。有些数据因统计口径不同而有所差异，请读者在引用时加以注意。

六、《永联年鉴（2021）》卷首有详细的中英文目录，卷末有按汉语拼音顺序排列的主题分析索引，各卷有该篇分目提示，文中信息可由目录、索引、书眉等获得。卷首增加永联村地图。

七、该书出现的“全市”“市”均指“张家港市”，“镇”指“南丰镇”。

八、年鉴的出版得到了张家港市委党史地方志办公室和全村各条线部门的大力支持，撰稿人员为此付出了辛勤的劳动。由于编纂经验不足，水平有限，图文虽经多次审核、校对，仍难免有疏漏之处，恳请广大读者予以指正，并提出宝贵意见。

目　录

专　记

大事记

概　览

中共永联村委员会

中共永钢集团委员会

村(社区)·经济合作社

人民团体·社会组织

文明永联

交通·水务·邮电

现代农业和农村工作

永钢集团

服务业

人事・科技・教育

文化·卫生·体育

社会生活

荣　誉

附 录

索 引

Main Contents

Monograph
Chronicle of Important Events

Overview

CPC Yonglian Village Committee

CPC Yonggang Group Committee

Village (Community) & Economic Cooperative

People's Organization & Social Organization

Civilization Construction of Yonglian

Traffic & Water Conservancy & Post and Telecommunications

Modern Agriculture and Rural Work

Yonggang Group

Service Industry

Human Resources & Science and Technology & Education

Culture & Health & Sports

Social Life

Honor

Appendix

Index

专记

Monograph

推进钢铁行业高质量发展系列培训之绿色发展培训会

永钢集团党委书记、总裁吴毅获评“2020中国长三角青商领袖”

永钢集团获江苏省省长质量奖

中国钢铁工业科技与竞争战略论坛在永联村召开

2020中国农民丰收节江苏主场活动在永联村举办

推进钢铁行业高质量发展系列培训之绿色发展培训会在永联村举行

永钢集团党委书记、总裁吴毅获评“2020中国长三角青商领袖”

9月8日，2020中国长三角青商高峰论坛在浙江省嘉善县开幕。活动现场揭晓2020年度长三角十大新锐青商、十大杰出青商和青商领袖名单。永钢集团党委书记、总裁吴毅获“年度长三角青商领袖”称号。长三角地区是中国经济发展最活跃、开放程度最高、创新能力最强的区域之一，习近平总书记强调长三角地区要率先探索形成新发展格局。此次活动以“快进长三角·数字新时代”为主题，相关领域专家学者与长三角青年企业家代表就“率先形成发展新格局”“勇当我国科技产业创新的开路先锋”“加快打造改革开放新高地”三方面展开交流，学习贯彻落实习近平总书记在扎实推进长三角一体化发展座谈会上的重要讲话精神，组织引导长三角地区青年企业家投身国家战略建设，勇当科技和产业创新先锋，助力长三角一体化发展。

永钢集团获江苏省省长质量奖

9月27日，江苏质量大会在南京召开，会议对2019年江苏省省长质量奖获奖企业进行表彰。永钢集团获2019年“江苏省省长质量奖”，成为张家港市首家获此殊荣的企业。江苏省省长质量奖由江苏省政府设立，授予在经营管理、战略规划、研发创新、品牌打造、质量管控、制造运营、财务管理和企业文化各方面取得卓越绩效与突出贡献的标杆性企事业单位。永钢在发展过程中，致力于质量管理，建立追求卓越机制，打造品牌力量，锻造质量先锋。一是提档升级，瞄准高端市场。永钢顺应市场，调优产品结构，提升产品质量和档次。围绕“普转优、优转特、特转精”战略目标，走转型、创新之路，优特钢产品广泛应用于机械制造、汽车、船舶、风电、核电等领域，产品市场覆盖111个国家与地区，其中包含“一带一路”沿线国家与地区32个。二是品质管控，确立“大质量”理念。优化质量保障体系和生产工艺全过程控制，依托ERP（企业资源计划）、MES（制造执行系统）等系统建立一套工厂数据库，把与产品生命周期相关的质量信息采集到平台，实现对产品质量的自动判定和追溯，对数据进行统计分析，为质量改善和新品开发提供支持。三是创新创优，确保质量过硬。永钢成立博士后科研工作站、国家级实验室、省工程技术研究中心等科研平台，合作建立东大—永钢新材料研究中心、江苏冶金技术研究院等科研载体；与北京科技大学、乌克兰国家科学院等科研院所开展产学研合作，深度推进产品研发，提升产品附加值。永钢已获国家科学进步奖等各类科技奖近30项，获国内发明专利、实用新型专利、软件著作权授权800余件，形成自主核心技术100余项。四是客户至上，打造高品质服务商。永钢把满足客户的个性化需求作为主要目标之一，在产品技术、质量和客户服务方面下功夫，推行“门对门、个性化服务，积极发展终身客户”的理念，致力于为客户提供高品质钢材和个性化服务。永钢已获英标螺纹钢CARES认证、马来西亚低碳线材和螺纹钢SIRIM认证、韩标螺纹钢KS认证等10余项国际“通行证”。

江苏省质量奖评审现场

中国钢铁工业科技与竞争战略论坛在永联村召开

11月5日，由冶金工业信息标准研究院和江苏永钢集团有限公司联合主办、世界金属导报社承办的“2020中国钢铁工业科技与竞争战略论坛暨钢铁制造的服务化转型与绿色化发展研讨会”在永联议事厅召开。行业协会、钢铁企业、

2020中国钢铁工业科技与竞争战略论坛

科研院所、高校、工程设备公司等单位200余名代表参会。会议围绕如何培育自主核心技术，推动制造业升级，聚焦提升产业基础能力和产业链水平，坚持绿色发展和智能制造等主题展开。会上，永钢集团党委书记、总裁吴毅致辞表示，中共“十八大”以来，永钢集团把“服务化转型”和“绿色化发展”作为转型升级的重要方向，提出“绿色制造、智能制造、品牌制造”口号，打造“高品质钢铁材料服务商”；同时全方位加强环境综合整治，持续推进绿色化发展，被国家节能中心评为“推动绿色发展示范基地”，被工业和信息化部认定为“绿色工厂”“绿色供应链管理示范企业”，被国际能源基金会评为“气候领袖企业”。冶金工业信息标准研究院副院长秦松发言表示，推动先进制造业的服务化转型是现代化经济体系发展的必然趋势。作为供给侧结构性改革先行先试支撑制造业发展的基础产业，中国钢铁行业有基础、有条件、有能力加快两业融合步伐，实现从钢铁到材料、从制造到服务的深度融合，率先实现高质量发展。中国钢铁工业协会副秘书长黄导在讲话中指出，今后下游产业升级所带动的对钢铁制造的更高要求，将推动钢铁产业更多注重质量提升、质量效益，注重环保低碳绿色发展，加快结构调整、转型升级。江苏省发展与改革委员会工业处一级主任科员束凡玮指出，推动钢铁行业可持续发展，需要关注行业集中度、绿色发展和高质量发展。实现高质量发展，要加快制造业与服务业融合，发展高端制造。钢铁行业需要通过科技创新，摆脱特钢高端产品高度依赖进口的困局。中国环保产业协会环评分会秘书长苏艺作题为《统筹钢铁行业高质量发展与环境保护》的报告，指出当前钢铁行业存在突出的生态环境问题。冶金工业信息标准研究院党委书记、院长张龙强作题为《钢铁行业两业融合进展及趋势分析》的报告，通过案例介绍国内外钢铁企业“两业融合”的进展情况，指明钢铁行业两业融合的发展路径。此外，钢铁行业及其下游行业专家共有9人分别在论坛上作主题报告。

2020中国钢铁工业科技与竞争战略论坛会场

2020中国农民丰收节江苏主场活动在永联村举办

9月22日至23日，由中国农民丰收节江苏省组织指导委员会、苏州市人民政府主办，苏州市农业农村局、张家港市人民政府、中共南丰镇永联村委员会承办的“2020年中国农民丰收节江苏主场活动暨永联村建村50周年庆祝活动”在永联村举办。该活动是第一个在国家层面专门为农民设立的节日，参会对象为江苏省委省政府领导、中国农民丰收节江苏省活动组织指导委员会成员、苏州和张家港市委市政府领导、全省各设区市农民丰收节组织指导委员会负责人。9月14日，“2020年中国农民丰收节”江苏活动新闻发布会在南京召开，省农业农村厅二级巡视员黄非、省农业农村厅市场与信息化处处长樊宝洪、张家港市人民政府副市长徐平观、永联村党委书记吴惠芳等领导参会。吴惠芳通报庆祝活动相关情况，表示此次活动以农民庆丰收与永联村建村50周年庆相结合，突出农民主体，引导农民积极参与丰收节活动，彰显地域特色，突显苏州农业农村基本现代化水平。9月21日，2020年中国农民丰收节江苏省主场活动暨永联村建村50周年庆祝活动主题晚会在永联文化活动中心举办。晚会以“奋斗五十年，奔向现代化”为主题，通过《奋斗的历程》《文明新村》《阳光引领》三个篇章文艺节目，讲述改革开放以后，永联村由小到大、由穷到富的发展变革之路，展示农村实现小康、奔向现代化的情景。9月22日，2020中国农民丰收节江苏主场活动暨永联村建村50周年庆祝活动开幕式在苏州江南农耕文化园举行。开幕式节目由农民自编自导自演，设有金色喜悦、金色韵律、金色畅想三个篇章，包括《锣鼓喧天庆丰收》《振兴之路》《美丽乡村》《给农业插上科技的翅膀》《在希望的田野上》等节目。省委副书记任振鹤，省委副秘书长赵旻，省委农村工作领导小组办公室主任、省农业农村厅厅长杨时云，共青团江苏省委书记司勇，苏州市委副书记、市长李亚平，苏州市委副书记朱民，张家港市委书记潘国强、王亚方，村企领导吴耀芳、吴惠芳、吴毅出席。杨时云在讲话中指出，第三个中国农民丰收节的一系列活动，要展示两个大变局中“三农”（农业、农村、农民）稳产保供作用，展示全面小康之年“三农”统筹融合趋势，引领广大农民群众共同见证实现第一个百年目标的历史时刻。他希望社会各界继续关心、参与推动城乡融合发展，让“产业兴旺、生态宜居、乡风文明、治理有效、生活富裕”的乡村振兴蓝图在江苏早日实现。李亚平在致辞中表示，此次农民丰收节江苏主场活动在永联村举办，展示出农村改革发展成果、农民优良精神风貌，展销优质农产品、促进农业增效农民增收，增进互动交流、激发活力、推动发展。苏州将以此为契机，营造关注农业、关心农村、关爱农民的浓厚氛围，全方位推动乡村振兴、推进农业农村现代化。潘国强宣读《张家港市率先基本实现农业农村现代化倡议书》。他表示，张家港坚持以习近平新时代中国特色社会主义思想为指导，深入贯彻省委、苏州市委决策部署，学习永联经验、推进乡村振兴，持续筑牢“产业兴旺”根基，打造更具实力的现代化乡村；持续擦亮“生态宜居”底色，打造更具颜值的现代化乡村；持续拔高“乡风文明”指数，打造更具魅力的现代化乡村；持续优化“治理有效”质态，打造更具内涵的现代化乡村；持续提

中国农民丰收节开幕式

升“生活富裕”水平，打造更具品质的现代化乡村。活动现场发布“苏州市乡村产业合作指引图”，推动村企对接；永联村被授予“江苏省农业农村现代化实训基地”。此次活动以“欢乐庆丰收、奋进现代化”为主题，开展有“我要上村晚”项目启动仪式、非遗文化展览展销、永瓷工坊揭牌仪式、永联老灶头美食汇、农民运动会、“丰在田头·俭在心头”农事“家游”站、江苏省丰收颂书画名家作品展、“永联天天鲜”优质农产品嘉年华、江苏共青团助农丰收直播节、2020年稻谷丰收开镰仪式、医疗送诊下乡、首届江苏省农业品牌发布会共12个系列活动，通过现代农机具展览和作业展示、农产品直播带货、农民丰收颂书画展、美丽乡村建设参观等形式，展现农业、农村、农民的现代化水平，展示苏南的农耕文化。活动持续至10月31日结束。2020年“中国农民丰收节”江苏活动以“1+5+N”为总体框架，即1个省级主场活动、5个省级重点活动和若干地方活动。其中，1个省级主场活动是张家港市

品牌发布会

永联村“欢乐庆丰收·奋进现代化”活动；5个省级重点活动分别是泰州兴化“醉美刘泽‘蟹’逅兴化”活动、第十五届中国·南京农业嘉年华活动、淮安洪泽“欢乐蟹都·水韵洪泽”活动、盐城射阳“鹤舞菊海，欢庆小康”活动、无锡宜兴庆丰收活动；若干地方活动重点鼓励县市区支持培育至少1项丰收节庆活动。

推进钢铁行业高质量发展系列培训之绿色发展培训会在永联村举行

9月15日，由冶金工业规划院主办、江苏永钢集团有限公司协办的“推进钢铁行业高质量发展系列培训之绿色发展”培训会在永联议事厅举行，钢铁行业、研究院所的专家、学者以及钢铁企业代表共80余人参加。会议设有主题报告会、经验分享会等环节，冶金工业规划研究院党委书记、总工程师李新创，江苏永钢集团有限公司党委书记、总裁吴毅分别致辞。李新创表示，近年冶金工业规划研究院围绕钢铁行业、企业在绿色发展、智能制造、降本增效、深化改革等领域的热点、难点、痛点问题，通过培训、研讨、参观等诸多方式，与相关领域权威专家共同探讨发展之策，为企业提供高效优质的服务。吴毅表示，近年永钢累计投资60亿元，从水、气、声、渣等方面，全方位加强环境综合整治，被国家节能中心树为“推动绿色发展示范基地”，成为第一家同时获评工信部“绿色工厂”和“绿色供应链管理示范企业”的钢铁企业。培训会上，相关专家学者及钢铁企业代表，分别围绕钢铁行业运行及高质量发展趋势、绿色炼钢技术发展、钢铁企业持续稳定超低排放、低碳发展最新进展与对策、颗粒物超低排放改造及节能新技术、企业绿色发展实践等主题做报告。

推进钢铁行业高质量发展系列培训之绿色发展主题培训召开

大事记

Chronicle of Important Event

中国永联村高铁冠名列车首发

永联年鉴 2021

1月
2月
3月
4月
5月
6月
7月
8月
9月
10月
11月
12月

1月

16日 弘扬“张家港精神”报告会在永联文化活动中心举行，原江苏省政协常委、苏州市人大常委会副主任、张家港市委书记、“最美奋斗者”“改革先锋”“张家港精神”的塑造者秦振华作题为《坚守初心永葆本色，大力弘扬“张家港精神”》的报告。

31日 苏州市人大常委会副主任、张家港市委书记沈国芳，张家港市委副书记王亚方，市委常委、宣传部部长杨芳，副市长陈卫兵等领导到永联、永钢，检查指导新型冠状病毒肺炎（以下简称新冠肺炎）疫情防控工作。

是月 永钢集团能源管理中心被张家港团市委授予2019年张家港市“青年文明号”称号。

是月 永钢集团炼铁车间入选2019年江苏省示范智能车间。

是月 永钢集团被授予2016至2018年度“江苏省文明单位”称号。

是月 永钢集团党委书记、总裁吴毅当选为江苏省青年商会2020年度执行会长，并获评“江苏青商2019年度人物”。

2月

6日 永钢集团获2019年度“气候领袖企业”称号。

11日 永钢集团向张家港市慈善总会捐赠2000万元、14万只口罩和9105套化学防护服，助力疫情阻击战。

10日 永钢集团通过视频会议形式召开董事局、总裁班子会，研究部署新型冠状病毒肺炎疫情防控和企业生产经营工作。

17日 永联村组织永联区域控股子公司、商户、职工、居民进行“湖北抗击新冠肺炎”专项捐赠活动。通过线上、线下捐款，共筹集善款160.7万元。

3月

9日 永钢集团及旗下精筑建设集团，与张家港市金城投资发展有限公司在永联议事厅举行建筑垃圾资源化综合利用项目签约仪式。

24日 张家港市委、市政府在永联田园居酒店举行永钢集团湖北籍低风险地区员工返岗仪式，湖北籍员工分批次有序返岗。

4月

10日 永钢集团安全生产队大会在永联文化活动中心举行。

15日 中国共产主义青年团江苏永钢集团有限公司第三次代表大会在永联议事厅召开。

16日 永钢集团工会响应张家港市红十字会号召，组织员工开展无偿献血活动，共有86人参与，献血量2.51万毫升。

30日 苏州市委组织部牵头举办党建惠企推进会，永钢集团党委与苏州市委党校签订结对联系协议。

是月 永钢集团的《铌微合金化高强抗震钢筋韧化机理研究及产业化关键技术研发》获2019年中信铌钢技术进步奖特等奖。

5月

4日 共青团江苏省委、江苏省青年联合会共同颁授第十五届“江苏青年五四奖章”，对青年中的优秀典型和模范代表进行表彰。永钢集团党委书记、总裁吴毅被授予第十五届“江苏青年五四奖章”。

10日 中国冶金报社发布《2020年中国钢铁行业品牌榜》，永钢集团获评“中国卓越钢铁企业品牌”，联峰牌钢材获评“中国钢材市场优秀品牌（线螺类）”。

18日 由张家港市金城投资发展有限公司、江苏永钢集团有限公司、江苏永联精筑建设有限公司共同投资建设的建筑垃圾资源化综合利用项目开工，建成后预计每年可处理建筑拆除垃圾110万吨。

19日 永联爱心互助街金融超市启用，该超市采用“金融+政务”模式运行，旨在以信息化和智能化相结合的方式为永联村民提供一站式服务。

22日 第十三届全国人民代表大会第三次会议在北京人民大会堂开幕。十三届全国人大代表、永联村党委书记吴惠芳，提交“关于建立农村集体经济组织信用公示的建议”“进一步完善废钢业务税收法规的建议”2份人大议案。

6月

2日 永钢集团2020年“安全生产月”活动启动仪式在永联小镇金手指广场举行。

5日 永联村党委和永钢集团党委联合召开全国人民代表大会和政协全国委员会（以下简称“两会”）精神传达会，第十三届全国人大代表、永联村党委书记、永钢集团董事局副主席吴惠芳向永联村民、永钢员工传达学习习近平总书记重要讲话精神和全国“两会”精神。

11日 全国人大常委会副委员长吉炳轩一行到永联、永钢调研。吉炳轩表示，永联村建设规划整齐有序、经济蓬勃发展、人民生活幸福和谐，展现乡村振兴和社会主义新农村建设的成果。永联现代粮食生产基地要从育苗着手，引进更多农业人才，培育优质幼苗，进一步提高产量，发展好现代农业；永钢集团要生产当前市场需要的建筑钢材和普通钢材等，大力发展钛钢生产，抓住市场机遇，扩大出口，提高市场竞争能力，实现更大发展。

19日 “互助关爱·幸福永联”主题慈善募捐活动在永联议事厅举行。永钢集团党委书记、总裁吴毅代表集团公司向永联为民基金会捐款2000万元，各全资（控股）公司、干部职工纷纷捐款献爱心，累计捐赠2134万元。

28日 中共苏州市委党校教授王涛在永联文化活动中心讲授“新冠肺炎疫情下我国宏观经济形势分析及预判”专题党课。

是月 由中国冶金报社组织的2020“寻找最美绿色钢城”评选结果揭晓，永钢集团获评2020绿色发展标杆企业。

7月

5日至6日 《人民日报》头版连续两天刊登关于永钢集团的文章。《江苏以创新驱动发展，用创新改变生活，靠创新引领未来——创新提升小康成色》，展示永钢利用科技创新促进企业绿色发展的做法；《江苏以修复长江生态环境为牵引，统筹做好生态保护和经济发展——绿色铺就小康底色》，讲述永钢建设产业发展装配式建筑，推动绿色发展的实践。

15日 “中国永联村”高铁冠名列车首发仪式在上海站举行，成为全国首列以村冠名的列车，标志江南田园风情小镇——永联开启时尚乡村传播的新征程。

17日 永钢集团2020年上半年度工作总结大会在永联文化活动中心举行，会议总结上半年工作，部署下半年工作，明确重点工作任务。

31日 共青团江苏省委、中共江苏省委农村工作领导小组办公室、江苏省农业农村厅在南京紫金山庄会议中心举行“青春四进·建功乡村”行动启动暨江苏共青团助力“万企联万村”合作项目签约仪式。

是月 永钢集团董事局主席吴耀芳当选第三届张家港市工业经济联合会会长。

是月 永钢集团积极响应“万企联万村，共走振兴路”行动，与盱眙县管仲镇宗岗村签订项目共建协议。

8月

7日 永钢集团“安全生产月”活动总结大会暨防

疫工作表彰会在永联文化活动中心召开。

18日 永钢集团举行张家港市大宗固体废弃物综合利用基地冶金尘泥资源化处理项目投产仪式。

22日 张家港市举行“政企联动·共赢未来”战略合作协议签订仪式，永钢集团与张家港市委市政府签订战略合作协议，共创政企合作新模式，共谋产业发展新篇章。

是月 由永钢集团捐赠190万元建造的新疆巩留县人民医院核酸检测PCR实验室投用，助力巩留县疫情防控。

是月 江苏省人民政府公布《省政府关于授予第五届“江苏慈善奖”的决定》，永钢集团获评最具爱心慈善捐赠企业。

9月

1日 张家港市拔河运动协会成立大会暨第一届第一次会议在永联议事厅召开。永钢集团董事局主席吴耀芳当选荣誉会长。

10日 2020中国民营企业500强榜单发布，永钢集团位列“2020中国民营企业500强”第93位和“2020中国制造业民营企业500强”第48位。

14日 永钢集团与杜邦公司在永联议事厅举行安全管理战略合作签约仪式，双方签署《安全管理战略合作协议》，助力永钢提升企业安全管理水平。

18日 永钢集团与昆明理工大学签订科研合作项目，并捐赠24万元设立“永钢教育奖”，鼓励该校学生勤奋学习、奋发进取。

22日至23日 由中国农民丰收节江苏省组织指导委员会、苏州市人民政府主办，苏州市农业农村局、张家港市人民政府、中共南丰镇永联村委员会承办的“2020年中国农民丰收节江苏主场活动暨永联村建村50周年庆祝活动”在永联村举办。

27日 2019年江苏省省长质量奖获奖名单公布，江苏永钢集团获2019年“江苏省省长质量奖”，成为张家港市首家获此殊荣的企业。

30日 “永钢情暖库尔干·助力脱贫攻坚战”——“石榴籽扶贫帮困工程”项目签约仪式在永联议事厅举行。

10月

11日 永钢集团董事局名誉主席吴栋材、永钢集团董事局主席吴耀芳带领村企老党员、老干部到福建省龙岩市上杭县古田镇，学习“古田会议”精神。

16日 永钢集团与宜兴龙宸炉料共同组建江苏联耐新材料科技有限公司项目举行签约仪式，助力提升企业耐材制品保供能力。

19日 永钢集团主要职员大会在永联文化活动中心召开，通报体制机制优化以及董事局、总裁班子、联峰实业总经理班子调整等事宜。

22日 永钢集团联合张家港市金城投资发展有限公司，共同成立苏州兴联城投资合伙企业，对股权、地产金融、类固收产品等项目进行投资。

23日 纪念中国人民志愿军抗美援朝出国作战70周年大会在北京举行。永联村老书记、永钢集团董事局名誉主席吴栋材被授予“中国人民志愿军抗美援朝出国作战70周年”纪念章。

26日 永钢集团与中铁大桥局集团物资有限公司在武汉举行战略合作框架协议签约仪式。

28日 江苏省委常委、苏州市委书记许昆林，苏州市委常委、副市长王翔，苏州市委常委、秘书长俞杏楠一行到永联考察，调研村企发展情况。

11月

3日 2020年中国国际特殊钢工业展览会在上海新国际博览中心举行。永钢集团35件拳头产品亮相中国国际特殊钢工业展览会。作为参展商之一，永钢已连续三届参加展会。

是日 永钢集团与钢铁研究总院在永联议事厅召开合作交流会议，探讨合作机会，拓展合作领域，创新合作模式。

5日 永钢集团子公司联峰钢铁（张家港）有限公司与中信金属股份有限公司在北京举行2021年战略合作签约仪式。

9日 2020年苏州市暨张家港市职业教育活动周启动仪式在永联议事厅举行。

是日 永钢集团与兴业银行在暨阳湖大酒店举行装备升级改造项目融资合作签约仪式。

22日 永钢集团党委书记、总裁吴毅受邀参加张家港高级中学、张家港市第一中学发展大会。吴毅代表永钢集团向张家港高级中学、张家港市第一中学捐赠200万元设立“永钢集团教育发展专项基金”，支持学校发展建设。

28日至29日 第二十一届全国拔河锦标赛在福建省龙岩市上杭县举行。永钢拔河队参加女子500公斤级、540公斤级、男子640公斤级、680公斤级、混合600公斤级5个组别比赛，分获“女子540公斤级”全国第三名、“男子640公斤级”全国第四名、“男子680公斤级”全国第五名，并获评第二十一届全国拔河锦标赛“道德风尚奖”。

30日 苏州市产业技术研究院绿色制造熔接技术研究所签约暨揭牌仪式在永联议事厅举行。苏州市产业技术研究院绿色制造熔接技术研究所由苏州市产业技术研究院、张家港市科技局、张家港高新区、张家港市南丰镇、江苏永钢集团有限公司和核心团队（有限合伙）六方共建，拟集合苏州市产业发展优势，整合国内外科研院所、高校、优势企业的资源，构建绿色熔接技术开放式研发服务平台。

12月

1日 第二届慈善论坛暨2020全省社会组织展示交流会在南京举行。会上对获评第五届“江苏慈善奖”的企业和个人进行表彰。永钢集团获评“最具爱心慈善捐赠企业”。

2日 永钢集团与中国冶金报社在永联议事厅举行战略合作协议签约仪式。中国钢铁工业协会副秘书长、中国冶金报社党委书记、社长陈玉千，副社长熊余平，社长助理、经济中心主任陈晓莉，永钢集团党委书记、总裁吴毅，副总裁黄跟平，总裁助理杜显峰等领导出席签约仪式。

11日 苏州市冶金行业协会、张家港市冶金行业协会第二届第二次会员大会在永联议事厅召开。冶金行业协会30余名代表出席会议。

12日 永联购物季启动仪式暨永联天天鲜生鲜市场开业典礼在永联小镇举行。

13日 南京大屠杀死难者国家公祭仪式在侵华日军南京大屠杀遇难同胞纪念馆举行。永联村党委书记、永钢集团董事局副主席吴惠芳作为农民代表参加公祭活动，并与其他5名代表一起，撞响和平大钟。

15日 永钢集团旗下江苏永联精筑建设集团有限公司与中交二航局第三工程有限公司在永联议事厅举行战略合作协议签字仪式。双方合作助推地方的基础设施建设，激发更多优质工程的创建。

17日 “互通共融·合作发展——张家港应用技术人才培养校政企工作联盟成立大会暨校企合作对接会”在张家港国贸快捷酒店举行。

是日 江苏省民营企业文化建设推进会在苏州召开。会议通报第四批26家江苏省民营企业文化建设示范单位，永钢集团榜上有名。

18日 永钢集团获海关AEO高级认证证书。联峰钢铁（张家港）有限公司通过海关AEO高级认证企业每三年一次的重新认证。

21日 全国工商联第十二届第四次执委会议召开，对抗击新冠肺炎疫情做出优异成绩的先进民营企业予以通报表扬。永钢集团获评全国工商联抗击新冠肺炎疫情先进民营企业。

是日 冶金工业规划研究院发布2020年钢铁企业综合竞争力评级结果，永钢集团获评A级竞争力特强企业，连续五年获此殊荣。

22日 精筑集团承建的乐余镇重点民生项目——临江福苑安置房工程举行开工仪式。

是日 由民政部发布的第十一届“中华慈善奖”拟表彰名单公示，永钢集团获评第十一届“中华慈善奖——2017年至2019年在慈善领域作出突出贡献的捐赠企业”。

是月 永联村在全国60万个行政村中，连续六届被评为“全国文明村”。

概 览

Overview

永联小镇蔬菜基地

永联年鉴

2021

村情概要

人文风情

经济建设

文化建设

社会建设

组织机构及其领导人

村情概要

【地理位置】 永联村位于江苏省张家港市南丰镇东南端，距南丰镇镇中心8千米，距张家港市市中心23千米，地理中心坐标为北纬31° 86′，东经120° 74′。村东与南丰镇和平村毗邻，南邻七干河与塘桥镇蒋家村与常熟市海虞镇交界，西连南丰镇永丰村、和平村，北与南丰镇和平村及乐余镇东林村接壤。境内水陆交通便捷，东西走向的永钢大道和南北走向的妙丰公路、红旗路等，连接204国道和346国道，距上海市中心123千米，距南京市中心225千米，与苏州市、无锡市、常州市、南通市等大中城市相连。六干河、七干河贯通长江黄金水道、永钢集团长江码头和太湖流域。至2020年年末，全村总面积1050公顷，其中陆地面积979.47公顷，占全村总面积的93.3%，水域面积70.53公顷，占全村总面积的6.7%。

【地质地貌】 永联村境内主要是第四系沉积覆盖，第四系厚度一般为180米至250米，由上至下分布特征为：全新统，一般厚20米至30米，岩性以冲积、冲海积亚黏土、粉细砂为主；上更新统，埋深90米至140米，厚度80米至100米，岩性以冲积、湖积亚黏土、亚砂土、粉细砂为主；中更新统，深埋一般在120米至200米，岩性以冲积粉细砂、亚黏土为主，局部中粗砂，厚度30米至50米；下更新统，深埋一般在180米至250米，岩性以杂色黏土、亚黏土、中细砂为主，厚度为10余米至60余米变化不等。至2020年年末，永联地势自西北向东南呈由高到低走势，地面平均高程（吴淞零点）为0.8米，地形平面呈北窄南宽的不规则四边形。

【沿江码头岸线】 2020年，永联村有沿江码头岸线1628米，建有宏泰物流码头（原名永泰码头）、宏泰码头、盛泰码头3座长江码头，有宏顺码头、永丰码头2座内河码头。

【自然资源】 土地资源 2020年年末，永联村有农用地335.26公顷，占土地总面积的31.93%。其中耕地面积134公顷，包括水稻田面积86.1公顷，花果蔬菜基地面积47.9公顷；园、林地面积117.64公顷，包括苗木基地87.64公顷，苏州江南农耕文化园面积30公顷；其他农用地面积83.62公顷，包括特种水产养殖基地、零星地等。有建设用地面积641.89 公顷，占土地总面积的61.13%。其中居民点用地60.13公顷、工业用地443.86公顷、公共设施用地10.89公顷、私营个体工业园用地4.87公顷、未动迁居民宅基地0.73公顷、其他建设用地121.41公顷。有未利用土地（河流水面等）72.85公顷，占土地总面积的6.94%。

水资源 村域内水资源丰富，有通江市河六干河、七干河、永南河，总长8550米，可常年直接引水；有村级河道50条，总长40 970米，可常年蓄水。2020年，境内农业用水量，包括水稻灌溉、苗木容器苗灌溉、蔬菜基地及特种水产养殖基地用水量95.8万立方米，工业用水量199.17万立方米，居民生活用自来水（不含永钢集团职工）79.34万立方米。

野生动植物资源 2020年，村域内野生动物资源鱼纲类有刀鱼、河豚、风鲚、白丝、白鲢、青鱼、鳊鱼、鲫鱼等品种，爬行纲类有乌龟、鳖、壁虎、水蛇等品种，鸟纲类有白鹭、野鸡、野鸭、大鹰、苦恶鸟、相思鸟、布谷鸟、乌鸦、喜鹊、画眉、麻雀等品种，无脊椎类动物有蚯蚓、蚂蟥、田螺、螺蛳、蜗牛、河蚌、蚂蚁、虾、河蟹、蜘蛛、蝎等。野生植物资源比较丰富，有百余科近500个品种，常见的有24科80个品种，分布在田间、河边、滩地，可用于农、牧、渔业生产，手工编织及辅助疾病治疗。另有常见绿化植物70种。

【气候】 光照 全年日照时数1800.4小时，比上年多98.8小时，比常年（1981至2010年平均，下同）平均日照1863.5小时少63.1小时；年日照百分率（相对日照）为41%。日照时数最多的月份是8月，为237.4小时，占月可照时数的58%；月日照时数最少的月份是1月，为53.3小时，占月可照时数的17%。

气温 全年平均气温17.3摄氏度，与历史最高持平，比上年高0.2摄氏度，比常年 15.9摄氏度高1.4摄氏度，气温偏高。春季（3月至5月）平均气温为16.6摄氏度，比常年偏高2摄氏度，为历史同期次高值（仅次于2018年）。8月是全年最热的月份，月平均气温为30.3摄氏度。年极端最高气温37.5摄氏度，出现在8月15日。全年达到35摄氏度的高温日数21天，比常年偏多11天，比上年度多7天，其中8月11日至20日出现一段连续高温。12月是全年最冷的月份，月平均气温为5.8摄氏度。年极端最低气温零下6.7摄氏度，出现在12月31日。全年日最低气温低于0摄氏度的低温日数14天，与上年相同。

降水　全年降水量1326.6毫米，比上年少281毫米，与常年1081.8毫米相比多244.8毫米，年降水量偏多。全年降水分布不均，12月降水量最少，月降水量14.1毫米；7月份降水量最多，月降水量354.9毫米。与常年同期相比，6月降水量343.4毫米，7月降水量354.9毫米，异常偏多，11月降水量81.5毫米，明显偏多，12月降水量14.1毫米，明显偏少，2月、4月、8月的降水量均偏少。4月至9月汛期降水量983.9毫米，与常年同期748.3毫米相比，降水偏多。全年有4个暴雨日，分别出现在6月15日、6月29日、7月15日、7月20日，降水量分别为83.9毫米、59.7毫米、67.1 毫米和53.5毫米。梅雨期为6月9日至7月20日，历时42天，比常年偏长19天。入梅比常年偏早，出梅比常年偏晚。总梅雨量649.6毫米，是常年梅雨量的2倍多。梅期长和梅雨量均位列1966年以来历史第三位，仅次于1991年和2015年。

霜、雪、风、霾、雾及台风等灾害性天气　2020年初霜日为2019年11月19日，终霜日为2月19日，霜期93天，全年无霜期273天，与常年225天相比偏多48天。全年降雪日数6天，积雪日2天。年平均风速每秒1.9米，监测到8级以上大风1次，极大风速为每秒18.8米，出现在6月13日20时52分。全年共有42个霾天气，与上年相比减少11天。12月10日至13日，出现一次PM 2.5浓度较大的持续霾天气过程。全年出现大雾25天，其中1月7日出现最小能见度108米的浓雾，为全年最低。12月29日到31日受强寒潮影响，48小时最低气温下降15.2摄氏度，29日出现7级以上大风，局部8至9级大风，29日下午逐渐转小雨夹雪，17时转雪，转纯雪后雪量2.6毫米，最大积雪深度2厘米，31日早晨最低气温达到零下6.7摄氏度，创21世纪12月气温新低。汛期共受到4个台风及外围影响，7月无台风影响，影响程度总体偏轻。

【建制沿革】 中华人民共和国成立前、成立后至1961年年末，境内属常熟县管辖。1962年，沙洲县建立后，属沙洲县管辖。1971年4月，23大队成立，属沙洲县南丰公社。1980年，地名普查时，取名永联大队。1983年5月，永联大队更名为永联村。1986年，沙洲县撤县建市，永联村隶属张家港市南丰乡。1993年1月，南丰乡撤乡建镇，永联村隶属南丰镇。至2020年，永联村仍隶属南丰镇。

【行政区划】 2020年，永联村有村民小组77个，其中仅作为农村二次分配基本组织依据的村民小组有76个。有1个永合社区居委会，82个居民小组。至年末，永联村共设有永润园、永锦园、永瑞园、永馨园、永颐园、永秀园、永琪园、永谐园、永祥园、永丰园10个居民居住园区以及颐和公寓1个职工居住区。

人文风情

【人口】 2020年，永联村居民区内学校、医院、农贸市场、商业休闲街、健身广场、村民议事厅、爱心互助街等设施完备，居民生活基本实现现代化。是年，永联村有在册户籍居民人数11 218人。其中男性5240人，女性5978人，男女性别比为1∶1.14。0周岁至17周岁的1524人，占13.59%；18周岁至59周岁的6516人，占58.09%；60周岁及以上的3178人，占28.33%。是年，永联村有享受永联村待遇的社员人数10 874人。有大学（专科）以上文化程度人口2022人，占18.59%；有高中（中专）文化程度人口1803人，占16.58%；有初中文化程度人口3288人，占30.24%；有小学文化及以下程度人口3167人，占29.12%；学龄前儿童594人，占5.46%。有在业人口4644人，其中，国家党政机关、社会团体217人；永钢集团1588人；永联村股份经济合作社184人；其他单位1767人；私营企业主68人；个体工商户237人；自由职业583人。

【方言】 境内方言主要有常阴沙话（又称崇明话）、江北话和老沙话三大类。其中，讲常阴沙话的人口最多，约占全村户籍人口的90%，为境内有代表性的方言；讲江北话方言的约占户籍人口的6%；讲老沙话方言的约占户籍人口的3%。此外，境内还有少数祖籍在鹿苑、妙桥一带的人群，讲虞西话，习惯上称这种方言的人群为“江南人”。

【地方特产】 永联河鲜　鲥鱼、河豚曾被誉为“长江鲜”。鲥鱼体扁阔而长，体呈银白色，鳞可食，体内脂肪肥厚，肉质肥而不腻，别具风味，营养价值较高。古代鲥鱼曾被列为皇帝的“御膳”珍肴。除食用外，鲥鱼还可入药，具有消肿、温脾润肺的功效。河豚产于咸水和淡水相交处的水域里，营养丰富，腴肥鲜美且带野味。河豚有补益祛湿、舒胃、去痔疾等效用。但血液、肝脏、卵巢都有剧毒，烹煮不慎，食后易中毒致死。河豚经处理后，可制成冻鱼片或罐头食品，还可以从肝脏或卵巢中提炼出河豚素等名贵药品。永联水产养殖场生产的鲥鱼、河豚、鳜鱼模拟长江生态，其味媲美“长江鲜”野生鱼。每年均有大量游客专门上永联小镇品鲜。2020年，永联特种水产养殖场主要养殖鲥鱼、鳜鱼等水产品，出售各类水产3万千克。

永联大米　2010年起，永联现代粮食基地（后改为永联米业）与农业部长江流域稻作技术创新中心和扬州大学农学院等单位合作开发水稻新品种、新技术，秉持“绿色、有机、无公害”的生产理念，采用种养复合、生态型的稻鸭共作综合农业技术，种植“南粳5055”“南粳46”等水稻良种，生产高品质大米。永联大米色泽晶莹，味道清香，口感润滑，通过ISO 9001：2008质量管理体系认证；获苏州名牌产品称号；被认定为“2015年意大利米兰世博会中国馆指定用米”。2020年，永联米业共种植水稻86.1公顷，生产粮食73.24万千克；永谊农业种植水稻180公顷，生产粮食155万千克。

米酒　又称甜酒、酒酿、酒糟，味醇而香甜，少刺激性。米酒的主要原料是糯米，中医典籍《本草经疏论》中阐述，糯米是“补脾胃、益肺气之谷。脾胃得利，则中自温，力便亦坚实；温能养气，气顺则身自多热，脾肺虚寒者宜之”。故米酒饮量适当，能舒筋活络、强壮体魄，具备补气养血之功效。2020年，苏州江南农耕文化园内设有酒坊，生产自酿米酒，年收入4万元。

经济建设

【农业】 2020年，永联区域内粮食生产主要依托于张家港市永联米业有限公司（简称永联米业），永联驻江苏省淮安市盱眙县粮食生产主要依托于永谊现代农业发展有限公司（简称永谊农业）。永联米业和永谊农业的生产经营隶属于苏州永联农旅发展有限公司（简称农旅公司）。年内，永联米业共种植水稻86.1公顷，生产粮食73.24万千克，较上年减3.49万千克，减少4.55%；永谊农业种植水稻180公顷，生产粮食155万千克，较上年增49.34万千克，增长46.70%。苗木种植主要依托于永联现代农业发展有限公司（简称永联现代农业）。年内，共种植苗圃112.93公顷，其中包括永联村区域内87.64公顷，租种南丰镇建农村土地25.29公顷。全年实现苗木销售4500余株，销售收入171.5万元。绿化苗木工程承揽有永联现代农业和园林公司两个单位。永联村域内绿化工程由永联村股份经济合作社资产管理部负责，由永联现代农业承包业务，年内完成内外绿化工程共45项，实现绿化工程收入888.3万元。永联区域外工程由园林公司承包业务，年内完成绿化工程4项，实现绿化工程收入21.28万元。永联区域内绿化养护工作主要依靠永联现代农业完成，年内完成绿化养护工程4个，养护面积180万平方米。蔬菜种植主要依托苏州永联天天鲜配送股份有限公司蔬菜基地种植，年内实现蔬菜销售收入60万元。水果种植有高架草莓的科普培育项目占地0.24公顷，年内产量4750千克，销售收入22万余元；永联菜篮梨园项目占地面积6.67公顷，年内产梨19 750千克，销售收入22.5万元。永联区域内畜禽养殖及水产养殖主要依托于苏州永联农旅发展有限公司，年内完成畜禽及水产养殖收入964万元。

【工业】 2020年，面对国内国际新冠肺炎的影响，永钢集团围绕“千亿营收、百亿利税”的发展目标，克服钢材国际出口受制压力，积极开拓国内钢铁市场，大力发展金融、贸易、内物流等行业，推动非钢板块持续、快速发展。年内，实现营业收入1010亿元，利税60亿元。永联村集体可支配收入1.84亿元，比上年增3700万元，增长22.02%。是年，永钢集团在中国民营企业500强中排名第93位，在中国制造业民营企业500强中排名第48位，获评“中华慈善奖”“江苏省省长质量奖”、全国工商联“抗击新冠肺炎疫情先进民营企业”、江苏省二级安全生产标准化达标企业、江苏省民营企业文化建设示范单位。

【服务业】 2020年，永联村旅游、商贸、金融、邮电、交通物流等服务业协调发展。旅游方面，围绕四季特色策划永联美食节、永联奇幻夜、永联丰收节、新春庙会活动。至年末，永联村全年接待游客95.85万人次，营业收入13 484.01万元。永联小镇、永联农耕园线路入选江苏省农业农村厅发布的50条全省秋冬休闲旅游农业精品线路。永联小镇获评张家港市夜间经济文旅消费集聚区。商贸方面，积极发展餐饮小吃、家具家电、医疗保健、体育健身、文化娱乐等行业。年内，永联小镇东街、南街、北街三条街道有商铺207间，商户总数193家，年度租金规模超1550万元。三条街区商户年营业总额超2亿元，较上年增长11%。此外，永联天天鲜配送有限公司为境内最大的农贸产品供应商，下设门店12家，全年实现营业收入1.6亿元。金融方面，永联区域内共有3家银行，8个金融服务点，有自助取款、服务设备14台。年内主要有上海永谐投资发展有限公司、上海秋晟资产管理有限公司、江苏象石实业股份有限公司等7个金融单位。邮电方面，张家港市邮政局在永联村设有邮政营业所1个，邮政便民服务站1个。邮政营业所有营业人员1人，主要负责信件邮递、包裹快递收发，并代收固定电话费、移动电话费、电费、车票、飞机票等公用事业性服务项目业务费。报刊征订由南丰邮电支局统一办理，邮递员送达。永合社区邮政便民服务站位于永联小镇北街4号门面房，负责报刊快递信件代投业务。永联村（含永钢集团）移动电话用户全面普及，有中国移动营业网点2家、中国电信营业网点1家。电信线路有144芯光纤骨干线路21条，96芯光纤骨干线路5条，72芯光纤骨干线路31条。互联网有IP光纤宽带网100兆宽带8条，200兆宽带4条，500兆宽带3条。交通物流方面，区域内有省道1条、县（市）道1条、村级道路11条，5座码头、泊位17个，设计年吞吐量2750万吨，有桥梁36座，航道4条。年内，区域内公共交通运输有客运公交线路202路、306路和220路；境内货运主要由永钢集团完成，有各类运输车辆479辆，总货运量3276万吨，固定雇用船只、非固定船只和货代运输的总货运量1050.67万吨。

【开放型经济】 2020年，永钢集团持续推进产品转型升级，在新冠肺炎疫情的影响下，坚持发展国际和国内两个市场。全年累计开发新客户186家，新增出口国家1个，出口面覆盖全球111个国家和地区，推向市场的新钢种43个。普钢市场开拓：年内累计开发新客户36家，实现国内普钢直营销量43.68万吨；外贸普钢累计开发新客户43家。优钢市场开拓：年内将16个新牌号钢种推向市场，累计开发优钢新客户27家，外贸优钢出口开发线材新品种3种，开发新客户40家。特钢市场开拓：年内内贸特钢将17个新钢种推向市场，累计开发新客户28家；外贸特钢将7个新钢种推向市场，累计开发新客户12家。内贸市场开拓：年内永钢建筑钢材形成“苏南+上海”市场41%、浙江市场30%、苏北市场29%的销售格局。外贸市场开拓：优钢线材方面，新增俄罗斯市场。特钢圆棒方面，积极开发新市场，扩大智利、加拿大销售市场；新增埃塞俄比亚市场，“一带一路”沿线国家和地区出口钢材32.4万吨。是年，实现钢材销售953.52万元，其中国内销售840.32万吨，出口113.2万吨，销售收入375.15亿元。实现原辅料采购2435.75万吨，主要包括铁矿石、焦炭、烧结燃料、喷吹燃料、废钢、合金、熔剂等。备品备件采购主要包括生产所需设备备用件，至年末，备品备件采购额18.87亿元。

文化建设

【思想理论武装】 2020年，永联村、永钢集团学习贯彻习近平总书记重要讲话精神，强化理论武装和思想教育，召开全国“两会”精神传达会、专题党课等会议，组织党员干部对标交流学习，不断提高党员干部的思想觉悟、理论知识素养，增强组织凝聚力建设。1月16日，弘扬“张家港精神”报告会在永联文化活动中心举行，原江苏省政协常委、苏州市人大常委会副主任、张家港市委书记、“最美奋斗者”“改革先锋”“张家港精神”

的塑造者秦振华作题为《坚守初心永葆本色，大力弘扬"张家港精神"》的报告。6月5日，永联村党委和永钢集团党委联合召开全国"两会"精神传达会，第十三届全国人大代表、永联村党委书记、永钢集团董事局副主席吴惠芳向永联村民、永钢员工传达学习习近平总书记重要讲话精神和全国"两会"精神。6月28日，"新冠疫情下我国宏观经济形势分析及预判"专题党课在永联文化活动中心举办。年内，永钢集团党委组织各党支部开展主题教育活动10余场，组织党员干部赴苏州市初心馆、苏州革命博物馆学习，向亨通、协鑫、波司登等非公党建、共建先进企业对标学习。永合社区设有"海棠花红"先锋阵地，依托图书馆内的读好四本书专区，社区党建工作站内的党员宣誓区、红色教育区、理论学习区、政治信仰区及支部书记工作室，加强"宣传党的主张、贯彻党的决定、教育管理党员、团结服务群众"建设。

【文化事业】 2020年，永联村、永钢集团文化工作管理机构主要有永钢集团办公室、永联村党委。永联村文化单位有永联图书馆、永联档案馆，主要文化设施有永联文化活动中心、永联爱心互助街、永联金手指广场、永联议事厅、永联展示馆、永钢展示馆、永联戏楼。区域内有苏州像形文化传媒有限公司、张家港永畅文化传媒公司、张家港绎美文化传媒有限公司、张家港市永联培训中心等9个文化机构，有工作人员74人。有锣鼓队、龙狮队、舞蹈队、合唱队、腰鼓队、"合之韵"艺术团、永联荷风管弦乐团7支文艺队伍，共有队员733人，全年开展活动10余场。

社会建设

【社会保障】 2020年，永联村及永钢集团建立健全社会保障体系，推进城乡居民社会养老保险、医疗保险、城镇职工养老保险、工伤保险、失业保险及生育保险。年内，永联村有20名村民参加城乡居民基本养老保险，4184名村民参加城镇职工养老保险。有3751名村民参加城乡居民医疗保险，有4184名村民参加城镇职工医疗保险。永钢集团有9374名员工参加城镇职工养老保险、医疗保险、工伤保险、生育保险及失业保险。年内，为民基金会共出资1372.32万元用于各类社会福利事业，为162户困难居民发放慰问金51.46万元，开展村级医疗互助福村宝惠民计划，年度累计受益1325人次，医疗补助金额298.37万元。是年，永联村积极开展各项关爱活动，为征地农民、达龄老人、学生、灵活就业人员发放各类补助，保障村民基本生活。向6553名征地农民发放拆迁补助金3168.12万元；向4217名老人发放养老补助金4482.14万元；向514名80岁以上老人发放尊老金63.1万元；向114名残疾人发放助残金14.9万元；向23名考取高校学生发放奖学金13.5万元；向3338名村民发放农村合作医疗补助金117.88万元；向884名灵活就业人员发放灵活就业补助金71.29万元。

【社会治理】 2020年，永联区域内社会治安综合治理工作主要由南丰镇永联景区管理办公室（简称永联景区办）完成。年内，永联景区办联合综合执法局，召集警务室、市监南丰分局、农服中心、爱卫办、永合社区、农贸市场及农旅公司等单位加强永联小镇社会治安综合治理工作。秩序管理方面：永联景区办会同城管，对永联小镇流动摊贩和街面市容进行整治，清除辖区内所有门店玻璃橱窗上的"乱张贴"；召开永联新菜场周边秩序整治协调会，解决永联小镇临时菜场环境脏乱差等问题。接待保障方面：完成政务接待215批2500余人次。累计出动警力2500余人次，城管力量1800余人次，环卫力量近1300余人次，实现"零失误"。完成永联乡村美食节、烟花秀、夜沙洲·永联农夫集市、永联光影节、中国农民丰收节、永联丰收节等永联区域活动保障及相关工作。公共设施维护方面：督促做好公共交通、供电、绿化、道路、桥梁等市政设施维护，完善交通标识。做好辖区内省级道路的日常巡查以及永联小镇南、北、东街的亮化工程。疫情防控方面：永联景区办成立南丰镇医学集中观察点，负责组织发放防疫通知、巡查街面、核实门店人员信息等各项事务协调，并安排人员24小时卡口值班。同时对复工企业开展走访、检查，对存在的安全隐患及疫情防控的薄弱环节提出合理化建议，做好外来人员的体温测量和登记工作，加强村企职工防疫宣传教育，坚持复工复产和疫情防控"两手抓"。

组织机构及其领导人

镇驻村领导机构

永联景区管理领导小组

主　任　陈洪斌

副主任　周　华

中共永合社区委员会

书　记　秦　欢

副书记　吴　昊　张爱峰

委　员　朱　敏（女）　唐亚萍（女）
　　　　陈建同　翟惠英（女）

永合社区居民委员会

主　任　秦　欢

委　员　吴　昊　陈建同

村级领导机构

中共永联村第八届委员会

书　记　吴惠芳

副书记　陈华斌　秦　欢

委　员　蒋志兵　陈建新　胡文俊　毛水才
　　　　张爱峰　崔　航（女）

永联村股份经济合作社

社　长　吴惠芳

副社长　陈华斌　蒋志兵

江苏永钢集团有限公司

董事局名誉主席　吴栋材

董事局主席　吴耀芳

董事局副主席　吴惠芳

执行董事　陈华斌（10月任）　黄均时（10月任）

董　事　吴惠英（女）　张刘瑜

总　裁　吴　毅

副总裁　张刘瑜　余加军　黄跟平　钱毅群

江苏联峰实业有限公司

总经理　张刘瑜

副总经理　黄跟平　程　勇

人民团体

永合社区工会

主　席　吴　昊

副主席　张爱峰

永联村股份经济合作社工会

主　席　蒋志兵

江苏永钢集团有限公司工会

主　席　张　迁

副主席　李　敬　黄　剑

共青团永合社区总支委员会

书　记　秦　欢

共青团江苏永钢集团有限公司委员会

书　记　张　瑜（女）

副书记　周荣宝　李　刚

永合社区妇女联合会

主　席　朱　敏（女）

副主席　宋　佳（女）

永联村股份经济合作社妇女联合会

主　席　李佩华（女）

副主席　何明传（女）　宗芳芳（女）
　　　　倪婷婷（女）

江苏永钢集团有限公司妇女联合会

主　席　钱毅群（女）

副主席　钱丽英（女）　王惠红（女）

张家港市永联为民基金会

理事长　李　敬

副理事长　秦　欢　蒋志兵　黄　剑

秘书长　崔　航（女）

理　事　胡文俊　朱卫东　张爱峰　龚晓娟（女）

监　事　钱毅群（女）　陈　敏　艾常婷（女）

永联志愿者联合会

会　长　秦　欢

副会长　蒋志兵　钱丽英（女）

秘书长　胡文俊

理　事　周智岗　顾彩英（女）　徐雪忠　戴志刚

永联社会文明建设联合会

会　长　吴惠芳

常务副会长　陈华斌

副会长　蒋建国　陈洪斌　秦　欢

秘书长　吴　昊

中共永联村委员会

CPC Yonglian Village Committee

9月4日，中共南丰镇永联村党员大会召开

重要会议

组织工作

纪检工作

宣传工作

史志·档案

宾客接待

重要会议

【全国“两会”精神传达会】 6月5日，永联村党委和永钢集团党委联合召开全国“两会”精神传达会，第十三届全国人大代表、永联村党委书记、永钢集团董事局副主席吴惠芳向永联村民、永钢员工传达学习习近平总书记重要讲话精神和全国“两会”精神。永联村、永钢集团党员干部共700余人参会。会议由永钢集团党委副书记、副总裁、联峰实业总经理张刘瑜主持。会上，吴惠芳结合自身经历和切实感悟，传达学习习近平总书记重要讲话精神和全国“两会”精神。他表示，新冠肺炎疫情发生后，永联村民、永钢职工第一时间制定防疫方案，构建群防群控体系，维护公众生命安全和身体健康。受新冠肺炎疫情影响，中共中央、国务院对做好“六稳”（稳就业、稳金融、稳外贸、稳外资、稳投资、稳预期）工作，落实“六保”（保居民就业、保基本民生、保市场主体、保粮食能源安全、保产业链供应链稳定、保基层运转）任务高度重视；2020年的政府工作报告明确指出，要继续执行下调增值税税率和企业养老保险费率政策，把减税降费政策落实到企业。永联村、永钢集团要继续奋发进取，按照习近平总书记的讲话精神，为赢得抗疫斗争、全面恢复经济社会秩序，为决胜全面小康、决战脱贫攻坚贡献力量。村企干部要带头学习贯彻好全国“两会”精神，传播“两会”声音，促进永联村、永钢集团实现新突破、新发展。各党组织要从实际出发，把干事创业的手脚从形式主义的束缚中解脱，为担当者担当，让履职者尽责，增强村民、职工公共意识、规则意识，建设一个充满活力、和谐有序的永联村。会上，张刘瑜就落实“两会”精神提出三点要求：保持发展定力，坚定发展信心，努力完成全年目标任务；在危机中育新机、于变局中开新局，不断开创村企各项事业发展新局面；统一思想认识，凝聚智慧力量，为村企高质量发展护航。

【庆祝建党99周年表彰大会暨专题党课】 7月1日，永联村党委在永联议事厅举行“有党才有国·有国才有家”庆祝建党99周年表彰大会暨专题党课，回顾中国共产党光辉历程，讴歌中共丰功伟绩，同时表彰先进、鼓舞干劲、提升党员政治素养。会议由中共苏州市委党校傅伟明为全体党员干部讲授“新时代党建新部署与智慧党建实践”专题党课。傅伟明从发展新时代、党建新部署以及智慧党建实践三个方面进行讲解，强调党要管党、从严治党，解决人民群众反映强烈的党内突出问题，夯实执政之基，保持蓬勃发展的良好态势。此次党课加深党员干部对中国共产党的发展历史和逻辑等的理解，为开展各项党建工作指明方向。会上，永联村党委书记吴惠芳为疫情期间表现突出的党员颁奖，综合职能党支部包明丰，资产管理党支部戴志刚，文化培训党支部李立峰，农旅公司党支部戈雅璐、徐波，保安物业党支部徐朝同，社区第一党支部陈建同，第二党支部吴昊，第三党支部薛栋华，第四党支部苏红妹，第五党支部余纪龙，青年党支部张震锋、龚宇，惠邻党支部李晓庆、杨颖，惠民党支部顾彩红共16名党员，被授予“2020年永联村党委最美抗疫先锋”称号。

永联村党委庆祝建党99周年表彰大会暨专题党课上，吴惠芳为获奖者颁奖

【永联村党员大会】 9月4日，永联村党员大会在永联议事厅举行，永联村党员代表220余人参会。会上，永联村党委书记吴惠芳作重要指示。他表示，上半年工作总体向好、稳中有进，防疫工作卓有成效。面对新冠肺炎疫情的影响，永联村、永合社区、永钢集团三个主体相互联动，在疫情防控、经济发展等方面积极作为，确保居民职工的生命财产安全，保证各项工作正常运转。一是经济发展势头强劲。凭借劲头和决心，永联村的经济发展逐渐“回暖”，实现逆势上扬。永钢也凭借

政策红利等因素，实现快速发展。二是重大活动开展顺利。高标准完成领导督查检查工作，夯实永联村作为乡村振兴标杆的示范引领作用。吴惠芳认为，永联、永钢所获成绩，得益于产业结构、治理模式、班子结构的重大转型。永联村曾是全县最小最穷的村庄，改革开放以后，永联村实现快速发展，是改革开放最大实践者和获益者。经过50年奋斗发展，永联成为全国新农村建设的典型样板。吴惠芳要求，要以更高标准、更大力度、更好成效，推进实施乡村振兴战略。按照产业兴旺、生态宜居、乡风文明、治理有效、生活富裕的总要求，加快推进永联农业农村现代化建设。要调整产业结构，理顺发展机制，加大人才队伍建设，推进一、二、三产业融合发展。要共同行动、全民参与，提升河道水质、空气质量等，美化村庄环境。要常态化开展学习教育活动，提高居民职工的文化素养和思想观念，适应社会进步的发展和要求。要加强居民自治，培养居民自治能力，使居民实现自我教育、自我服务和自我管理。要倡导勤劳致富、创业致富，全民参与慈善帮扶，在文明、教育等各方面实现富裕。会上，永合社区党总支书记秦欢、永联村股份经济合作社党总支书记陈建新分别就永合社区党总支在疫情防控、文明创建、垃圾分类、人居环境以及经济建设、组织建设、主题活动、社情民意等方面工作做总结，并就下半年的工作部署做汇报。

组织工作

【概况】 11月，永合社区党总支升格为永合社区党委，隶属于永联村党委。秦欢担任永合社区党委书记，张爱峰、吴昊担任永合社区党委副书记。至年末，永联村有永联村党委、永合社区党委。其中，永合社区党委下设党支部7个，有中共党员271人；永联村党委下设党支部7个，有中共党员85人，其中永联村股份经济合作社（简称经济合作社）有党支部5个、永联村党委有中共党员80人。

【《永联村党委党支部、党员考核管理办法》实施】 永联村根据《永联村党委党支部、党员考核管理办法》，实行党支部和党员个人积分制管理。由永合社区考核，一年一评，以激发先进，发挥党支部的战斗堡垒和党员的先锋模范作用。2020年，有44名党员获表彰，其中10人获评十佳优秀党员，30人获评优秀党员，4人获评优秀党务干部，共奖励5.4万元。社区四支部、文化培训党支部、保安物业党支部获评2020年度先进党支部，奖励1.5万元。

【"海棠花红"先锋阵地】 永合社区"海棠花红"先锋阵地位于永联爱心互助街，分布于爱心互助街4幢楼房第一层社区服务用房，建筑面积2000平方米。该阵地围绕"宣传党的主张、贯彻党的决定、教育管理党员、团结服务群众"建设，在图书馆内设有读好四本书专区，建设学习型党组织；在社区党建工作站内设有党员宣誓区、红色教育区、理论学习区、政治信仰区及支部书记工作室，集党员学习教育、党建成果展示、党内政治生活、支部书记办公为一体；在新时代文明实践站设有健康咨询、便民服务咨询等多个志愿服务项目，由党员带头参加志愿服务，共有志愿者会员2800余人。阵地另设有医疗服务、退役军人服务、老年人康复、爱心超市、书画室、健康小屋、绿色小屋等服务场所。2020年10月，绿色小屋启动，设立宣教中心，推进生活垃圾分类项目实施。是年，永合社区党委建立"一联三全"（联席会议制度、全时段、全科受理、全联动）工作机制，其中"全联动"以永合社区"海棠花"阵地为中心，依托联动工作站，在永联小镇形成全覆盖的一中心多点的全联动模式服务，实现"事事有回音，件件有着落"的工作目标。至年末，永合社区党总支围绕居民自治、社区治理、民生服务等内容开展实施6大党建项目和22个常态化志愿服务项目。

【组织建设和党员干部队伍建设】 6月20日，永合社区青年党支部召开以学习"两会"精神，做时代表率为主题的组织生活开放日活动。全体党员在永合社区党建工作站观看习近平总书记重要讲话和全国"两会"精神视频，同时参观了解张家港湾建设情况，开展"爱护长江，我们在行动"志愿服务活动。6月23日，永联村党委在永联议事厅举办"颂党爱国"主题朗诵比赛活动，经济合作社及永合社区各党支部组成13支队伍参赛。活动旨在纪念中国共产党成立99周年，回顾中国共产党光辉历程，体现广大党员的责任担当。7月29日，永合社区党总支与塘桥邮政党支部联合开展“传红色军魂·守使命初心”主题党日活动，同庆建军佳节，增强党员对党组织、部队的归属感和荣誉感，激励个人不忘初心、牢记使命。12月19日，惠邻社工在爱心互助街党员活动室开展“心手相连”共学党史活动，共有25位党员参与。活动旨在提升党员的党性修养，坚定个人理想信念。12月23日，惠邻社工联合永合社区在退役军人之家开展“凝聚你我，益路前行”——爱心互助街场馆志愿者团建活动，共有43名志愿者参与。活动旨在增强志愿者队伍的凝聚力，促进团队的成长与进步。12月26日，永联村股份经济合作社工会联合会联合惠邻社工在退役军人之家举办团建活动，共吸引82名工会会员参与。是年，经济合作社加强党员学习教育，组织党员学习《中国共产党农村基层组织工作条例》、吉炳轩副委员长赴永联考察六篇调研随记、习总书记视察江苏重要讲话精神等。同时丰富学习形式，组织党员到苏州、南通、无锡、上海等实地参观学习。全年开展集中学习10次，各支部开展学习活动168余次。常态化开展“不忘初心、牢记使命”主题教育，扎实推进“四史”（党史、新中国史、改革开放史、社会主义发展史）学习教育。有1名党员入选全国优秀共产党员表彰范围。是年，永合社区党委以学习十九大精神以及习近平总书记的新时代中国特色社会主义思想为抓手，开展规范化党支部建设行动。通过“书记搭台·群众发声”微讲堂、“颂党爱国”诗朗诵、“学习强国”网络学习、“治国理政”阅读沙龙、“三大法宝”实境教学、“悟两会·做表率”组织生活开放日、“四史”读书分享会、“垃圾分类”志愿服务等多种方式，深入开展党的最新政治理论学习，全年面向党员群众开展各类学习100余次。

纪检工作

【概况】 2020年，永联村加强基层农村党风廉政建设。利用各类会议、永联村网站、微信公众号、社区展板、电子显示屏等平台，加大廉政建设宣传教育，营造风清气正的社会氛围。永联书屋订阅《中国纪检监察报》《党风廉政建设》等报纸、杂志、书籍，供永联村民职工阅读，增强对廉政的认识和了解。永合社区积极落实党风廉政建设责任制，永联为民基金会通过抓制度建设，形成党风廉政工作机制。各单位加强相关事务的监督审计，保证村企事务公开透明，杜绝贪污腐败。

【党风廉政建设】 2020年，永合社区全面落实党风廉政建设责任制，强化“一岗双责制”和“目标责任制”，坚持“谁主管、谁负责”，一级抓一级，层层抓落实。与社区12名工作人员签订廉政风险防控排查表。廉洁教育方面，围绕中央八项规定、市委巡察、农村基层小微权力规范、群众身边腐败和作风问题等方面，加强两委班子学习；围绕《中国共产党廉洁自律准则》《中国共产党纪律处分条例》《中国共产党党章》等党纪政纪条例条规、习近平总书记关于反腐倡廉的重要论述强化党员廉政教育，组织党员干部参观廉洁文化广场，面向党员干部开展学习累计20余次。落实制度方面，开展6次谈心谈话，指出约谈对象党风廉政、作风建设、服务群众等方面的问题与不足；重点节假日落实值班制度，严守工作纪律，改进工作作风；落实居务党务公开制度，全年网上居委会发布信息、公示等340条，公示栏公示困难党员、社会救助类公示、换届选举公示40次。是年，永联为民基金会推进党风廉政工作，重点抓制度建设和制度落实，形成党风廉政工作机制；同时抓项目管理、资金管理，合理使用善款；构建沟通和监督平台，通过慈善中国、基金会官网、基金会微信公众号、社区电子大屏《永联村讯》等平台，进行捐款公示，回应社会关切，接受社会监督。年内在永联区域内组织开展新冠肺炎疫情防疫专项募捐活动。

宣传工作

【概况】 2020年，永联村围绕乡村振兴、主题教育、产业发展等中心工作，加强思想文化宣传，优化舆论引导，助力村企经济建设、社会文明、民生发展。年内，利用黑板报、橱窗、电子显示屏、《永联村讯》、永联村网站、永联村微信公众平台等宣传阵地，开展党风建设、文明祭祀、扫黑除恶等专题宣传；制作专题片87部；完成永联村稿件刊发600余篇，其中对上对外刊发稿件68篇。

【媒体宣传】 2020年，张家港市级以上媒体共刊发宣传永联村稿件204篇，其中，张家港市级媒体刊发稿件50篇，苏州市级媒体刊发稿件58篇，省级媒体刊发稿51篇，国家级媒体刊发稿件45篇。

【“我眼中的全面小康”全媒体采风行动走进永联村】 6月13日，由中共江苏省委宣传部、新华报业传媒集团等9个单位共同主办，江苏省新闻摄影学会、《新华日报》全媒体视觉中心与张家港市永联村承办的“我眼中的全面小康”大型全媒体系列采风活动走进永联村，中央及省内各主流媒体摄影记者近30人通过视频、图片和文字等形式，展示永联村美丽乡村建设的新成就。7月6日，新华社客户端、荔枝新闻、引力播、我苏网、看苏州等平台以视频、图文的方式，展现永联村的小康生活。新华社撰写《解锁幸福的密码——“先行者”苏州探路小康纪事》《生产要有“加速度”，生活才有“推背感”》等文章，描绘出永联“经济强、百姓富、环境美、社会文明程度高”的画面。

“我眼中的全面小康”走进永联采风活动

表1　2020年永联村围绕推进现代化建设主题在上级媒体刊发稿件一览表

序号	稿件名称	日期	刊发媒体
1	《永联村跻身全国乡村治理示范村》	1月18日	《张家港日报》第A01版
2	《两次请缨奔赴疫情一线52岁司机申请入党》	3月13日	学习强国
3	《志愿服务“动”起来 文明实践“深”下去》	3月14日	新华网
4	《2020永联美食节启幕》	4月2日	新华网
5	《整合旅游资源 筑开放式江南田园生活体验地》	4月9日	学习强国
6	《“第二医保”为农村居民幸福再“加码”》	4月11日	学习强国
7	《永联景区开启“智慧旅游”新时代》	4月20日	《张家港日报》第A01版
8	《张家港永联村：农业农村现代化展露现实模样》	4月24日	《新华日报》
9	《张家港永联村：美好生活注解全面小康样本》	4月29日	学习强国
10	《牢记重托 传递港城“好声音”潘国强欢送第十三届全国人大代表吴惠芳赴京参会》	5月16日	《张家港日报》第A01版
11	《全国人大代表吴惠芳：当好农民的“代言人”》	5月22日	学习强国
12	《吴惠芳：他们的“城市梦”，我来守护》	5月22日	新华网
13	《全国人大代表吴惠芳：2022年率先实现农业农村基本现代化，争做标杆样板》	5月24日	《现代快报》
14	《江苏苏州张家港市永联村党委书记吴惠芳代表：让保护长江成自觉行动》	5月26日	《人民日报》第12版
15	《全国人大代表吴惠芳：我们村建成全省第一个农村5G基站》	5月27日	《扬子晚报》第A03版
16	《吴惠芳代表：进一步提升村民社会文明程度》	5月28日	中国农网

续表1

序号	稿件名称	日期	刊发媒体
17	《全国人大代表吴惠芳：乡村振兴既要富口袋也要富生态》	6月1日	《中国青年报》
18	《永联干部学院浙江安吉余村基地成立》	6月10日	《张家港日报》第A02版
19	《苏州永联村24小时图书馆“照亮”村民心窝》	6月13日	中国新闻网
20	《从三户人家的故事体味一个村庄的温度》	6月13日	求是网
21	《“华夏第一钢村”永联村：百炼始成小康村》	6月14日	中国新闻网
22	《看！江南“小康村”永联村的现实模样》	6月14日	新华网
23	《走进苏州小康村“开心农场”感受江南田园生活》	6月14日	中国新闻网
24	《全媒体采风走进永联村“看小康”》	6月15日	《扬子晚报》第A04版
25	《江苏张家港永联村：“农村娃”爱上高雅音乐》	6月16日	中新网江苏
26	《张家港永联村——乡村里的“都市”》	6月21日	新华社
27	《800多名南通游客坐高铁快乐游永联》	7月4日	《张家港日报》第A03版
28	《一个经济落后村的逆袭：“口袋”和“脑袋”如今都富了》	7月6日	中国新闻网
29	《解锁幸福的密码——“先行者”苏州探路小康纪事》	7月6日	新华社
30	《江苏奏响特色田园乡村“圆舞曲”》	7月7日	中国青年报客户端
31	《徐徐展开的永联新农村画卷》	7月10日	《中国城乡金融报》第A02版
32	《全国首列！“中国永联村”高铁冠名列车今日首发！》	7月17日	中国网
33	《南丰镇永合社区：将“双网”融入新时代文明实践》	7月23日	《张家港日报》第A02版
34	《张家港南丰镇智能化监控餐饮场所安全》	8月21日	《新华日报》第22版
35	《用社工“一站式”服务解决联系群众“最后一公里”》	8月28日	《中国社会报》第A03版
36	《产业兴旺，托起乡村振兴的“脊梁”》	9月17日	《张家港日报》第A01版
37	《2020年中国农民丰收节江苏主场活动亮点纷呈》	9月19日	《张家港日报》第A01版
38	《50年，穷村变富村、小村变大村、传统乡村发展成为现代化农村——永联：精彩演绎发展辩证法》	9月20日	《新华日报》第8专版
39	《永联村建村50周年，84岁老书记晚会现场庆生》	9月21日	中国江苏网
40	《江苏张家港：年轻港城亮出优异“乡村成绩单”》	9月21日	《中国城市报》第06版
41	《奋斗五十年 奔向现代化》	9月22日	《张家港日报》第A01版
42	《2020年中国农民丰收节江苏主场活动暨永联村建村50周年庆祝活动举行》	9月22日	腾讯网
43	《2020年“中国农民丰收节”江苏主场活动在张家港永联村举行》	9月23日	《新华日报》第1版
44	《欢乐庆丰收 奋进现代化 奏响乡村振兴华彩乐章》	9月23日	《苏州日报》第A01版
45	《开收割机就像玩遥控车》	9月23日	《苏州日报》第A02版
46	《春耕秋获乐章华彩 丰收节江苏主场活动在张家港永联村举行》	9月23日	《新民晚报》

续表1

序号	稿件名称	日期	刊发媒体
47	《张家港县域“强村群”的突围术：抢抓城市溢出，抱团引进项目》	9月23日	澎湃新闻
48	《“强村集群”共探农业农村现代化》	10月2日	《新华日报》第5版
49	《张家港加速打造乡村振兴新样板》	11月3日	光明网
50	《“1平米文明”折射美丽乡村的底气和决心》	11月10日	学习强国
51	《作为农民代表撞响和平大钟 吴惠芳：只有强大，才能赢得和平》	12月13日	《南京晨报》

史志·档案

【概况】 2020年，永联档案馆名人展厅与永联展示馆合并。至年末，永联村有综合档案馆1个，为江苏省五星级档案馆，有工作人员6人。其中档案工作人员4人，史志编纂人员2人。至年末，馆藏档案221 927件136 089卷，底图7718套85 327张，图书799册。至年末，著录各类档案条目365 734万条，累计21.1万件文书永久类及长期类档案电子全文进入该系统。

【档案保管利用】 2020年，永联档案馆共接收永联村及永钢集团下属各单位移交的2019年度文书档案19 730件，科技档案1172卷，会计档案7058卷，书籍1册，奖牌及证书等实物档案284卷，底图档案47套327张。年内，开展电子邮件、电话、网上查档、来馆查档等多种服务，全年为村企各单位提供档案利用631人次6166卷（件）。

【《永联年鉴（2020）》出版】 2020年，由永联年鉴编纂委员会负责编纂的张家港市村级年鉴——《永联年鉴（2020）》出版。该年鉴采用条目式记事体，分类编纂。基本结构分为类目、分目、条目三个层次，共设类目19个，下设分目92个，条目403个、表格22张，配图167幅。由江苏人民出版社出版，共有20余万字，从境域、自然环境、人口、社会风土等方面，全面、真实、系统地记录2019年永联村基层党建、文明建设、产业发展等的发展情况。

宾客接待

【概况】 2020年，永联村接待保障工作由永联景区办、经济合作社、永钢集团负责，全年完成团队接待300余批5000余人次。

【接待保障服务】 2020年，永联村股份经济合作社完成接待278批次4809人次，其中包括吉炳轩副委员长、省委组织部部长郭文琦、历任苏州市委书记的蓝绍敏和许昆林等领导的接待保障。是年，永联村承办和负责中国农民丰收节江苏主会场活动、张家港市农村专业技术联合会第一届第二次会议暨第二届换届大会等会议保障工作。永联景区办完成永联乡村美食节、烟花秀、夜沙洲·永联农夫集市、永联光影节、中国农民丰收节江苏主场暨永联村建村50周年、永联丰收节等保障活动，完成政务接待215批2500余人次。是年，永钢集团办公室保障永钢集团2019年度工作总结表彰大会、“弘扬张家港精神”专题讲座、永润投资持股人大会、建筑垃圾综合利用项目签约仪式、湖北籍人员返港慰问仪式、永钢集团安全生产会议、江苏质量奖现场评审会、2020中国钢铁工业科技与竞争战略论坛、推进钢铁行业高质量发展系列培训之绿色发展培训会、中国农民丰收节江苏会场等会议和活动，共接待宾客154批次1623人次，其中常规接待宾客118批、协助各部门接待宾客36批，提供接待保障服务26次。

中共永钢集团委员会

CPC Yonggang Group Committee

弘扬“张家港精神”报告会

永联年鉴

2021

重要会议

重要活动

组织工作

纪检工作

宣传工作

重要会议

【概况】 2020年，永钢集团以习近平新时代中国特色社会主义思想为指引，以企业转型升级为目标，发挥党组织政治核心和政治引领作用，推动企业高质量发展。年内，主要召开弘扬“张家港精神”报告会、半年度工作总结会、新冠肺炎疫情防控会等4场会议。

【弘扬“张家港精神”报告会】 1月16日，弘扬“张家港精神”报告会在永联文化活动中心举行，原江苏省政协常委、苏州市人大常委会副主任、张家港市委书记、“最美奋斗者”“改革先锋”“张家港精神”的塑造者秦振华作题为《坚守初心永葆本色，大力弘扬“张家港精神”》的报告，张家港市老领导，南丰镇全体镇村干部、市镇单位负责人，永联村党委班子，永钢集团董事局、总裁班子成员等共有1100余人参会。会上，秦振华讲述张家港改革发展历程，以真实事例诠释张家港精神的深刻内涵和本质特征。他指出，张家港精神的核心是自加压力、自我加压，是一股自己要做、要闯、要干的昂扬斗志；要义是敢于争先、实干创业，是一股敢为人先、敢争第一、敢闯敢冒敢担当的革命豪气；根本是以人民为中心，是一股扶正祛邪、铁心为民的浩然正气。永联、永钢是改革开放40多年光辉历程的见证者、参与者、受益者。“敢破敢立、自强不息、团结奉献、实干争先”的永联精神和“勤奋实干、开拓争先”的永钢精神，与张家港精神一脉相承。秦振华强调，面临长江经济带高质量发展、长三角区域一体化发展的双重战略机遇，永联、永钢要拿出“战天斗地、敢为人先”的豪情和决心，扛起全市乡村振兴典范的担当，在率先基本实现农业农村现代化的进程中，打造全国具有示范性、引领性的“永联样板”；要牢记绿色发展的社会责任，在进军全国民企百强的进程中，争当长江经济带绿色发展的典范企业。永联村党委书记、永钢集团董事局副主席、常务副总裁吴惠芳提出要求：永联、永钢全体上下要认真学习领会秦振华老书记的讲话精神，只争朝夕，抓紧快干，敢于拼抢，奋勇争先，向永联村在2022年前率先实现农业农村基本现代化、永钢集团三年内达成“千亿营收、百亿利税”的目标不懈奋斗。

【半年度工作总结会议】 7月17日，永钢集团2020年上半年度工作总结大会在永联文化活动中心召开，永钢集团直属部门区域师及以上人员、联峰实业主要职员、子公司经营管理层参会。会议总结上半年的工作，明确下半年重点任务。永钢集团党委书记、总裁吴毅作上半年度工作报告，从疫情防控、管理转型、降本增效等方面做总结，强调上半年公司通过加强疫情防控，做好复工复产工作，确保企业供应、生产、销售的平稳运行；多元产业发展，实现非钢板块营业收入与钢铁板块各占一半；加强集团化管控，推进精益化管理和人力资本管理提升项目，加快信息化和体系化建设，提升企业市场竞争力；挖潜实现降本增效，降低采购成本，费用控制强化资产管理。部署下半年工作，吴毅提出：要抓好经营工作。保持集团公司经营目标和子公司的经营考核目标“两个不变”；抢抓机遇开展投资并购，各子公司结合自身资金情况和发展需要，壮大企业规模、提升市场竞争力。要推进降本增效。加强与行业先进对标，通过精细化管理和创新实现降本；推进经营机制调整，通过与专业公司合作生产，利用专业化生产和管理，降低成本，拓宽销售渠道，提升产品销售。要推进体制机制调整。调整管理机制，在企业管理中实现战略管控、运营管控和财务管控；调整组织机构，强化集团公司总部职能和集团职能部门的集团化属性，重构联峰实业运转机制；调整分配机制，发挥经济杠杆的指挥棒作用，实现按劳分配、

永钢集团半年度工作总结会议

多劳多得，调动积极性。要加强信息化建设。运用物联网、5G等技术，对生产制造进行自动化、信息化、智能化升级；加强大数据管理与应用，提升“大数据”的集成与应用能力；推进生产与专业管理信息化，强化企业信息化系统融合改造，推进物料编码工作。要加强人才队伍建设。加强高层次、复合型人才招聘与储备，推进专业人才引进；加强经营管理层队伍梳理优化，强化子公司经营性人才队伍建设；扎实推进作业长制，强化学习培训，让员工掌握更多的知识和技能。要推进党建服务企业经营管理。强化党在企业经营管理中的核心地位，坚持以党建服务生产经营和管理；加强非公党建品牌建设，向永联村党委学习；开展党员和公司干部思想教育，发挥党员和干部先锋模范作用，加快支部书记与单位主管一体化进程，确保党对业务的领导。会上，董事局主席吴耀芳肯定上半年的经营情况，并对下半年工作提出要求：坚定信心，努力做好本职工作。伴随长三角区域一体化的发展，永钢将会有更多的项目合作机遇。狠抓管理，提升内部管理水平。加强精细化管理、信息化管理水平，强化内部监管审计、集团管控能力，发挥集团公司职能部门的专业化作用，提升对子公司的指导、监督和服务，帮助子公司做大做强。加强队伍建设，奠定企业发展的人才基础。强化队伍的作风建设，加快紧缺型人才的引进，深挖内部人才发展潜力，加快大学生的提拔任用，要设定目标，大胆使用人才。着眼未来，坚持做大做强的目标不松懈。推进装配式建筑做大做强，加快大项目建设，推进智能制造项目。会议表彰优秀党务工作者、优秀共产党员和先进基层党组织。

【新冠肺炎疫情防控会议】 2月10日，永钢集团通过视频会议形式召开董事局、总裁班子会，研究部署新冠肺炎疫情防控和企业生产经营工作。会议肯定村企上下在防控疫情方面积极开展的取消公众聚集性活动、加强疫情防控宣传教育、支持湖北和江苏当地抗击疫情等各项工作。会议强调，疫情面前要有责任担当之勇，要有精准防控之智，要把疫情防控作为重中之重的工作。要提高认识。村企上下要高度重视，将措施准备更充足，创造安全的生产生活环境。要加强组织领导。成立以党委书记、总裁吴毅为组长的疫情防控指挥组，完善组织网络和制度体系，完善应急预案和防控体系。要强化有效管控。将人员细分为“可靠”和“不可靠”，限制流动、严格管控。要加大宣传教育力度。加强卫生防疫、健康知识宣传普及，让村民、职工养成良好的卫生习惯。要推进信息化、智能化管理。利用信息化、智能化软硬件设备，实施远程会议、远程办公；通过信息技术手段，最大限度替代“面对面”“手接触”“人工识别”三个场景，提高工作效率。会议强调，要坚定不移完成2020年生产经营目标任务；尽早实现供、产、销、运无缝衔接，确保企业平稳有序运营。要科学谋划、统筹兼顾，妥善安排生产与检修。要同国际客户保持密切沟通，加大外贸市场开拓力度。要紧盯苏州市LNG（液化天然气）储备中心、张家港市大宗固体废弃物综合利用基地等项目建设，积极落实各项工作。

【主要职员大会】 10月19日，永钢集团在文化活动中心召开主要职员大会，董事局、总裁班子领导，各直属部门、子公司主要职员共600余人参会。会议通报体制机制优化以及董事局、总裁班子、联峰实业总经理班子调整等事宜。董事局副主席吴惠芳宣读《关于永钢集团部分机构及董事局、总裁班子、联峰实业总经理班子成员调整的决定》，就体制机制优化事宜作解释说明。吴惠芳指出，总裁班子、联峰实业总经理班子调整后，整体以70后、80后为主，学历本科以上，专业与岗位对口，队伍结构更加知识化、专业化、年轻化。实行董事局领导下的总裁班子负责制。优化体制机制，厘清董事局与总裁班子的职责边界、集团公司与钢铁板块的边界、集团公司与各板块的效益边界，利于责权的统一，激发发展活力，适应集团化、专业化管控要求。会上，党委书记、总裁吴毅讲话。他表示，2020年是“十三五”的收官之年，作为新的班子、新的团队，要把展现新的面貌、新的气象作为价值追求，把带领企业取得新的成果、新的业绩作为使命担当。“十四五”期间，企业要重点实现“产业”“管理”“人才”“品牌形象”四个方面的“升级”。持续做精做优钢铁主业，走好“产融结合”“工贸结合”道路，加强钢铁下游产业链延伸，壮大循环经济产业，在推动产业升级，谋求高质量发展上取得新突破。向管理要效率，以管理促发展，构建数字化企业，加强和第三方管理咨询机构的合作，强化预算管理，推动管理升级。加大优秀人才的引进力度，把单位效益与个人利益紧密捆绑，持续提升队伍的创新力、战斗力和凝聚力。加强企业品牌的塑造和提升，讲好“永钢故事”，推动企业品牌升级。永钢集团董事局主席吴耀芳就下步工作提出要求：各级班子要认清自身角色和定位，强化班子队伍建设。加强学习，提升自身素质，深入基层，带头开展调查研究。认清自身职责，强化履职尽责，处理好双重职能、钢铁板块和其他子公司的关系。要发挥好班子和职能工具的作用，注重团结，打造具有战斗力的班子和集体。要凝心聚力把永钢的事业做大做强。加快产业规模增长，加强盈利能力建设，加大外部市场的开拓。从内部管理抓起，向管理要效益，注重精细化管理，利用信息化手段提升管理水平，按照制度实行规范化建设。储备、吸引优秀人才，以全球化视野招揽人才，利用好招才平台，构建灵活的用人机制。要坚持共建共享，承担社会责任，支持永联村文化阵地建设，丰富村民和职工的业余文化生活，将守护好“一万亩土地、一万名村民、一万名职工和一万名外来务工人员”的安定和幸福作为企业的责任和义务。会上，董事局主席吴耀芳为总裁班子成员吴毅、张刘瑜、余加军、黄跟平、钱毅群、陈富斌、张迁、杜显峰、黄秀伟、吴睿颁发聘书。

重要活动

【概况】 2020年，永钢集团党委聚焦企业“千亿营收、百亿利税”的三年攻坚目标，做优廉洁永钢、文明永钢和幸福永钢品牌，用高质量的党建工作为企业高质量发展提供思想引领和组织保障。年内，组织各党支部开展主题教育活动10余场，举行重大工程开工和项目签约仪式20次。

【党组织主题教育活动】 4月30日，苏州市委组织部牵头举办党建惠企推进会，永钢集团党委与苏州市委党校签订结对联系协议。6月30日，为庆祝建党99周年，激励广大党员干部铭记初心使命，永钢集团党委组织党委班子等40人，赴苏州市初心馆、苏州革命博物馆、协鑫（集团）控股有限公司、科沃斯机器人集团等地开展“对标学习谋赶超、担当实干促发展”党员学习月主题教育活动。8月5日，永钢集团党委委员程勇、永钢集团优秀共产党员、优秀党务工作者、党员代表共40人赴昆山开展“‘三大法宝’重燃激情·火红年代再攀新高”党员学习月主题教育活动。是年，永钢集团整合市委组织部、全国非公党建杂志社、永钢集团三方资源优势，注册成立长江两新党建学院。先后打造永钢初心教育基地、党群服务之家等5个红堡党建阵地，编印《永攀高峰》党建专刊杂志，初步形成非公党建课程体系。成立“安全堡垒”“节水创效、党员争先”等行动支部，解决安全生产、污水循环利用等难题。打造青年学习社、党群服务之家等阵地，开展读好“政治理论、管理科学、专业技术、人生导向”四本书活动，提升党员综合素质。开展“两优一先”“管理奖、劳动奖、创新奖、文明奖”四奖评选等活动，为职工群众树立党员标杆、身边榜样，年内涌现出技术头雁李刚、绿色先锋钱丽英、外贸攻坚王晓波、军人本色朱国祥、劳模工匠王胜等一批先锋模范。在疫情防控阻击战中，永钢600余名党员在生产保供一线、交通卡口和各大社区开展防疫志愿服务活动，服务人数1040人次，服务总时长超7900小时。是年，永钢集团党委班子开展民主生活会；与苏州市委党校结对开展“党建暖心·红堡惠企”系列活动；策划开展庆祝中国共产党成立99周年系列活动；永钢党委参与市委组织部党建高级合伙人项目。

【专题党课】 6月28日，“新冠疫情下我国宏观经济形势分析及预判”专题党课在永联文化活动中心举办，永钢集团党委班子、群团组织班子、全体党员200余人参加。党课由中共苏州市委党校教授王涛讲授，重点分析当前经济形势和需要注意的主要问题，指出永钢集团要围绕创新、协调、开放三方面发展，积极响应国家“一带一路”倡议，在金融、意识形态、新冠疫情、中美贸易摩擦等多种风险下，勇担社会责任，做众多钢铁企业经济发展的排头兵。会上，永钢集团党委副书记余加军对公司党员、干部提出要求：继续强化学习提升，推进理论学习常态化。党员要把提高政治觉悟和坚定理想信念作为学习的核心目标，要把理论学习、武装思想常态化，把马克思主义基本原理、党的方针政策、党章党规和习近平新时代中国特色社会主义思想作为学习的主要内容。坚持理论联系实际，以理论指导工作实践。树立科学的思维方式，准确把握经济发展的客观规律和企业发展的要求。党员、干部要积极把学习转化为工作实践成果，用政策形势分析指导工作决策，用党的理论提升个人素养。改进工作作风，弘扬实干争先的永钢精神。需要广大党员干部带头示范、积极转变作风，成为集团公司改革和转型升级的先锋力量，带头把精力放在搞好生产经营、推动企业发展上，强化执行和工作落实，杜绝推诿扯皮，以高效的工作方式和有力的工作举措，助力企业实现高质量发展。

【学习交流活动】 5月22日，第十三届全国人民代表大会第三次会议在北京人民大会堂开幕。第十三届全国人大代表、永联村党委书记吴惠芳，提交关于建立农村集体经济组织信用公示的建议、进一步完善废钢业务税收法规的建议2份人大议案。永联村、永钢集团各党支部及单位，第一时间组织党员群众集中观看十三届全国人大三次会议开幕会直播，聆听李克强总理所作的《政府工作报告》。村民职工通过手机、电视、电脑等自主观看两会开幕。10月11日，永钢集团董事局名誉主席吴栋材、永钢集团董事局主席吴耀芳带领村企老党员、老干部到福建省龙岩市上杭县古田镇，学习“古田会议”精神。11月5日始，永钢集团领导干部、群团组织班子成员分批次赴进博会考察学习，重点关注先进智能装备、环保装备的应用及国外的先进做法，农业创新技术及新产品的开发。12月2日，永钢集团董事局主席吴耀芳，副总裁、联峰实业常务副总经理张刘瑜，总裁助理、投资管理部部长陈富斌一行人赴中国钢研科技集团有限公司考察交流。中国钢研科技集团有限公司党委常委、副总经理、钢研总院常务副院长田志凌，党委常委、副总经理、科技发展部主任赵栋梁等领导出席座谈会，双方就前期合作推进情况及后期合作计划进行探讨。是年，永钢集团开展“学习弘扬伟大抗疫精神”主题党日活动、开展进博会学习活动；为班子成员统一发放和配备政治理论、管理科学书籍；选树“两优一先”标杆，包括优秀共产党员8名、优秀党务工作者6名、先进党支部3个。

【项目签约、开工、投产活动】 2020年，永钢集团和旗下精筑集团与张家港市金城投资发展有限公司达成合作，共同组建江苏金城永联环保科技有限公司，投资建设建筑垃圾资源化综合利用项目，以解决张家港市建筑垃圾规模大、处置能力不足等问题，促进建筑垃圾减量化、无害化、资源化和产业化发展。3月9日，永钢集团及旗下精筑建设集团，与张家港市金城投资发展有限公司在永联议事厅举行建筑垃圾资源化综合利用项目签约仪式。5月18日，由张家港市金城投资发展有限公司、江苏永钢集团有限公司、江苏永联精筑建设有限公司投资的江苏金城永联环保科技有限公司建筑垃圾资源化综合利用项目开工。该项目是贯彻落实张家港市委、市政府新时代‘三超一争’，聚焦聚力‘三标杆一率先’总体部署的具体行动。7月31日，共青团江苏省委、中共江苏省委农村工作领导小组办公室、江苏省农业农村厅在南京紫金山庄会议中心举行“青春四进·建功乡村”行动启动暨江苏共青团助力“万企联万村”合作项目签约仪式。省青商会执行会长、永钢集团党委书记、总裁吴毅出席签约仪式，并作交流发言。签约仪式上，永钢集团与盱眙县管仲镇宗岗村签订合作框架协议，永钢集团计划投资3000万元，在宗岗村建设总建筑面积22 600平方米的“龙虾云贸易中心”，以带动当

永钢集团与金城投资举办苏州兴联城投资合伙企业成立大会

地龙虾线上线下销售，助力龙虾产业发展。8月18日，永钢集团举行“张家港市大宗固体废弃物综合利用基地冶金尘泥资源化处理项目”投产仪式。该项目主要对钢铁生产过程中产生的含铁锌尘泥进行处理，消除氯离子、碱金属等有害物，回收利用铁、锌等有价资源，提升张家港市资源综合利用水平。22日，张家港市举行“政企联动·共赢未来”战略合作协议签订仪式。会上，永钢集团党委书记、总裁吴毅介绍企业发展规划，强调要做精做优钢铁主业，做大做强非钢产业，打造一家跨领域、跨区域、具有全球一流竞争力的综合性企业集团，通过资源整合与产业协同，打破发展的边界，形成产业“1+1>2”的效果。会上，张家港市委常委、常务副市长卞东方与吴毅签订张家港市人民政府与江苏永钢集团战略合作协议。9月14日，永钢集团与杜邦公司在永联议事厅举行安全管理战略合作签约仪式，双方签署《安全管理战略合作协议》，助力永钢提升企业安全管理水平。18日，永钢集团与昆明理工大学科研合作项目签约仪式暨“永钢教育奖”捐赠仪式在昆明理工大学举行。校企双方签署“永钢教育奖”捐赠协议并为获奖老师、学生颁奖。24日，南丰镇人民政府与永钢集团举行“政企联动·逐梦南丰”战略合作签订仪式，进一步整合政企资源，深化政企协作。30日，“永钢情暖库尔干·助力脱贫攻坚战”——“石榴籽扶贫帮困工程”项目签约仪式在永联议事厅举行。该项目是永钢以新疆阿克苏地区乌什县依麻木镇库尔干村为帮扶对象，以帮助村民改善生产生活条件为重点，计划从捐赠帮扶、文化设施建设帮扶、产业发展帮扶、基础设施建设帮扶等方面开展精准扶贫。10月16日，永钢集团与宜兴市龙宸炉料有限公司举行江苏联耐新材料科技有限公司项目签约仪式。永钢以此次合作为契机，在挖掘内部生产潜力，最大化利用现有产能，提升耐材制品的保供能力的同时，凭借宜兴龙宸在市场方面的优势，积极开拓外部市场，共同提升项目的盈利能力。22日，永钢集团联合张家港市金城投资发展有限公司，共同成立苏州兴联城投资合伙企业，对股权、地产金融、类固收产品等项目进行投资。26日，永钢集团与中铁大桥局集团物资有限公司在武汉举行战略合作框架协议签约仪式。双方将以合作为契机，实现资源互补、供需合作、利益共享、风险共担，共同提升品牌价值，促进健康发展。11月3日，永钢集团与钢铁研究总院在永联议事厅召开合作交流会议，探讨合作机会，拓展合作领域，创新合作模式。会上，双方就高效绿色冶炼关键技术、棒材高效低成本强化工艺技术、炼钢各工序智能冶炼技术等方面进行讨论与交流。5日，永钢集团子公司联峰钢铁（张家港）有限公司与中信金属股份有限公司在北京举行2021年战略合作签约仪式。双方将加强业务沟通、资源协同共享，不断提升合作规模。9日，永钢集团与兴业银行在暨阳湖大酒店举行装备升级改造项目融资合作签约仪式。30日，苏州市产业技术研究院绿色制造熔接技术研究所签约暨揭牌仪式在永联议事厅举行。苏州市产业技术研究院绿色制造熔接技术研究所由苏州市产业技术研究院、张家港市科技局、张家港高新区、张家港市南丰镇、江苏永钢集团有限公司和核心团队（有限合伙）六方共建，拟集合苏州市产业发展优势，整合国内外科研院所、高校、优势企业的资源，构建绿色熔接技术开放式研发服务平台。研究所总投资4.2亿元，计划建设周期5年。12月2日，永钢集团与中国冶金报社在永联议事厅举行战略合作协议签约仪式，旨在加强企业宣传，展示企业产品质量、竞争优势和经营管理成果，提升品牌影响力。15日，中交二航局第三工程有限公司与永钢集团旗下江苏永联精筑建设集团有限公司在永联议事厅举行战略合作协议签字仪式。双方合作拟助推地方基础设施建设，激发更多优质工程的创建。17日，“互通共融·合作发展——张家港应用技术人才培养校政企工作联盟成立大会暨校企合作对接会”在张家港国贸快捷酒店举行。永钢集团党委副书记、副总裁张刘瑜作为企业代表，与政府、学校代表共同启动张家港应用技术人才培养校政企工作联盟。活动现场，永钢集团与安康学院签订合作协议。22日，乐余镇重点民生项目——临江福苑安置房工程开工仪式在施工现场举行。张家港市委常委、统战部部长邵军民，市自然资源和规划局局长杨惠亚，乐余镇党委书记黄祥亮，永钢集团董事局主席吴耀芳，精筑集团总经理卢文良等160余人出席。

组织工作

【概况】 2020年，中共永钢集团第一届委员会设有党委书记1人（由吴毅担任），党委副书记2人（由黄均时、张刘瑜担任），委员4人。至年末，永钢集团党委下辖精筑集团党总支1个、党支部28个，有中共党员642人，新发展党员13人。有主要职员以上干部400人，其中中共党员140人、占比35%。

【组织建设和党员干部队伍建设】 2020年，永钢集团党委加强和改进企业党建工作，发挥党组织政治核心和政治引领作用，引领企业高质量发展。重点打造线上线下两个阵地，根据“党建引领、群团共建，打造幸福永钢”工作目标，建立永钢初心教育基地、党群服务之家、职工服务中心、青年学习社，强化群团组织跟党走的环境氛围；建立书记微信、工会热线、法律援助热线等网上平台，构建党建和工建的办事服务、维权服务、意见反馈等网上平台，保障职工权益。7月，永钢集团党委开展党员学习月活动，强化对党务干部的学习培训。各支部班子结合对标交流和工作实际，以上党课、主题教育、学习分享会等形式，开展学习教育活动，引导党员干部争做“理论功底扎实、业务能力强悍”的优秀员工。是年，精筑集团综合支部胡琳、供销支部鲍海研、制造管理支部胡蓉、宏泰物流支部陆涛宇等6人被评为优秀党务工作者，精筑集团建筑支部丁华、行政支部朱卫东、财务支部李亮等8人被评为优秀党员，行政支部、能源事业支部、特钢支部被评为先进基层党组织。

【永钢党群服务之家】 2020年，永钢集团党委打造党群服务之家，加强党建带群建，群建促党建。建设有党员活动室，内设有宣誓墙、党员义务权利、党员学习园地、多功能电子设备等，集中展现永钢28个党支部、642名党员的形象。建设有群团活动室即青年学习社，按照“明主题、学原文、悟经典、学榜样、话初心、励前行”的青年学习标准化流程，围绕读好政治理论、管理科学、专业技

表2　2020年永钢集团党委下属支部信息一览表

序号	党支部	党员人数（人）	序号	党支部	党员人数（人）
1	行政支部	23	15	炼铁一支部	30
2	投资管理支部	19	16	炼铁二支部	28
3	财务支部	19	17	钢轧一支部	26
4	监督审计支部	26	18	钢轧二支部	30
5	安环一支部	5	19	钢轧三支部	35
6	建设支部	21	20	特钢支部	44
7	安环二支部	4	21	产品研发中心支部	31
8	制造管理支部	25	22	精筑集团综合支部	24
9	设备管理支部	14	23	精筑集团市政支部	23
10	能源事业支部	27	24	精筑集团建筑支部	22
11	供销支部	36	25	精筑集团新苏支部	4
12	运输支部	40	26	联峰科技支部	26
13	建设支部	12	27	宏泰物流支部	21
14	信息支部	18	28	循环利用支部	9

术、人生导向四本书，组织开展各种青年学习活动，旨在给永钢青年提供学习、研究、宣传习近平新时代中国特色社会主义思想的平台。年内共开展活动12批次，组织参观学习人数5000余人次。

【党建结对共建】 2020年，受新冠肺炎疫情影响，永钢集团党委对外党建工作主要联合苏州市委党校开展，活动较往年减少。6月3日，苏州市委党校副校长、机关党委书记卢雄勇，副校长吴金良一行到永钢调研。卢雄勇指出，永钢党建工作要通过不断规范、提升、总结，形成特色的工作方法、工作品牌和工作典型，要始终坚持党企融合，把党的政策优势转化为企业的决策优势，以党建引领企业发展；要继续坚持双向培养，把党的组织优势转化为企业的人才优势，通过把企业的可用力量转化为党员，把党员培养成专业人才，让人才优势在企业发展中起关键作用；要坚持思想统一，把党的政治优势转化为企业的和谐优势，把党的群众优势和思想政治工作优势作为企业发展的和谐之基；要坚持中国特色，把党的制度优势转化为企业的竞争优势，通过借鉴党的制度优势，来规划企业的未来发展。10月16日，苏州市委党校、永钢集团党委联合开展"学习弘扬伟大抗疫精神·庆祝新中国成立71周年"主题党日活动，双方党员代表相互交流苏州党支部的发展历程、永钢集团党建工作与生产管理相结合的工作内容。

【党员"抗疫"行动】 2020年，新冠肺炎疫情发生后，永钢集团党委第一时间召开会议，研究部署疫情防控工作方案。取消员工慰问、新春团拜等公众聚集性活动；专门辟出旗下田园居酒店给南丰镇用作湖北籍返乡人员和密切接触人员隔离场所。支持湖北和江苏当地抗击疫情，捐赠14万只防护口罩和9105套防护服，捐款2000万元。制定湖北籍员工暂停返厂、正常给予薪酬的专项政策，按要求做好返厂人员隔离观察。1月始，永钢集团党委副书记、副总裁、联峰实业总经理张刘瑜带头履行主体责任，实行公司、事业部、分厂三级防控管理体系。公司党支部组成防控疫情专项党小组，联合组建永钢"抗疫先锋"行动党支部，配合医护人员在职工服务中心、集宿中心、船户休息室、码头等点位全面开展疫情防控、信息登记、体温测量、宣传等工作。公司党员干部响应市红十字会号召，到高速公路一线卡口参加疫情防控工作；党群组织发动党员、团员参与疫情防控志愿服务活动，组织开展无偿献血活动。

纪检工作

【概况】 2020年，永钢集团的廉政建设由公司党委牵头强抓，建立由董事局、总裁班子、总经理班子为主体的企业廉政建设领导小组，服务企业各项廉政建设工作。设立监督审计部门，专门负责企业各项事务的审计与纠察工作，保证企业事务公开透明，杜绝贪污腐败。运用公司微信公众号、内网、厂区展板等平台开展廉政文化教育；设立书记信箱、公布书记微信号，密切领导与员工联系，更好解决员工关心的普遍问题。

【反腐倡廉宣传教育】 2020年，永钢集团推进反腐倡廉宣传教育常态化。丰富宣传载体：利用各类会议、厂区宣传橱窗、永钢微信公众号等平台，加大廉政建设，营造风清气正的氛围。订阅《中国纪检监察报》《党风廉政建设》等报纸、杂志、书籍，供干部职工阅读，增强对廉政的认识和了解。严格执行制度：按照《关于在公务活动中礼品处理的规定》《招投标管理制度》《经费审批制度》等制度规定，对采购过程及经费审批过程中涉及项目和费用的，严把审批流程，互相监督，逐级审批，从过程中防治干部员工可能发生的贪污腐化行为，从源头杜绝腐败现象的发生。元旦、春节期间，组织干部员工重温《一般员工违法违规行为的处理规定》等制度文件，增强党员干部廉洁自律意识。

【72件礼品上缴礼品库】 永钢集团积极开展党风廉政建设，加大廉政文化宣传，坚决对腐败行为"零容忍"。主要由永钢集团党委通过群众举报、专项调研监督考核干部廉洁奉公情况。2020年，未有贪污腐败现象发生。永钢集团党员、干部遵守村党委《关于在公务活动中礼品处理的规定》，在开展业务时，将收到的各类烟酒、食品、保健品、工艺品、贵重金属制品、购物卡等礼品主动上缴礼

品库，由专人负责集中保管抓好礼品库管理。是年，共收到16个单位（含个人）上交的各类礼品72件，价值约5万元。

宣传工作

【概况】 2020年，永钢集团围绕“千亿营收、百亿利税”的发展目标，加强思想文化宣传。年内，利用黑板报、橱窗、电子显示屏、永钢网站、永钢微信公众平台等宣传阵地，开展消防知识、安全生产、质量活动、绿色发展等专题宣传；完成永钢集团的稿件刊发700余篇，其中对上对外刊发稿件144篇。

【媒体宣传】 2020年，张家港市级以上媒体共刊发宣传永钢集团的稿件144篇，其中，张家港市级媒体刊发稿件58篇，苏州市级媒体刊发稿件29篇，省级媒体刊发稿17篇，国家级媒体刊发稿件10篇，行业报刊发稿件30篇。

【媒体聚焦永钢绿色发展】 7月5日，《人民日报》头版头条刊登文章《江苏以创新驱动发展，用创新改变生活，靠创新引领未来——创新提升小康成色》，展示永钢利用科技创新促进企业绿色发展的做法。6日，《人民日报》头版刊登文章《江苏以修复长江生态环境为牵引，统筹做好生态保护和经济发展——绿色铺就小康底色》，讲述永钢建设产业发展装配式建筑，推动绿色发展的实践。8月18日，永钢集团举行张家港市大宗固体废弃物综合利用基地冶金尘泥资源化处理项目投产仪式。此项目为永钢做大做强循环经济产业发展绿色经济提供支撑，受到广大媒体关注。新华网发布《张家港市大宗固体废弃物综合利用基地冶金尘泥资源化处理项目在永钢集团投产》，中国新闻网发布《张家港永钢集团冶金尘泥资源化处理项目投产》，中国冶金报社刊登《擦亮绿色发展金字招牌 永钢冶金尘泥资源化项目投产》，中国工业新闻网发布《“固废不出厂” 永钢集团冶金尘泥资源化处理项目 “物尽其用”》，《世界金属导报》刊登《绿色发展，永不止步》，江苏省钢铁行业协会微信公众号发布《永钢集团举行 “张家港市大宗固体废弃物综合利用基地冶金尘泥资源化处理项目” 投产仪式》，交汇点新闻发布《铁锌尘泥 “变废为宝” 助力绿色发展，永钢集团冶金尘泥资源化处理项目启用投产》，荔枝网报道《绿色发展再添新动能，张家港冶金尘泥资源化处理项目投产》，江苏电视台、苏州电视台等媒体纷纷报道。《苏州日报》刊登《一年25万吨冶金尘泥变废为宝》，《张家港日报》刊登《我市大宗固体废弃物综合利用基地冶金尘泥资源化处理项目正式投产》。11月30日，荔枝网刊登《赋能传统产业创新发展 苏州市产研院绿色制造熔接技术研究所揭牌成立》。12月，《新华日报》刊登《永钢集团：绿色发展为乡村振兴插上翅膀》，阐释永钢集团积极践行 “绿水青山就是金山银山” 理念推动绿色发展，助力乡村振兴的生动实践。1日，中国钢铁工业协会微信公众号报道《提升产业链现代化水平，永钢参与共建绿色制造熔接技术研究所》。2日，江苏新华网报道《破解焊接技术 “卡脖子” 难题——苏州市产业技术研究院绿色制造熔接技术研究所揭牌成立》。3日，《中国冶金报》报道《绿色制造熔接技术研究所揭牌成

表3　2020年围绕企业转型升级发展主题刊发稿件一览表

序号	稿件名称	日期	刊发媒体
1	《“三化” 淬炼，“乡村钢城” 昂然再出发》	1月11日	《新华日报》第6版
2	《优特钢占比超过70% 永钢集团发布2019高质量发展成绩单》	1月21日	《苏州日报》引力播
3	《永钢高质量发展迈上新高度》	1月22日	《中国冶金报》头版
4	《永钢集团系列举措为 “疫情防控” 添砖加瓦》	2月11日	《世界金属导报》第A4版

续表3

序号	稿件名称	日期	刊发媒体
5	《永钢再捐2000万元助力疫情防控》	2月13日	《中国冶金报》第2版
6	《永钢集团：众志成城“热血”抗疫》	3月4日	《张家港日报》第3版
7	《海外市场抢抓订单逆势增长 永钢实现营业收入大幅增长》	3月4日	《苏州日报》引力播
8	《营业收入较2019年同期增长10%，张家港永钢集团销售逆势增长》	3月10日	《扬子晚报》紫牛新闻App
9	《逆势上扬——永钢疫情下善谋善为促发展纪略》	3月10日	《中国冶金报》头版
10	《江苏永钢集团有限公司：逆境突破 坚决完成年度目标任务》	3月17日	《中国工商时报》第03版
11	《永钢螺纹钢助力沪通铁路建设》	4月13日	《张家港日报》头版
12	《联峰钢铁烧结机烟气净化系统改造项目开工 永钢烧结烟气有望全部超低排放》	4月14日	《中国环境报》第07版
13	《永钢集团：本质贯标打造创新发展新引擎》	4月21日	《世界金属导报》第A10版
14	《年处理建筑垃圾140万吨 永钢建筑垃圾资源化综合利用项目开工》	5月18日	《苏州日报》引力播
15	《透过物流看永钢——专访全国人大代表吴惠芳》	6月1日	《现代物流报》第A2版
16	《永钢集团：加快转型升级 助推高效发展》	6月23日	《世界金属导报》第A10版
17	《变固废钢渣为生态公厕 张家港绿色工厂实现可持续发展》	7月13日	学习强国全国平台
18	《永钢：让绿色发展成为竞争优势》	7月14日	《中国冶金报》第2版
19	《永攀高峰，百炼成钢》	7月21日	《世界金属导报》头版头条
20	《“军养民”变为“民养军”——永钢昆仑重工延伸产业链纪实》	7月22日	《中国冶金报》第8版
21	《助力巩留疫情防控，永钢集团援建核酸检测实验室正式投用》	8月2日	《苏州日报》引力播
22	《永钢集团牵手盱眙三村共同致富奔小康》	8月3日	《苏州日报》引力播
23	《永钢集团：用硬核实力锻造质量先锋》	8月18日	《世界金属导报》头版头条
24	《张家港市大宗固体废弃物综合利用基地冶金尘泥资源化处理项目在永钢集团投产》	8月18日	新华社
25	《“固废不出厂”永钢集团冶金尘泥资源化处理项目“物尽其用”》	8月19日	《中国工业报》工业新闻网
26	《打造绿色发展新引擎 张家港冶金尘泥资源化处理项目投产》	8月19日	江苏广电总台《新闻空间站》

续表3

序号	稿件名称	日期	刊发媒体
27	《冶金尘泥"变废为宝"永钢引领行业绿色循环发展》	8月21日	《中国工商时报》第4版
28	《永钢集团：让绿色成为最鲜明的发展底色》	8月24日	《中国环境报》第07版
29	《永钢集团连续两届登榜"江苏慈善奖"》	8月26日	《苏州日报》引力播
30	《宝武首次对外输出3.0版本转底炉技术 永钢冶金尘泥资源化处理项目投产》	8月28日	《中国冶金报》头版
31	《设备巡检玩出"游戏攻略"》	9月15日	《苏州日报》第A04版
32	《永钢与杜邦签署安全管理战略合作协议》	9月22日	《世界金属导报》第A5版
33	《永钢情暖库尔干 脱贫攻坚奔小康》	9月30日	《苏州日报》引力播
34	《永钢集团实施"石榴籽扶贫帮困工程"项目》	10月9日	《新华日报》第12版
35	《永钢集团荣获2019年"江苏省省长质量奖"》	10月20日	《世界金属导报》第A5版
36	《让"虚拟"走进现实——永钢转底炉车间数字化变形记》	10月27日	《中国冶金报》第4版
37	《永钢集团：创新领航 淬炼"硬核"竞争力》	11月3日	《世界金属导报》第A11版
38	《进博会开放平台引领创新再出发 变废为宝 转型发展》	11月10日	江苏广电总台《新闻空间站》
39	《永钢集团与兴业银行签订装备升级改造项目融资合作协议》	11月17日	《世界金属导报》第A4版
40	《永钢集团深入践行绿色发展理念，坚持项目引领、创新驱动，不断加大环保投入——以绿为底绘就"最美钢城"》	11月30日	《苏州日报》第A02版
41	《破解焊接技术"卡脖子"难题——苏州市产业技术研究院绿色制造熔接技术研究所揭牌成立》	12月2日	新华社
42	《夯实技术基础 助力高质量发展》	12月8日	中央电视台晚间新闻
43	《永钢集团：绿色发展打造"最美钢城"》	12月8日	《世界金属导报》头版头条

立》。8日，《世界金属导报》报道《永钢参与共建的苏州市产业技术研究院绿色制造熔接技术研究所正式揭牌》。是日，中央电视台一套《晚间新闻》对永钢集团参与建设的苏州市产业研究院绿色制造熔接技术研究所进行报道。

【**媒体聚焦国际特钢展**】 11月3日，2020年中国国际特殊钢工业展览会在上海举办，永钢集团第三次带优特钢产品亮相特钢展，吸引媒体关注。荔枝网发布《创新引领高质量发展，江苏企业亮相中国国际特殊钢工业展》，《苏州日报》刊登《35款新品闪耀特钢展》，苏州新闻网发布《35款新品闪耀特殊展 永钢集团产品系列日益完善》，"看苏州"发布《苏州"钢铁侠"亮相这场国际盛展》，"今日张家港"发布《创新驱动引领高质量发展 永钢集团亮相中国国际特殊钢工业展》，苏州电视台、张家港电视台相继报道。

村（社区）·经济合作社

Village (Community) · Economic Cooperative

永联村股份经济合作社2020年目标任务会议

重要会议

重要活动

社会治安综合治理

重要会议

【概况】 2020年，永联区域内主要由永联村股份经济合作社、永合社区两个基层行政组织，其中永联村股份经济合作社主要负责集体资产的管理、社员福利的发放、社员管理及集体经济发展的规划等。永合社区的管理对象主要为社区居民，主要负责永联区域内居民日常行政事务的处理、协调等工作。9月，经济合作社成立经营管理部，承担人事、审计职能；永联干部学院并入农旅公司管理，苗木基地独立注册成为永联农业科技。至年末，永联村股份经济合作社设有办公室、经营管理部、资产管理部、社务管理部、财务管理部，拥有农旅公司、江苏永联保安服务有限公司、象形文化传媒有限公司、永联农业科技有限公司、永南加油站5家经济实体公司。是年，永联村先后召开主要管理人员会议、党总支党员会议、文明创建专题联席会议等会议，积极推进永联村域经济、文明建设，推动永联村现代化发展。

永联区域文明创建专题联席会议

【永联村股份经济合作社主要管理人员会议】 3月13日，在永联议事厅举行。永联村股份经济合作社主要管理人员20余人参会。永联村股份经济合作社社长吴惠芳主持会议。吴惠芳肯定各职能部门、实体公司在疫情期间做出的努力。他表示，面对突如其来的新冠肺炎疫情，全体干部职工通力合作、坚守岗位，冲锋在“疫”线，助推永联区域的生产生活保持平稳运行。同时要认清疫情防控工作的复杂性和长期性，做到战“疫”不松懈，发展不停步，全面完成全年既定目标任务。吴惠芳要求，经济合作社要围绕目标任务抓紧展开工作，采取有效措施尽快有序复工复产；要互相联动，共担责任，共同开启干事创业火红场面；要细化目标任务，明确责任分工，把每项工作要求落实到具体行动上。会上，吴惠芳与各职能部门、实体公司负责人签订《2020年绩效目标责任书》。各职能部门、实体公司代表围绕“如何采取措施，确保完成2020年目标任务”交流发言。

【经济合作社党总支党员会议】 5月22日，永联村股份经济合作社党总支党员大会在永联议事厅一楼报告厅举行，经济合作社全体党员60人参会。会议主要由经济合作社党总支书记陈建新讲党课，学习《中国共产党农村基层组织工作条例》，强调要党员干部要围绕新《条例》内容、要求上的变化，创新落实新《条例》的方式方法，将理论学习成果转化为提高解决百姓实际问题的水平和能力，要不忘初心、牢记使命，积极发挥党员的先锋模范带头作用。会上，全体党员还观看第十三届全国人大三次会议开幕式直播，第一时间学习国务院总理李克强所作的工作报告。

永联村股份经济合作社党总支党员大会

【区域文明创建专题联席会】 6月5日，永联村召开区域文明创建专题联席会议，永联景区管理办公室主任陈洪斌，南丰镇爱卫办主任姚军，永联村党委副书记陈华斌，永联村党委副书记、永合社区党总支书记秦欢等领导以及区域文明创建相关单位主要人员共20余人参会。会议旨在研究解决永联村文明创建及环境整治中存在的顽症痼疾，做好文明创建复评迎检工作。陈洪斌对永联区域相关文明创建工作进行部署，要求各单位、各部门要提高思想认识水平，建立文明创建工作领导小组，强化分工协作、责任到人、组织到位，做好创建工作；开展永联区域现场排查，通过调查、暗访等形式进行摸排，同时做好创建氛围布置。姚军对永联全域垃圾分类推进工作给予解析并表示，永联区域垃圾分类终端配套设备标准高、起步早，希望继续细化、切实做好垃圾分类工作，成为南丰镇垃圾分类的文明示范标杆。陈华斌对文明创建提出三点建议：要认清创建形势，高质、高效完成2020年的文明创建工作，在巩固好全国文明村的同时，助推南丰镇全国文明镇及张家港市全国文明城市“六连冠”的创建。要抓实抓细创建工作，社区、农旅公司、物业、社会组织等部门要常态化开展环境整治、交通劝导、垃圾分类等工作，依托“智慧永联”的发展，确保创建工作全覆盖；开展文明素养提升工程，教导广大党员群众参与文明交通、文明祭祀、文明就餐等活动，营造良好的文明创建氛围。要坚持创建为民，以人为核心，让文明创建与居民共同成长、共同提升，坚持从居民需求出发，实现好、维护好、发展好居民的根本利益，及时解决居民普遍反映的难题；坚持永联的事，大家想、大家说、大家干，推动文明创建从“靠政府”变为“靠大家”，群众行动从“要我做”变为“我要做”。

永联村组织线上捐款

重要活动

【概况】 2020年，面临新冠肺炎疫情严峻形势，永联村域的永合社区、永联景区办、经济合作社、永钢集团、社会组织五个乡村治理主体加强疫情防控，部署村企复工复产，确保居民的健康安全。年内，开展疫情防控、爱心捐款活动20余次，举行重大工程开工和项目签约仪式10余次。

【疫情防控 · 爱心捐款】 1月24日，永联村印发《关于加强新型冠状病毒感染的肺炎疫情防控工作的通告》，疫情防控工作纳入公共卫生应急事件。1月31日，永联村村民陈剑波向永联村捐赠口罩14 500只，支援疫情防控工作。是日，苏州市人大常委会副主任、张家港市委书记沈国芳，张家港市委副书记王亚方，市委常委、宣传部部长杨芳，副市长陈卫兵等领导到永联、永钢检查指导新冠肺炎疫情防控工作。2月，永联村党委成立以村党委班子为主要成员的疫情防控工作领导小组，加强永联区域疫情的防控工作，保障居民的健康安全。2月3日，永联村全面动员各单位、各群体严防死守，筑牢四道防线，织密疫情防控网络，确保永联区域的安全稳定。其中第一道防线是联合联峰物业、永联景区办等单位在永联小镇各个进出路口设置卡点，做好所有进出车辆、人员的登记和摸排；第二道防线是组建234支楼道疫情管护队（由各楼栋内的党员、楼道长、村民小组长、获评的文明家庭组成），负责在各个楼道口张贴告知单，要求所有外来人员主动做好登记和报告；第三道防线是在所有已经登记确认的外地返回人员家门口张贴温馨提示单，告示承租户注意事项，同时让居民共同监督；第四道防线是动员全民参与，严防死守。2月4日，永联村关闭乐欣资源区域至常熟地界道路、永辉路至永丰村、永联路与永钢大道交叉口道路等9个临时路口，有效切断病毒传播途径。2月10日，永联村党委领导班子召开新冠肺炎疫情防控工作再部署视频会议，研判分析当前疫情防控形势，部署推动村企复工、保障居民生活等有关工作，永联村党委书记吴惠芳主持会议。2月15日，根据苏州、张家港市疫情防控责任令的通知要求，结合永联区域前期管控情况，永联村重新对永联区域管控点位进行调整，减少疫情防控对居民造成的影响。即永联路永钢大道口、永联桥处全部开通，毗邻小区内永瑞园、永颐园、永琪园、永祥园、颐和公寓两侧；对永联路非机动车道与绿化地交界处设置网格围栏，防止过境车辆与人员随意进入小区；南街、北街与永联路的路口全部封闭，同时对永祥园增设一个检查站，设置在文教路与永联路口。永辉路与妙丰公路口取消封闭，该区域内办公大楼、经济合作社实行内部管控。永联西扩区域菜园处取消封闭，永联路开通，小区内部形成封闭式管控。2月17日，永联村组织永联区域控股子公司、商户、职工、居民开展“湖北抗击新冠肺炎”专项捐赠活动，筹集善款160.7万元。是年，面对新冠肺炎疫情冲击，永合社区、永联村股份经济合作社、永钢集团等单位成立由各党支部防疫一线党员组成的联合防疫行动党支部，依托广大党员干部，运用自媒体以及志愿者、网格员等力量，动员所有单位和人员，配合防疫工作，结合疫情发展动态，织密疫情防控网。各党支部积极组织党员捐款捐物，为疫情防控贡献力量。6月4日起，永联为民基金会启动为期20天的线上募捐，有3000余名职工和居民通过扫码参与捐款，共收到爱心企业、爱心人士捐款2190余万元。6月19日，永联为民基金会在永联议事厅举行“互助关爱 · 幸福永联”主题慈善募捐活动。永钢集团董事局主席吴耀芳，永联村党委书记、永钢集团董事局副主席吴惠芳，永钢集团党委书记、总裁吴毅等村企领导，永联区域内的爱心企业、干部职工及社区居民代表参加活动。

2019年度“最美永联人”颁奖典礼

【“最美永联人”颁奖典礼】 1月20日，“汇聚榜样力量 · 引领文明风尚”2019年度“最美永联人”颁奖典礼在永联文化活动中心举行，张家港市委常委、宣传部部长杨芳，南丰镇党委副书记、镇长陈磊以及组织、宣传条线主要领导，永联村党委班子，永钢集团党委班子、总裁班子，永联居民、永钢员工代表等1300余人出席。活动现场，永联村党委书记吴惠芳致辞表示，近年永联村经济飞速发展，精神文明建设走在全国前列，连续五年获评全国文明村称号。2019年初，永联村创新调整文明家庭奖的评选办法，以积分量化文明元素的方式，评选出标兵、金质、银质家庭。文明新风对永联乡村振兴发挥重要的精神向上激励作用，涌现出一大批永联好人。吴惠芳强调，要实现永联村在2022年率先实现农业农村基本现代化、永钢集团三年内实现“千亿营收、百亿利税”两个目标，必须以精神文明做指引、做支撑，用文明建设引领乡村振兴，引领企业发展。颁奖典礼上，优秀志愿者代表、优秀党员标兵、文明家庭标兵接受表彰。颁奖典礼以榜样事迹介绍为主，其中志愿者2019年开展志愿服务8234人次，37 499.5小时。颁奖典礼穿插诗朗诵《致敬，志愿者》、歌伴舞《不忘初心》、小品《五个补丁》《光》等各类文艺节目，展示出“最美永联人”的风采。

【项目签约、开业活动】 7月1日，永联干部学院活水基地签约授牌仪式举行。9月26日，苏州永联教育科技有限公司（由永联干部学院、浙大活水教育投资成立）在永联议事厅举行2020年永联干

永联干部学院活水基地授牌仪式

部学院精品课程发布暨苏州永联教育科技有限公司开业典礼。会上，苏州农业职业技术学院继续教育学院院长蔡健为苏州农业职业技术学院高素质农民培训基地、苏州市职业农民学院张家港分院授牌，苏州农业职业技术学院经贸学院与苏州永联农旅发展有限公司签订校企战略合作协议。10月24日，永联干部学院与钟山红培训中心举行签约仪式。12月12日，永联购物季启动仪式暨永联天天鲜生鲜市场开业典礼举行。是年，永联村与贵州沿河，新疆巩留、阿克苏等地建立长期稳定的农产品采购渠道，农旅公司采购空心李、玉米、苹果、笋干等农产品作为特色产品销售，通过线上线下销售，帮助扶贫协作和对口支援地区的产品找销路。其中，与延边朝鲜族自治州安图县万宝镇红旗村建立合作关系，帮助其销售大米108吨、稻谷28.82吨。

社会治安综合治理

【概况】 2020年，永联区域内社会治安综合治理工作主要由南丰镇永联景区管理办公室负责。年内，永联景区办联合永联保安物业服务公司、南丰镇市场监督管理分局等单位全面加强永联小镇社会治安综合治理，在公共治安、市场监管、司法城管、工商管理等方面加强管理，全年召开协调会议12次，开展保障活动95次。

【治安管理】 2020年，永联小镇治安管理依托南丰镇永联景区办，在重大活动保障、公共设施维护、疫情防控、市场秩序维护等方面开展工作。重大活动保障方面：完成政务接待215批2500余人次。其中省部级以上领导5批次，出动警力2500余人次，城管力量1800余人次，环卫力量近1300余人次，实现“零失误”。完成永联乡村美食节、烟花秀、夜沙洲·永联农夫集市、永联光影节、中国农民丰收节江苏主场暨永联村建村50周年、永联丰收节等活动的秩序保障，协助完成永联农贸市场搬迁和永钢大道全封闭的群众解释工作、文明创建及垃圾分类等活动。公共设施维护方面：督促做好公共交通、供电、绿化、道路、桥梁等市政设施维护，完善交通标识。其中，零星工程投入20万元，交通安保设施更换投入3万元，联丰大桥振幅检测工作投入15万元。做好辖区内省级道路的日常巡查，发现问题及时与上级部门联系并妥善处理。做好南、北、东街的亮化工程，针对东街因改造工程造成的路灯线路短路，维保单位积极抢修，在重要活动保障期间安排人员24小时巡查。疫情防控方面：成立南丰镇医学集中观察点，永联景区办全部到岗负责各项事务协调等，各职能部门组织人员发放防疫通知、巡查街面、疏散聚集人群、管理流动摊贩、核实门店人员信息等，并安排人员24小时卡口值班。走访、检查复工企业，对存在的安全隐患提出整改意见并督促整改，对疫情防控的薄弱环节提出合理化的建议，对外来人员做好体温测量和登记工作，强化企业员工的宣传教育，坚持复工复产和疫情防控“两手抓”。社会秩序管理方面：整治永联小镇流动摊贩和街面市容，集中整治清除辖区内所有门店玻璃橱窗上的“乱张贴”。由永联景区办牵头，联合综合执法局，召集警务室、市监南丰分局、农服中心、爱卫办、永合社区、农贸市场及农旅公司多次召开永联新菜场周边秩序整治协调会，解决因菜场搬迁造成永联小镇形成多处临时菜场，环境脏乱差等问题。

人民团体·社会组织

People's Organization · Social Organization

共青团江苏永钢集团第三次代表大会

永联年鉴

2021

工　会

共青团

妇女联合会

永联爱心互助志愿者联合会

永联社会文明建设联合会

永联惠民服务中心

永联为民基金会

工 会

【概况】 2020年，永联区域范围内有工会组织3个：江苏永钢集团有限公司工会联合会(简称永钢集团工会)、永联村股份经济合作社工会联合会(简称经济合作社工会)、永合社区工会联合会(简称永合社区工会)。其中永钢集团工会成立于1995年7月，现任为工会第六届委员会，2019年9月23日换届，班子成员9人，其中主席1人、副主席2人、委员6人；下设经费审查委员会、女职工委员会、劳动争议调解委员会、劳动保护监察检查委员会；工会现有会员9879人，下设分会40个，分别配备1名分会主席、1名组织委员、1名宣传委员。经济合作社工会下设永联农旅公司工会委员会、永联保安服务有限公司工会委员会、联峰物业有限公司工会委员会、永联劳务专业合作社工会委员会、永联村劳务派遣有限公司工会联合会、惠邻社工工会联合会、惠民服务中心工会委员会、永联村工会委员会、经济合作社工会委员会等9个工会联合会，有会员1600人。永合社区工会联合会有会员21人。年内，各工会联合会积极组织工会会员参加各类学习培训、技能提升、竞赛选拔、团队建设等活动。

【工会组织机构调整】 3月5日，永钢集团印发《关于工会分会设置及成员任职的决定》，就永钢集团下属各单位工会分会主席、组织委员及宣传委员进行重新调整。调整后的永钢集团工会委员会下辖40个工会分会，每个工会分会设主席1人，组织委员1人，宣传委员1人。

表4 2020年永钢集团工会分会设置一览表

序号	分会名称	序号	分会名称	序号	分会名称	序号	分会名称
1	公司办公室	11	信息事业部	21	喷煤车间	31	棒材四分厂
2	投资管理部	12	能源事业部	22	球团车间	32	线材一分厂
3	财务管理部	13	炼铁事业部	23	钢轧事业部	33	线材二分厂
4	监督审计部	14	原料车间	24	炼钢一分厂	34	预装车间
5	安全环保管理部	15	烧结一车间	25	炼钢二分厂	35	特钢事业部
6	供销事业部	16	烧结二车间	26	炼钢三分厂	36	电炉分厂
7	物流事业部	17	炼铁一分厂	27	钢渣处理车间	37	大棒分厂
8	建设事业部	18	炼铁二分厂	28	耐材车间	38	循环利用事业部
9	制造管理部	19	炼铁机修车间	29	棒材一分厂	39	乐欣装备科技
10	产品研发中心	20	石灰车间	30	棒材二分厂	40	联峰金属制品

【第六届第二次职工代表大会】 5月29日，永钢集团工会第六届第二次职工会员代表大会在永联文化活动中心召开，永钢集团各分会会员代表221人参会。会议听取《永钢集团2019年度行政工作报告》《永钢集团工会2019年度工作报告》《永钢集团2019年度经费审查工作报告》，开展“会员评家”测评工作，综合满意率95.44%。以无记名投票方式，通过《2020—2023年度集体合同》《2020年度工资专项集体合同》两个合同草案及《员工离岗管理办法(修订)》《员工奖惩管理办法(修订)》两项制度。会议总结永钢集团和工会上年的工作。2019年，钢铁行业呈现出高需求、高产量、高增长的状态，但下行趋势明显，利润同比下降。永钢集团以“抓管理、提质量、增效益、促转型”为总体思路，坚持做精做优钢铁主业，做大做强非钢产业，在整个钢铁行业中，吨钢利润排名第4位。工

会在永钢集团党委领导和上级工会组织的指导下，在团委、妇联等组织的配合下，加强自身建设，优化组织结构，完善工作阵地，健全运行机制；发挥维权功能，听取员工诉求，关心员工的生活及健康，调解劳动争议，保障工会会员的合法权益，增强企业凝聚合力。会议明确2020年度永钢集团和工会将要开展的工作。永钢集团响应苏州市“开放再出发”和张家港市新时代“三超一争”号召，确立到2022年实现“千亿营收、百亿利税”的奋斗目标，抢抓当前国家减税降费政策持续落地、“长三角一体化”等机遇，抓好生产、技术和市场开拓工作，重点推进产品转型升级、智能制造水平提升、多元产业培育壮大及企业软实力、竞争力提升突破等方面工作，以产能置换为契机，以科学化、人性化、便捷化为导向，对厂区进行重塑性改造；导入钢铁冶炼文化、钢铁产品文化、钢铁工人文化以及党建文化、理念文化、制度文化、行为文化等，彰显文化的引领作用。工会将在加强自身建设、员工技能提升、员工关爱帮扶、工作阵地建设等方面下功夫，提高员工的凝聚力、积极性和创造性，探索创新企业工会组织建设的有效载体和途径。会议号召，在转型升级的关键时期，全体员工要认清发展形势，坚定发展信心，始终保持和企业同呼吸、共命运，练就过硬本领、提高综合素质，在促进各项任务完成、推动企业发展方面有作为。

【工会活动】 2月，张家港市总工会印发《关于推荐评选2020年苏州市五一劳动奖、工人先锋号的通知》，经永钢集团基层推荐、集团工会和永钢集团党委班子审议，推荐张刘瑜为苏州市五一劳动奖章候选人，周毅海为张家港市五一劳动奖章候选人，并通过评选。是月，苏州市总工会印发《关于举办“劳动建成小康社会、劳动成就美好生活”苏州职工书法、美术大赛的通知》，永钢集团员工张金更绘画作品《钢魂》获奖。3月，永钢集团工会集中采购1.35万只适合十周岁以下儿童佩戴的防护口罩，关心因疫情影响推迟开学的员工子女的身心健康，发放给在张家港就读和生活的员工子女，每人发放10只，受益人数1300余人。是月，江苏省总工会印发《关于在系统企业开展庆“三八”·书香战‘疫’征稿活动的通知》，为庆祝“三八”国际劳动妇女节110周年，激发引领系统企业女职工向防控一线“女战士”学习，江苏省机冶石化工会女职工委员会决定在系统企业女职工中开展此活动。活动主要围绕“新时代江苏女职工精神品格”等主题，以文字或视频方式表达。永钢集团拍摄的“抗疫”视频获视频类二等奖。4月，永钢集团工会改造“心理驿站”，打造“七个一”心理健康服务体系，即建设一个心理健康服务阵地、组建一支心理气象员队伍、建立一套员工心理健康管理制度和流程、选择一家优质专业的心理咨询合作机构、完善或者引进一套信息化软件、每年开展一次全员心理健康普查、每年至少开展一次全员心理健康知识培训，旨在加强职工心理健康，提升员工素质。4月至12月，永钢集团工会采用线上与线下相结合的方式，开展心理知识宣传讲座、心理气象师框架组建项目、员工心理健康筛查测评项目及个案辅导等10余次活动。4月16日，永钢集团工会响应张家港市红十字会号召，组织员工开展无偿献血活动，共86人参与，献血量2.51万毫升。5月，永钢集团工会与张家港市交警大队沟通，采购1万只安全头盔，免费发放给在职员工，并向全体员工发出“安全出行、文明出行”的号召，旨在减少员工上下班安全隐患。6月，工会组织开展“严守安全红线、筑牢安全堡垒”专项行动，结合全国第19个“安全生产月”，联合安全环保部开展安全生产知识竞赛活动。竞赛分为全员竞赛和公司级竞赛两类，生产一线有92名员工参与竞赛，

张家港市总工会心理沟通技巧专题讲座在永联文化活动中心举行

16名员工获公司级奖励。是月，南丰镇第十届职工技能操作大赛（行车）举办，永钢集团5名员工报名参赛，获一等奖1人，二等奖1人，三等奖2人。7月，根据苏州市《关于开展2020年度苏州万名“最美劳动者”遴选宣传工作的通知》，永钢集团工会通过部门推荐、公司考评等方式，选出物流事业部钱历、能源事业部张邢蓓、炼铁事业部芮明3人为“诚实劳动好”类最美劳动者，选出制造管理部王胜、产品研发中心崔晓盟、炼钢二分厂陈辉、棒材二分厂薛佳星4人为“技术技能高”类最美劳动者，选出安全环保管理部曹宇、信息事业部马晓卫、特钢事业部李波3人为“工作业绩优”类最美劳动者。是月，苏州市总工会举办法律和集体协商工作骨干训练营，永钢集团李金梁参加培训。是月，南丰镇第十届职工技能操作大赛（焊工）举行，永钢集团员工13人报名参加比赛，共有2人获一等奖，3人获二等奖，4人获三等奖。12月，苏州市总工会印发《关于命名2019年度苏州市首批达标“职工亲子工作室”的通报》，江苏永钢集团有限公司（永钢集团暑期夏令营）名列其中。是月，苏州市印发《关于开展全市工会安全生产和劳动保护技能大赛的通知》，永钢集团参加比赛并获团体第三名。8月，张家港市总工会印发《关于调整替换“红色工匠”培育对象的通知》，根据《关于实施苏州市“红色工匠”培育三年行动计划的通知》（苏两新通〔2018〕5号）文件要求，考虑人员流动、岗位变动等因素，调整替换“红色工匠”培育对象，永钢集团朱凯榜上有名。9月，根据苏州市农民工工作领导小组办公室《开展全国优秀农民工和农民工工作先进集体评选表彰活动的通知》精神，经基层推荐、集团工会班子审议，周毅海成为全国优秀农民工推荐对象。是月，苏州市总工会组织开展第三届“苏州时代工匠”寻访活动，以营造劳动光荣的社会风尚和精益求精的敬业风气，永钢集团员工杨正荣获评第三届“苏州时代工匠”。10月，张家港市总工会印发《关于征集评选张家港市基层工会服务职工优质项目的通知》，永钢集团工会申报的“永钢心灵驿站——员工心灵的避风港和加油站”项目获评服务职工优质项目。年内，经济合作社强化群团共建，制定《永联村经济合作社工会联合会管理办法》，开展“乘风破浪谱新篇”主题系列活动，提高凝聚力建设。永联村经济合作社工会联合会在2020年张家港市优秀村（社区）工会联合会评选中获一等奖。

经济合作社乘风破浪谱新篇项目启动仪式暨健步行活动

共青团

【概况】 2020年，永联区域内共有两个共青团委：中国共产主义青年团永合社区委员会（简称永合社区团委）及中国共产主义青年团江苏永钢集团有限公司委员会（简称永钢集团团委）。其中永合社区团委下设6个团支部，有团员203人，永钢集团团委下设8个分团委、43个团支部，有团员1100人。

【永钢集团团委第三次代表大会】 4月15日，永钢集团团委第三次代表大会在永联议事厅召开。南丰镇团委书记叶伏林，永钢集团党委书记、总裁吴毅，党委副书记、副总裁余加军等领导以及永钢集团团代表共140余人参会。团委副书记周荣宝代表第二届委员会向大会做工作报告。报告指出，过去三年，永钢集团团委在加强组织建设、创造工作实绩、服务青年需求等方面取得一定成效。会议通过投票选举方式，选举王和祥、韦龙华、包雨辰、李刚、吴剑、张瑜、尚金松、周荣宝、姚阳9人担任共青团永钢集团第三届委员会委员，选举张瑜担任共青团永钢集团第三届委员会书记，周荣宝、李刚担任共青团永钢集团第三届委员会副书记。永钢集团党委书记、总裁吴毅做指示，他对共青团工作提出希望和要求，希望新一届团委肩负起共青团的重大政治责任，以服务企业、服务青年需求、帮助青年成才为主责主业，带领广大青年员工贡献青春力量。会上，南丰镇团委书记叶伏林就如何做好新形势下团建工作提出建议。

【团组织机构调整】 6月，永钢集团印发《关于永钢集团分团团委委员及其支部委员任职的决定》，对永钢集团分团团委进行调整。调整后，永钢集团分团团委主要包括行政综合分团委、物流分团委、生产技术分团委、能源事业分团委、炼铁分团委、钢轧分团委、特钢分团委及控股公司分团委8个。其中行政综合分团委下设3个团支部，各设1名团支部书记；物流分团委下设5个团支部，各设1名团支部书记；生产技术分团委下设7个团支部，各设1名团支部书记；能源事业分团委下设5个团支部，各设1名团支部书记；炼铁分团委下设7个团支部，各设1名团支部书记；钢轧分团委下设11个团支部，各设1名团支部书记；特钢分团委下设3个团支部，各设1名团支部书记；控股公司分团委下设2个团支部，各设1名团支部书记。

【团组织团委活动】 2020年，永合社区团委联合永钢集团团委，就青年思想理论学习、团委管理治理、工作创新等方面开展活动。青年思想理论建设方面：线上以“青年大学习”为平台，制定积分奖励制度，营造青年比学赶超学习氛围；线下在职工服务中心、厂区打造青年学习社，围绕读好政治理论、管理科学、专业技术、人生导向四本书，组织青年职工开展主题学习活动，做到年度有计划、月月有安排。定期组织青年外出对标学习考察，推进青年大学习走深走实。深化“四史”学习教育，利用“三会一课”，抓住“五四”青年节、国庆节、建党节等重要节点，开展“四史”主题教育活动，引导青年树牢“四个意识”，坚定“四个自信”。加强青年初心教育。专项组织新入职大学生参观红色教育基地、红堡阵地，并以永联展示馆、永钢展示馆为主阵地，常态开展学“永联、永钢精神”活动，引领青年感悟初心、传承企业使命。组建共青团工作新格局：扩大团组织工作有效覆盖，将原有19个团支部调整为8个二级分团委、43个团支部。各二级团委建立健全组织体系，积极开展组织推优工作，为党组织输送思想上进、高素质的青年。建设一支高素质的团干部队伍，研究制定《团委工作职责》《团委书记工作职责》，加强团干部培训，促进团干作用发挥；加强党建带团建，做好与上级团委、集团党委的总结汇报，听取指导意见，把准团委工作正确政治方向。做强做优永钢共青团品牌。按照团市委要求，树立“党建引领团建，党团共建强企业”创建目标，打造好“青年初心馆—青年安全岗—青年学习社—青年职工服务中心”示范点位，做靓永钢共青团品牌，形成示范宣传。突出创新创效，发挥青年生力军作用：搭建青年创新创效平台，利用师傅“传帮带”、创新工作室、劳动竞赛等活动平台，为青年开辟绿色通道，扶持青年加入企业重大科技专项及重点项目，提升青年攻关意识，培养青春工匠。深入开展“青字号”品牌活动。教育引导青年职工立足本职工作，争当业务尖兵、岗位先锋，企业涌现出一批全国青安岗、青年文明号、江苏青年五四奖章、优秀青年岗位能手等先进集体和个人。通过志愿服务培养青年责任担当。打造“爱心携手，家筑永钢”志愿服务品牌，团委班子积极带头示范，让青年团员成为企业及当地大型赛会、论坛等志愿服务活动的先锋力量，提升青年责任意识。突出服务导向，搭建青年多元成长平台：疏通青年成长成才渠道，发挥团组织在发现、选拔、培养、储备青年人才的功能优势，形成“共青团通道”与企业人才培养的有机结合。在青年职工提拔晋升方面，企业建立管理类、技术业务类、操作维护类三大晋升机制，激发青年群体干事创业热情。坚持办好“悦动青春”兴趣班。开展电竞比赛，围棋、吉他、电脑操作、金融知识培训等业余活动；运营好企业文体俱乐部、职工服务中心等青年服务阵地，鼓励青年加入锣鼓、龙狮、合唱、舞蹈四支队伍，丰富青年业余活动内涵；关心青年群体婚恋交友需求。对大龄单身青年进行调查建档，联合公司妇联，开展“知心红娘”进车间、单身青年联谊会等活动，积极为青年婚恋交友牵线搭桥。是年，永钢团委获评全国钢铁行业五四红旗团委、江苏省五四红旗团委等荣誉，2020年获评苏州市“三敢三勇”团组织、张家港市十佳青年学习社等荣誉。

【"青创未来"项目】 该项目由永联为民基金会资助、惠邻社会工作服务中心承接，旨在通过"青年引""青年说""青年行"三大系列主题活动，提升青年群体的思辨能力和表达能力，助力村企建设发展。7月23日，第二期"青创未来"——永合社区青年智慧论坛外展宣传活动在永合社区颐和公寓食堂开展，吸引31名青年加入"青创未来gogogo"青年交流群。8月15日，第二期"青创未来"——"义路同行"后备厢义卖活动在金手指广场开展，吸引社区居民拉动家门口的夜市经济。9月13日，第二期"青创未来"——"河你益道"景观河整治青年行活动在永联景观河开展，约10名青年参与。活动通过景观河整治培训，参与永联景观河小码头拆除及安全警示牌安装，提醒居民禁止洗涤，保护居民安全。11月7日，第二期"青创未来"——"向高空抛物说不"外展宣传青年行活动在永祥园1幢开展，通过青年们的行动引导居民共同抵制高空抛物不良行为，提高居民的安全意识，共有15余名青年人参与。至年末，"青创未来"项目共举办活动14次，直接受益593人次，间接受益2965人次。

妇女联合会

【概况】 2020年，永联区域内有永钢集团妇女联合会、永合社区妇女联合会及永联村股份经济合作社妇代会3个妇女联合组织。年末，永钢集团妇女联合会有在册妇女联合会成员2719人，永合社区妇女联合会有执行委员会成员15人，永联村股份经济合作社有妇代会成员60人。

【永联村股份经济合作社第一届妇女代表大会】 5月21日，永联村股份经济合作社组织召开第一届妇女代表大会。南丰镇妇联主席袁利娟，永联村股份经济合作社党总支书记陈建新、副书记蒋志兵等出席。全体妇女代表共60人参会。会上，永联村党委委员、经济合作社党总支副书记蒋志兵宣读《成立永联村股份经济合作社妇联的决定》；食品加工配送部经理李佩华作筹备工作情况报告；保安公司瑞景美墅项目经理宗芳芳宣读《妇女第一次代表大会选举办法（草案）》；永联干部学院副院长倪婷婷宣读永联村股份经济合作社妇女联合会执委候选人名单。会议选举李佩华、何明传、宗芳芳、倪婷婷、吴凯琳、林园、朱红英、吴梦、黄晓霞、黄微、周文霞、秦娟、鞠江红、陆燕、江飞15人担任永联村股份经济合作社妇女联合会第一届执行委员会委员。其中李佩华担任妇联主席，何明传、宗芳芳、倪婷婷担任副主席。新当选主席李佩华发言表示，经济合作社妇女联合会将围绕"党政所急、妇女所急、妇联所能"三维焦点的工作定位，团结动员妇女同事为全面建设繁荣、文明和谐的经济合作社发挥"半边天"作用。

【妇联组织机构调整】 4月8日，永钢集团妇女联合会印发《关于妇联分会设置及成员任职的通知》，根据集团公司体制机制编制调整情况，对永钢集团妇联设置进行调整，调整后的妇联主要包括行政供销妇联分会（由公司办公室、投资管理部、财务管理部、监督审计部、供销事业部、成本管理办公室女职工组成）、生产技术妇联分会（由安全环保管理部、建设事业部、制造管理部、产品研发中心、信息事业部、能源事业部女职工组成）、物流事业部妇联分会（由物流事业部女职工组成）、炼铁事业部妇联分会（由炼铁事业部女职工组成）、钢轧循环妇联分会（由钢轧事业部、循环利用事业部女职工组成）、特钢事业部妇联分会（由特钢事业部女职工组成）、控股公司妇联分会（由江苏永联精筑建设集团有限公司、永钢投融、江苏联峰工业装备科技有限公司、江苏联峰金盾智能科技有限公司、张家港市乐欣装备科技有限公司、张家港市南丰农村小额贷款有限公司、张家港联峰金属制品有限公司、苏州昆仑重型装备制造有限公司女职工组成）。

【妇联巾帼"抗疫"】 2020年初面临新冠肺炎疫情，永合社区妇女联合会响应上级要求，通过手机短信、微信群、折页、横幅、户外展板、LED显示屏等多种形式，加强防疫知识宣传，群发疫情宣传短信10万余条、发放宣传单页1万余份。发动老党员、楼道长、文明家庭、村民小组长和志愿者等力量，组建550人的楼道管护队伍，每日从早8点到晚5点，把守在234个楼道口，对进出居民进行登记检查，做好返港人员的信息登记、核实及应对措施，与社区医护志愿者、党员志愿者以及社区工作人员，为居家隔离人员提供测量体温、“代购”等服务。是年，永合社区妇联联合惠邻社工开展“同心守护‘疫’起行动”三·八妇女节系列活动。2月，永合社区“合女士”议事团成员、惠邻社工和巾帼志愿者走访残疾人、低保低边户、困境儿童、计生特扶家庭等特殊对象70户，送上口罩、消毒水、洗手液等防疫物资。针对有残疾人的困难户，向其家属强调做好看护工作，有需要协调的事情及时联系社区或惠邻社工。是月，利用魅力永联、惠邻社工微信公众号平台，推出线上亲子微课堂系列6期。分别从健康生活、家庭教育、亲子互动等方面增进亲子关系，提升家庭教育氛围。3月，开展“关爱困境儿童”巾帼志愿服务活动，对社区10个一至六年级的困境儿童进行结对帮扶。“合女士”议事团与惠邻社工、惠民社工组建一支10人的“关爱困境儿童”巾帼志愿服务团队，以一对一形式和儿童结对，对儿童从心理压力、情绪紧张、课业学习等方面进行辅导。志愿者们与家长通过电话、微信等方式，对结对儿童进行生活关爱及课业辅导，通过心理陪伴缓解其心理及学业压力。是年，永合社区妇联组织巾帼志愿者参与社区摸底排查367人次；参与防疫宣传1029人次，入户1130户，发放资料12 000份；参与楼道、网格巡查800人次；参与各类执勤609人共72次活动，检查车辆900辆；参与送温暖31人，服务566人；参与代买代办15人，服务59人次54户家庭；参与心理咨询2人，服务5人次；参与矛盾纠纷排查8人，解决居民问题62起。

【妇儿活动】 2020年，在南丰镇妇联的领导下，永钢集团妇联、永合社区妇联及永联村股份经济合作社妇联以妇女需求为出发点，依托张家港市惠邻社会工作服务中心，以“社区+社会组织+社会工作专业人才”三社联动的工作模式，依托“社工+义工”双工联动开展工作。5月，永钢集团妇联联合南丰小学开展“大手拉小手”亲情安全寄语活动，活动对象为南丰校区及永联校区就读的四至六年级在校学生，通过“给爸爸妈妈的安全嘱托信”征文及摄影活动，强化员工安全责任。共有1500名学生参与，100名学生获奖。是年，永合社区每月组织社区女性骨干、妇女队长，宣传《婚姻法》《妇女权益保障法》等有关妇女的法律法规，增强妇女法制观念和法制意识；积极链接外部资源，邀请梁丰律师事务所的律师周李君常驻永合社区，为社区妇女群众提供法律知识咨询。成立“金牌娘舅”便民志愿服务队，由社区退休妇女主任、老党员自愿组成服务队，受理居民矛盾诉求，帮助居民维护个人合法权益。实施“爱魔方伴成长”亲子家庭教育项目，宣传科学的教育方法和家庭教育观念，为亲子之间搭建一个沟通交流的平台。实施“向阳花开”儿童友好社区建设项目，通过多种类型活动促进家庭亲职教育能力提升，促进儿童健康成长。年内，依托爱心互助街永联书屋、新时代文明实践站、童梦工坊等阵地，在“三八”节、母亲节等节日，组织开展各种系列活动，让更多社区妇女融入社区大家庭。

永联爱心互助志愿者联合会

【概况】 张家港市永联爱心互助志愿者联合会（简称志愿者联合会）成立于2013年12月，由江苏永钢集团有限公司、南丰镇永合社区居民委员会、永联村股份经济合作社共同发起，张家港市永联为民基金会出资成立。2020年下设理事会、秘书处和8支志愿者服务队伍。有在册会员2800人，开设支援服务项目22项，开展活动384次，累计参与志愿者16 805人次，服务时长6.03万小时。年内，志愿者联合入围江苏省十佳阅读志愿服务组织，获评张家港市优秀志愿团队。

【志愿服务队伍】 2020年，志愿者联合会下设8支志愿服务队伍。爱心帮扶志愿服务队：旨在对永联区域内老人、贫困人口、残障人士、单亲家庭等弱势群体进行关爱帮扶，年内开展爱心便当送餐项目、爱心蔬菜配送项目等，受益人数500余人次，其中爱心便当送餐项目共送餐8295份；便民利民志愿服务队：旨在开展系列贴近居民生活、为居民日常提供便利的志愿服务活动，年内组织开展“金牌娘舅”调解志愿服务、现时代文明实践站等志愿服务活动；环境卫生志愿服务队：旨在倡导爱护环境，创造不乱扔垃圾的良好氛围而开展的系列环境保护服务活动，年内开展美丽家园环保行、守护钢城·绿色你我心情等志愿服务活动；文明督导志愿服务队：旨在利用永联区域内文化载体的特性和功能，对区域内不文明现象进行督导，促进文明素质的提升，年内开展文明交通志愿服务活动；橄榄绿志愿服务队：旨在处理退役军人诉求的受理和问题汇总上报等；绿化护理志愿服务队：旨在保护区域内绿化景观环境，年内开展保护景观河、复绿行动等志愿服务活动；爱心剪刀志愿服务队：旨在为区域内80周岁以上长者提供免费理发、修脚、按摩等居家养老志愿服务；快乐阅读护航志愿服务队：旨在培养全民阅读的好习惯，年内开展快乐阅读护航志愿服务活动。此外，各志愿服务队还组织开展诚信书坊、垃圾分类宣传、防疫活动、助力永联大米发放、档案扫描等志愿服务活动共355次。

【志愿服务项目】 2020年，志愿者联合会积极打造特色志愿服务项目，多层次、多形式开展志愿活动。以“疫情”管控为中心，开展疫情防控宣传志愿服务活动，按照网格化管理模式，在区域内开展疫情防控宣传，保障复工复产有序开展，同时协助对防疫工作进行排查，在路口值守，对外来人员和车辆进行检查、登记；开展“洁美永联，周末义务劳动”志愿服务活动，参与全国文明村镇创建活动，发挥党员、网格员、志愿者、物业、居民监督员“一格五员”力量，推进文明城市创建和城乡环境整治工作，打造“洁美永联”；开展“拥有美好人生”关爱青壮年血压志愿服务活动，通过摸排、走访确定服务对象49人，链接社区医生在健康小屋帮助青壮年测量血压，建立《个人健康数据报告》15份；开展“党建引领·四动融合”志愿服务活动，活动分为桶长技能培训和绿色21天助力垃圾分类活动，其中垃圾分类桶长技能培训开展2期，24位桶长参加培训。12月8日至28日开展绿色21天助力垃圾分类活动，参与人员通过垃圾分类正确投放、朋友圈打卡晒照配文的形式与群众互动，60位居民完成打卡活动。

永联社会文明建设联合会

【概况】 2020年，永联社会文明建设联合会设有会长1人：吴惠芳；常务副会长1人：陈华斌；副会长3人：蒋建国、陈洪斌、秦欢；秘书长1人：吴昊；监事1人：龚晓娟；理事13人：吴惠芳、陈华斌、蒋建国、陈洪斌、秦欢、陈建新、张瑜、蒋志兵、毛水才、胡文俊、俞亚萍、崔航、吴昊。年末，有单位会员31个，个人会员74人。年内，以社会文明项目为依托，优化文明创建形式，文明交通、文明公厕、文明祭祀、文明餐饮活动常态化开展，优化惩处机制，新增短信提醒和图片曝光以及议事厅平台举报等内容，开展文明交通习惯养成打卡、文明交通楼道评比活动；根据新冠肺炎疫情防控需要调整餐饮文明、祭祀文明宣传形式和内容，新增公筷公勺、线上云祭祀等移风易俗宣传内容。

【文明创建活动】 2020年新冠肺炎疫情暴发后，社会文明建设联合会加强文明宣传工作，提高居民疫情防范意识。制作安装疫情防控宣传横幅20余条，发送疫情防护宣传短信14万余条，同时结合疫情防控走势，不定期更新电子屏滚动播放疫情宣传内容。完成永联区域防疫卡口电子道闸门系统车辆信息导入工作，协助永合社区开展外地返港人员居家隔离上门劝导、贴条等相关事宜，开展平价口罩爱心义卖50余场；协助居民现场录入人脸识别信息469人次，审查人脸识别系统的信息2万人次，整理不可识别照片1455人。开展永联区域商户捐赠劝募和信息统计工作以及对接商户制作捐赠单位、商户代表慈善凭证；完成商户捐赠物资事宜以及疫情防控专项募捐名单电子屏公示事宜。8月21日，永联社会文明建设联合会在永合社区暑期夏令营学习班举行“公筷公勺，节俭养德”主题宣传活动，倡导反对浪费，爱惜粮食的风尚。

永联惠民服务中心

【概况】 2020年，永联惠民服务中心设有理事5人，设有监事1人；下设办公室、财务部、居家养老部、社区养老部、机构养老部及研究发展部6个部门。年内，惠民服务中心采用“机构、社区和居家”三种养老模式融合发展。至年末，有工作人员197人，其中专职社工93人，临时工17人，养老护理员87人，助理督导2人，社工26人，养老护理员77人，人力资源师1人，心理咨询师2人，公共营养师1人，健康管理师1人，老年人评估师17人。新增健康管理师、公共营养师及老年评估师，优化持证结构。

【惠民服务】 2020年，新冠肺炎疫情暴发后，惠民服务中心贯彻落实民政部印发的《养老机构新型冠状病毒感染的肺炎疫情防控指南》（第二版）的各项疫情防控要求，迅速组建疫情防控安全小组，各部门在疫情期间积极发挥作用。办公室做好文件通知的上传下达、员工情况每日摸排、疫情防控宣传引导、防疫物资及时供应、应急保障迅速响应，筑牢机构安全防线。研发部完成员工防疫手册以及老年服务防疫工作指引编制等工作，制定线上培训课程，提高员工业务能力。机构养老部完善制定疫情防控工作预案，严格南山公寓老人及工作人员出入管理和外来人员管理，落实24小时值班值守、早晚体温检查制度，定点定人定时开展消毒，加强老人心理疏导，引导老年人戴口罩、勤洗手，保持良好的卫生习惯等，严把食品采购关，严格落实食品留样检测。将省、苏州、市级发布的文件及时打印张贴在公示栏，增强老人对疫情的认识。提供电话和视频亲情服务，组织老人开展健身活动，实现疫情下养老机构安全稳定顺行。居家养老部防疫期间，居家服务暂停，居家养老部线上开展专业知识内容培训12次；疫情稳定后，社工加强稽查力度，督促护理员做好防疫工作，每日进行健康自测和抽查。社区养老部疫情期间配合各社区做好防控检查、防疫劝导、防疫宣传、消杀等卫生工作，倡导、帮助老人注册苏城码、苏康码；开展线上防疫宣传主题活动；做好消杀、进出入管理和卫生防护工作。是年，惠民服务中心运营乡镇虚拟养老服务中心4个，乡镇长护险服务中心5个，新增大新、锦丰两个乡镇。承接张家港市8个乡镇48个居家养老服务中心和站点的运营工作，包括党建、创投在内的服务项目70个。其中凤凰区域新增4个中心（站点）运营，金港区域较上年同期新增11个项目，新开拓大新项目服务板块。

永联为民基金会

【概况】 2020年，永联为民基金会（简称为民基金会）下设理事长1人，副理事长3人，理事和秘书长5人，监事长1人，监事2人，工作人员 5人。为民基金会以永联区域疫情防控工作、永联社会组织绩效管理、社会组织人员管理与制度化建设为工作重点，建立健全各项管理制度，加快推进为民基金会8个类别30余个慈善项目。年内共筹资3200余万元，用于开展公益项目的捐助工作。

【制度建设】 2020年，为民基金会修订《永联村社会组织薪酬管理制度》，完善员工福利保障体系、绩效考核制度及奖励办法；设立疫情防控专项资金，制定《永联区域新型冠状病毒感染肺炎疫情防控专项资金使用管理办法》；开展社会组织内部防疫工作，制定《永联社会组织防疫物资管理办法》，按照省民政厅要求，对防疫期间所收款物数据进行每日报送、捐赠公示及信息披露；制定《永联村社会组织物资采购制度》《永联村社会组织物资管理制度》，规范永联社会组织物资采购行为，加强物资管理，合理控制成本；制定《张家港市永联为民基金会资金管理办法》，加强和规范基金会专项资金的使用和管理，明确专项资金的设立、管理、申请、审批、监督和披露程序，完成制度评审；制定《永联村社会组织租房、燃油、通讯补贴管理办法》，加强和规范员工租房、通讯和燃油补贴管理。

【项目管理】 2020年，为民基金会强化项目管理机制，统筹与管理8个类别30余个慈善项目，重点做好福村宝惠民计划、新冠肺炎疫情防控专项、居民年终慰问、永合社区适老化服务、社会文明革命、家庭文明奖考核、新时代文明实践志愿服务、橄榄绿退役军人服务、优秀学子奖学、荷风管弦乐团、社区主人翁系列项目、永联村公益电影驿站、社区公益大讲堂、海豚急救项目、永联区域文体队伍建设项目等大型项目的管理工作。推进尊老金、助残金、爱心蔬菜、爱心便当、爱心生活包、爱心超市、职工困难申请、职工互助互济保障计划、退休慰问、残疾人演出、小包裹大爱心、定向捐赠等常规化项目。创新青创未来-青年智慧论坛、艺村益影、党员关爱计划、关爱困境儿童、老漂族社区融入、健康小屋等新型公益项目。做好赠送小家电活动、临时救助、民促会“民族一家亲，联结四海情”活动、山西长治后脑村扶贫项目、社区功能室改造、爱心互助街改造工程资产移交等临时性项目的报备工作。

文明永联

Civilization Construction of Yonglian

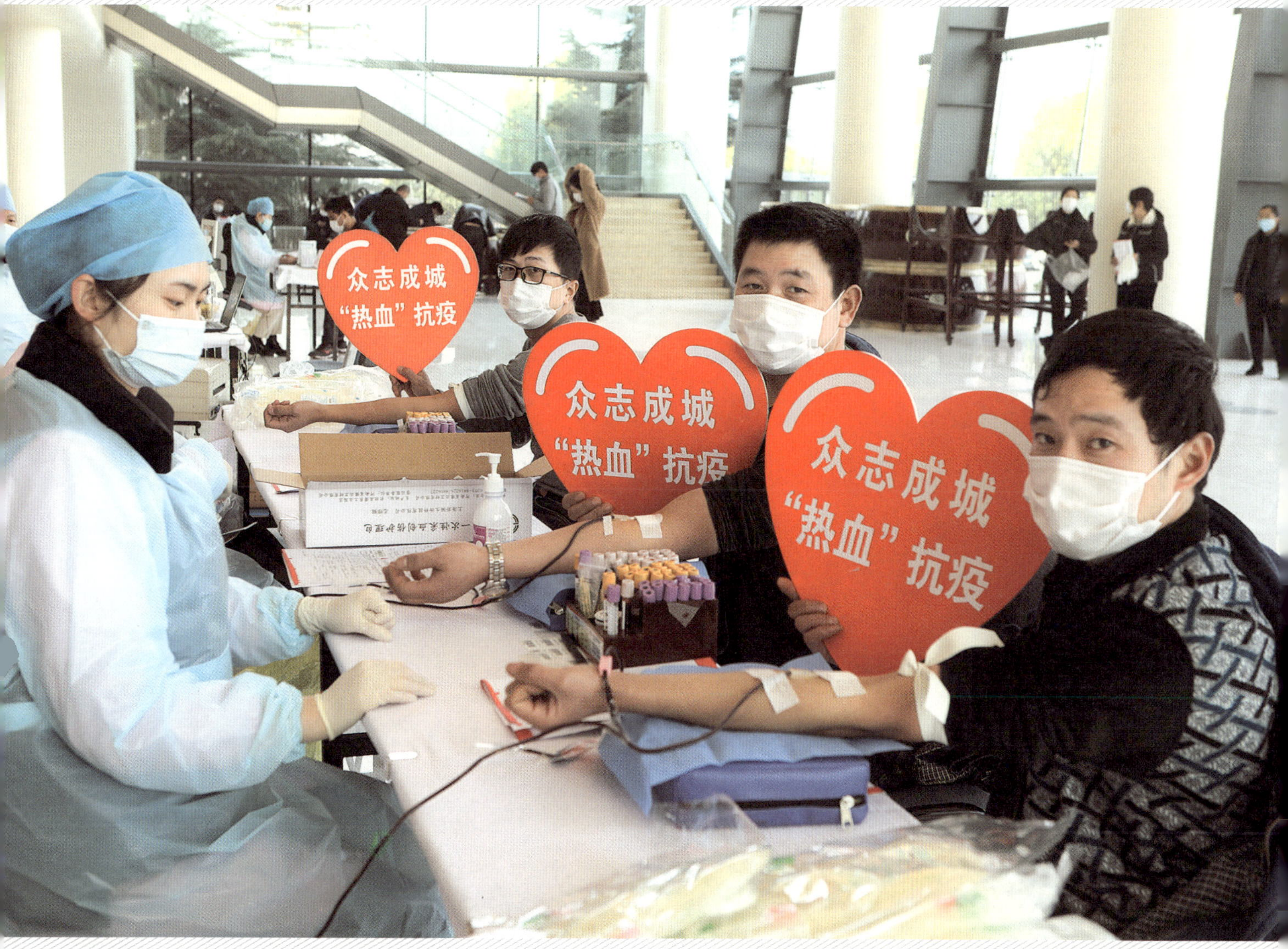

永钢职工志愿献血

精神文明建设

生态文明建设

精神文明建设

【概况】 2020年，永联村精神文明建设工作由永联社会文明建设联合会、永钢集团办公室具体负责。年内，永钢集团选树身边的先进典型，开展“管理奖、创新奖、劳动奖”三奖人物评比，设立“文明奖”，激励企业员工做文明人、做文明事；开展文明单位创建活动，依托宣传栏、微信、板报等平台，弘扬社会主义核心价值观。永联村常态化开展文明交通、文明公厕、文明祭祀、文明餐饮等社会文明项目，开展文明家庭考评、文明宣导小组等文明创建项目。年内，永联村、永钢集团获张家港市级以上荣誉85项。1月17日，张家港市“爱满港城”新年慈善晚会在保利大剧院举行。会上公布张家港市慈善工作先进名单，永钢集团获评最具爱心慈善捐赠单位。晚会现场还举办爱心捐赠活动，永钢集团副总裁余加军代表永钢集团捐赠600万元。8月，江苏省人民政府公布《省政府关于授予第五届“江苏慈善奖”的决定》，永钢集团获评最具爱心慈善捐赠企业。9月3日，苏州市举行第四届“苏州慈善奖”颁奖暨第十九届“同在蓝天下——慈善一日捐”集中捐赠仪式。永钢集团获评第四届“苏州慈善奖”最具爱心捐赠企业。12月1日，第二届慈善论坛暨2020全省社会组织展示交流会在南京举行。会上对获评第五届“江苏慈善奖”的企业和个人进行表彰。永钢集团获评“最具爱心慈善捐赠企业”。12月22日，由民政部发布的第十一届“中华慈善奖”拟表彰名单公示，永钢集团入选“2017年至2019年在慈善领域作出突出贡献的表彰名单”。12月，永联村在全国60万个行政村中，连续六届被评为“全国文明村”。是年，永钢集团获评张家港市2020年度文明单位标兵。

永钢集团党委书记、总裁吴毅为“三奖”人物颁奖

【学先进教育】 2020年，永联村、永钢集团积极开展学先进教育活动，提高队伍凝聚力建设。永钢集团党委创建学习型党组织，向经营管理层发放《习近平治国理政》《毛泽东选集》等书籍，强化领导班子履职能力；邀请党校教授到永钢开展专题党课、主题党日活动；组织开展“对标赶超”七一党员教育月、学习苏州“三大法宝”、进博会等10余场学习活动。6月30日，永钢集团党委组织党委班子40人，赴苏州市初心馆、苏州革命博物馆、协鑫（集团）控股有限公司、科沃斯机器人集团等地开展“对标学习谋赶超、担当实干促发展”党员学习月主题教育活动。永联村积极弘扬好人文化。挖掘宣传乡贤文化，学习最美退役军人吴惠芳先进事迹，发挥新乡贤示范引领作用。积极挖掘身边好人，利用室外电子屏、善行义举榜展览《永联

全国“两会”精神传达会

村讯》、魅力永联微信公众号、社区宣传栏等平台及时公开报道。是年，永合社区加强文明创建，开展“最美家庭”“文明家庭”“文明楼道”评选活动，举办“最美永联人”颁奖典礼，引导居民见贤思齐。

【“文明奖”评选】 永钢集团“文明奖”评选对象为公司各职能部门、事业部、全资公司、控股公司在精神文明建设方面具有示范、引导和激励作用的个人或集体，旨在激励职工崇德向善，提升文明素养，营造和谐、文明、健康的工作生活氛围。“文明奖”评选分为助人为乐、诚实守信、孝老爱亲、见义勇为四类，分集体公司级和事业部级两个层次。其中公司级“文明奖”评选由各事业部推荐，公司办公室审核、评审、确定。凡获评事业部级“文明奖”的个人或集体，给予宣传、表彰和物质奖励；凡获评集团公司级“文明奖”（有精神文明标兵、精神文明先进个人）的先进个人或集体，给予一次免费国外或国内旅游奖励。2020年，经由文明奖评选小组初评，党委班子审议，联峰实业吴利芬获评“精神文明标兵”。

【《“文明家庭”考评办法》修订】 2020年，永合社区在原有基础上对《“文明家庭”考评实施办法》进行修订，一是重新规定考评对象为长期生活居住在永联区域内的永合社区居民，包括经济合作社社员、永合社区户籍人口、颐和公寓内的职工家庭、永联区域新市民（在永合社区购房的非户籍人口、在永合社区居住满一年以上租房的非户籍人口）。二是明确文明家庭申报方式，以家庭户为单位（一房算作一户，特殊情况灵活处理），所有符合条件的家庭需签字确认《永合社区“文明家庭”考评活动确认书》，并将回执确认书交到永合社区，若居民逾期不交，社区将根据联动考核机制，将相应情况提交至相关联动单位和个人，由相关单位和个人按照联动考核内容进行考核。三是考核评比工作由南丰镇永合社区牵头，永联社会文明建设联合会实体化运作，永联为民基金会设立“文明基金”项目，相关责任单位共同参与。采取以个人为基础、家庭为单位评分制考核的形式，与个人文明素养评分表、家庭文明积分相结合，与社员福利待遇，职工、学生评优奖励等相挂钩。四是评比实施细则设有文明守则项、联动考核项（扣分）、文明奖励项（加分）；家庭满足“文明守则项”考核内容，且“联动考核项”没有扣分现象的，即达到及格线60分（含）。永联村股份经济合作社、永钢集团、永联警务室、永联小学等单位对照“文明家庭”评比细则内容提供相关考核证据材料，最终将家庭文明积分排名进行公示，给予表彰奖励。

【文明家庭建设项目】 2020年，完成2019年度永合社区文明家庭奖考核汇总工作，根据汇总内容对318户加分家庭和37户扣分家庭进行宣传公示工作；协助永合社区完成2019年文明家庭表彰大会氛围布置、道具服饰、绶带证书、节目单等相关事宜及表彰大会演出后台保障工作和相关费用审查、结清工作；与永联天天鲜配送股份有限公司核对2019年度加分兑换明细，2020年度共计兑换20.29万元；比对2019年度文明家庭申报人员信息166户并整理归档，日常处理文明家庭系统后台实名认证事宜，至年末共处理639位居民实名认证；根据社区治理相关单位及居民上报的奖惩材料开始文明家庭积分登记工作，至年末已登记754条加分材料，68条扣分材料，进行后台加减分相关事宜；其中线上申报事迹有123条且有74条被驳回；设计制作2020年永合社区文明家庭考评手册、宣传海报及2020年度“文明家庭”考评手册签收表并在区域内78个楼道长发放；对接苏州像形文化传媒完成文明家庭宣传视频拍摄、视频成品播放、社区微信群、园区电子屏宣传等工作；根据永合社区、居民代表等单位提供文明创建材料，收集好人好事材料24件并入户调研撰写事迹材料；参加永合社区组织召开的2020年度文明家庭标兵推荐评审会并统计评审得分。

【“文明家庭”评比】 2020年，永合社区根据《永合社区文明家庭考核评比实施办法》，组织开展“文明家庭”评比活动，考核对象为长期生活居住在永联区域内的永合社区居民，设有文明守则项、联动考核项（扣分）、文明奖励项（加分）。根据考评办法以积分从高到低的原则评选而出，金质文明家庭户要求文明家庭积分60分以上没有扣分项且积分排名前90名的家庭户，银质文明家庭户要求文明家庭积分60分以上、没有扣分项积分排名

90名后的所有家庭。至年末，评选出275户加分的家庭，其中10户获评文明家庭标兵，90户获评金质文明家庭，其他获评银质文明家庭。共发放文明基金22.84万元。凡被评为永联村“文明家庭标兵”的家庭，推荐参评省、市、镇级文明家庭，且所在家庭每人奖励1000元。达到60分以上（无扣分）的家庭，每超过1分可兑换价值每人10元的礼品。“文明家庭”可凭永合社区居委会盖章确认的家庭文明积分卡到永联爱心互助街“新时代文明实践站”兑换物品或通过智慧永联平台兑换。

文明红黑榜户外展示

【“文明单位”创建】 2020年，永钢集团党委印发《关于开展2020年文明单位创建工作的通知》，要求各单位按照公共场所文明、交通文明、公厕文明、餐饮文明、网络文明、宿舍文明、交往文明、垃圾分类8个一级指标，公共场所不吸烟、礼让人行道、餐点环境干净整洁等25个二级指标和标准，积极开展文明单位创建。同时要求根据创建指标，每月进行抽查，凡发现不文明行为，给予扣分，并形成公示，督促创建，总分值大于90分的评为文明单位。至年末，对申报2020年度文明单位的473个创建主体进行联合评审，至年末，共有472个单位总分值大于90分。

【文明创建活动】 2020年，永联村多次召开永联区域内文明创建专题联席会议，巩固全国文明村“金字招牌”，助推南丰镇全国文明镇及张家港市全国文明城市“六连冠”创建成功。永联村域内的永联景区办、农旅公司、物业公司、社会组织等部门常态化开展问题整治活动，加强整治背街小巷、景区景点、建筑工地等卫生死角，消除乱涂乱贴、乱扔乱堆等不文明现象。开展“文明交通”“一平米文明”“文明楼道”等项目，通过各类教育、宣传、劝诫等活动，有效整治毁绿种菜、车辆乱停乱放、行人乱穿乱行、楼道乱堆乱放等问题，引导居民、职工自觉遵守规定，树立文明的良好形象。运用永联一点通App、《永联村讯》、永联村官方网站、微信公众号等媒体平台以及灯箱、橱窗、道旗、服务窗口等公共区域，加强文明创建宣传。是年，永联村常态化推进交通文明、餐饮文明、公厕文明、祭祀文明等文明建设。交通文明建设方面，年内收集不文明停车信息265条，并落实考核家庭，发送短信通知车主移车后存档不文明信息。申报民微项目，扩大文明交通创建形式，开展文明交通习惯21天养成计划1场、文明交通红旗楼道评比5场、文明交通倡导活动7次、交通文明岗活动2场。餐饮文明建设方面，年内制作公勺公筷宣传海报500张，开展餐饮文明志愿宣传活动2场，发放餐饮文明宣传台卡300余个，开展“餐饮文明”宣传活动1场，不定期在园区电子屏宣传餐饮文明、公勺公筷、诚信经营主题宣传内容。公厕文明建设方面，年内开展公厕文明宣传活动1场，协助张家港市文明办拍摄公厕文明素材，并通过文明张家港微信公众号进行文明公厕宣传。祭祀文明建设方面，春节、清明节、中元节期间开展祭祀文明志愿宣传活动，制作祭祀文明横幅50条、发放文明祭祀宣传海报500张，定点在老年房摆放祭祀文明主题宣传展板7个，推进永联区域文明程度和移风易俗工作，并组织志愿者开展祭祀文明宣导活动40余场，粉刷园区12辆焚烧推车。清明期间，永钢集团倡导员工通过“思亲网”，免费在线祭扫、缅怀亲人。6月12日，永合社区联合惠邻社工在永联小学附近开展“网络文明你我他”外展宣传活动，旨在宣传网络文明知识，引导社区居民了解网络文明知识，提高网络自护意识。共有52名社区居民参加。

【社会志愿活动】 2020年，永联村域有永联爱心互助志愿者联合会1个，有红领巾志愿服务队、

永钢集团捐赠口罩和化学防护服

“夕阳红”老年公寓志愿服务队、青年党员志愿服务队、“小海豚”志愿者服务队等专业化服务队伍20余支。2月11日，永钢集团捐赠善款、物资仪式在张家港市慈善总会举行。永钢集团捐赠2000万元、14万只口罩和9105套化学防护服。2月17日，永联村组织永联区域控股子公司、商户、职工、居民进行“湖北抗击新冠肺炎”专项捐赠活动。线上、线下捐款，筹集到善款160.7万元。永钢集团职工共有9422人参与捐款活动，筹善款217万元。2月，新冠肺炎疫情发生后，受出行限制，全市献血量下降。永钢集团积极响应市红十字血站《献血倡议书》，组织在岗员工自愿报名参加无偿献血活动，共280人报名。是月，永钢集团辟出旗下田园居酒店、玖雅酒店，无偿用作疫情重点地区人员、外地返乡人员健康观察场所。永钢集团采购13 500只适用于十周岁以内儿童佩戴的防护口罩，发放给在张家港就读和生活的员工子女，帮助做好员工子女外出健康防护工作。6月12日，永合社区联合惠邻社工开展“惠邻社工助力幸福永联”红十字外展宣传服务，向社区青少年宣传红十字知识。6月19日，永联为民基金会在永联议事厅举行“互助关爱·幸福永联”主题慈善募捐活动。永钢集团党委书记、总裁吴毅代表集团公司向永联为民基金会捐款2000万元，各全资（控股）公司、干部职工、居民共3000余人通过扫码参与捐款，累计捐赠2190万元。3月，永钢集团向张家港援疆工作组捐赠200万元，助力巩留县疫情防控。至8月，巩留县人民医院核酸检测PCR实验室投用。7月16日，永合社区联合惠邻社工在爱心互助街童梦工坊开展“我为玩具洗洗澡”志愿服务活动，营造安全、卫生的活动环境。共有8名志愿者参与。

【永合社区新时代文明实践站】 永合社区新时代文明实践站设有服务老兵、爱心剪刀、半失能康复训练、健康咨询、便民服务咨询等多个服务项目。2020年，开展“情满港城·爱在永联”“感恩功臣·关爱老兵”等60余场活动，共服务14 051人次。

其中，便民服务咨询项目每日招募志愿者1人，从事村民接待、引导、咨询等各类志愿活动统筹协调及福村宝报销等服务工作。是年，该站为永联区域内居民、新市民、职工提供文化、体育、健康、金融、培训教育等服务，服务对象涵盖儿童、退役军人、老年人、新市民等各类人群，服务人数2万余人，参与志愿者712人次。

生态文明建设

【概况】 2020年，永联村围绕“经济强、百姓富、环境美、社会文明程度高”现代化新农村建设目标，持续打造产业美、生态美、生活美、心灵美的美丽村庄。永联村域全年新增绿化面积0.74万平方米，改造绿化面积1.56万平方米，绿化总面积（不包括农耕园、苗木基地）128.08万平方米。永

永联小镇一角

钢集团秉承“既达国标、更达民标”理念，推进企业超低排放改造，全年投资1.69亿元，在水污染防治、大气污染防治、噪音防治、厂区绿化等方面推进环保项目建设，将钢厂打造成“4A级旅游景区”。全年厂区新增绿化面积3.65万平方米，改造绿化面积1.12万平方米，绿化总面积50万平方米。至年末，全村包括永联小镇、永钢厂区、农耕文化园、苗木基地的绿化总面积285.72万平方米，绿化覆盖率27.21%。2月，永钢集团获2019年度“气候领袖企业”称号。11月27日，由中国钢铁工业协会指导、中国冶金报社等主办的2020年（第三届）全国钢铁行业绿色发展大会在福建省漳州市举行。会上，永钢集团获评“2020绿色发展标杆企业”。年内，由中国冶金报社组织的2020“寻找最美绿色钢城”评选结果重磅揭晓，永钢集团获评“2020绿色发展标杆企业”。申报“原料场露天堆场封闭”“污水综合治理改造项目”的环保专项资金补助获4982万元。

【复绿美化社区环境治理】 2020年，惠邻社工联合永合社区，以永锦园为试点，用项目化运作的方式，开展一平米文明——永合社区复绿美化社区环境治理，引导居民参与社区治理，解决社区毁绿现象，营造美丽、洁净、和谐的社区人居环境。4月23日，永锦园楼道长、居民代表及党员召开民主议事会，探讨毁绿种菜及泡沫箱种菜现象，初步形成解决方案。5月7日，惠邻社工链接联峰物业、永联爱心互助志愿者联合会等组织共同参与“绿化环境・美化人生”毁绿整治居民议事会，一致同意“先拔除后复绿再美化”的可行性建议。年内，组建1+N复绿行动志愿服务队，增强队伍的执行力和管理能力。5月14日，惠邻社工联合永合社区开展复绿行动，联峰物业、永联爱心互助志愿者联合会、南丰镇联动分中心及像形文化传媒等单位联动配合，共同开展人居环境整治。6月，惠邻社工在永锦园30个楼道开展创意绿化工作坊，复绿行动志愿服务队成员及园区居民共同参与绿化小区楼道。年内，“一平米文明”永合社区复绿美化社区环境治理项目获评“张家港市优秀民生微实事项目”。

【垃圾分类宣传志愿服务队】 2020年，永联爱心互助志愿者联合会成立垃圾分类宣传志愿服务队，全面推进垃圾分类工作，每日6点30分至7点30分、18点至19点两个时间段安排志愿者到网格分类投放点指导宣传垃圾分类投放。全年开展垃圾分类宣传活动196次，共6268人次参与。是年，组织到南丰小学永联校区开展“小手牵大手”活动，向学生宣传垃圾分类理念。共开展活动5次，参与志愿者42人次，服务人数500人次。6月13日，永合社区联合惠邻社工在垃圾分类宣教中心开展“垃圾分类知多少”亲子家庭活动，普及亲子家庭垃圾分类的知识，吸引社区15对亲子家庭参与。7月20日，永合社区联合惠邻社工在颐和公寓6幢开展垃圾分类宣传与体验服务。通过垃圾分类文艺节目表演、社工宣传指导、互动小游戏等形式，增强居民垃圾分类意识与技能。9月12日，惠邻社工联合永合社区组织18名红领巾志愿者，开展垃圾分类网格巡查、垃圾分类宣传和垃圾分类指导活动，提高园区居民垃圾分类的正确率。12月18日至20日，惠邻社工联合永合社区在天天鲜超市开展“党员先锋行・益起来分类”垃圾分类主题活动，共有120余名社区居民参与。

垃圾分类宣传趣味活动

【环境绿化】 2020年，江苏永联现代农业发展有限公司旗下苗木公司负责全村绿化规划管理工作，年内推进永联小镇绿化改造，共改造1.56万平方米。至年末，永联村域新增绿化面积0.74万平方米，绿化总面积（不包括农耕园、苗木基地）

128.08万平方米。是年，永钢集团绿化管理工作由安全环保管理部负责，以建设“花园式工厂”为目标任务，采取由点到面、统一设计规划、分步实施的方式开展绿化改造工作。新建转底炉项目配套绿化、南污水厂扩建项目配套绿化和原料场办公室对面新建花池绿化种植等工程。至年末，永钢集团厂区新增绿化面积3.65万平方米，改造绿化面积1.12万平方米，绿化总面积50万平方米，绿化覆盖率9.1%。

【节能创效奖】 该奖项每季度集中评选一次，由能源事业部实施考核，旨在推进节能技改项目和节能管理举措的实施进度，营造比学赶超、做优指标的氛围。2020年，共有30个项目获“节能创效奖”，累计奖励6.23万元。

【环境奖项设置】 永钢集团设有环境改善奖、环保创新奖，由安环事业部实施考核。旨在激励各单位积极开展环保工作，加快推进公司环境治理，引导和鼓励员工投入环保创新，不断提升企业环保水平。2020年，各单位申报项目36项，其中环境改善奖34项、环保创新奖2项。通过现场核实及评审组评选，最终获奖项目共有13项，其中二等奖5个、三等奖8个，共发放奖金4.9万元。

【环境监测】 2020年，永钢集团新建空气质量检测微站40套，数据对接环保监控一体化平台，实现对主要环保设备运行情况和污染物排放状况的专业监控。同时在烧结机头、机尾，球团焙烧，高炉出铁场、矿槽，转炉二次烟气，电炉烟气，废水等主要污染物排放口安装52套污染源自动监控设施、12个高清视频监控，将污染物的自动监控数据、环境行为评定结果、环境空气质量等数据信息通过环保监控一体化平台LED显示屏公布，接受社会监督。7月，开展超低排放评估监测工作，至年末，完成清洁运输和有组织排放方面的超低排放改造工作，并在中钢协网站上完成公示。是年，永钢集团加强对污染物排放的监测：按照钢铁工业自行监测技术指南要求，对主要污染物排放口安装在线监测设备，一般污染物排放口、无组织颗粒物、厂界噪声等定期开展手工监测，监测结果表明，各类污染物排放均达到钢铁行业污染物排放标准限值要求。对水环境的监测：定期对企业废水总排口、车间废水排放指标进行监测，结果表明公司外排废水均达到钢铁工业水污染物排放标准。对大气环境的监测：每月对各有组织排放口的污染物进行监测，监测结果表明公司外排废气均达到钢铁工业相应污染物排放标准。对声音环境监测：每季度对公司厂界噪声进行监测，监测结果表明公司厂界噪声达到工业企业厂界环境噪声排放标准。

【节能减排】 2020年，永钢集团申报项目有3号高炉热风炉系统改造项目、年处理25万吨含铁锌尘泥综合利用项目、电力厂25兆瓦发电锅炉烟气脱硫项目、中温中压煤气发电机组升级改造项目、能源审计项目4个，获政府奖励资金1061.75万元。年内，新建或改造1号、2号中温中压煤气发电改造，制氧1号氧压机改造，制氧2号空分下塔改造，制氧3号空分分子筛改造，3号、5号高炉煤气透平机组改造，300烧结循环水泵改造6个节能项目，总投资1.69亿元，完成投资1.21亿元。项目全部投用后，年预计可节约1.41亿元。推进超低排放：有组织排放方面，年内梳理、整改177个有组织排放问题，省环保集中抽测65个有组织排放点位，污染物排放均满足超低排放要求。无组织排放方面，年内有3218个无组织排放点位，排查出问题点位1751个，完成整改774个，整改率44.20%（计划2021年完成全部点位整改）；完成无组织集中管控平台试运行。清洁运输方面，优化调整公司的清洁运输方式，公路运输车辆全部采用国五及其以上或新能源汽车，当前清洁运输比为74%。是年，永钢集团自发电比例62.85%，比上年增长3.79%；吨钢综合能耗555.69千克标煤，比上年增长0.72%；吨钢综合电耗375.53千瓦小时，比上年增长2.65%；吨钢新水消耗2.17吨，比上年减少10.33%。是年，永钢集团优化除尘器管理降低电耗，至11月份吨钢除尘电耗为20.97千瓦小时，较上年下降11.9%，累计降本1449.45万元。

【工业废水污染治理】 2020年，永钢集团有104套水处理系统，结合钢铁生产各道工序用水特点，实施串级供水、按质用水、循环用水等举措，通过把烧结、炼铁、炼钢、轧钢、制氧、发电等工序产生的工业废水全部由雨污分流项目进行回收，送至污水处理装置进行处理后，输送至净水处理站清水池，再供各生产工序重复利用，重复利用率98.85%。年内，加强污水处理，污水总处理能力每日4万吨，实际每日处理2万吨。是年，永钢集团开展工业水管理百分制打分排名，从制度执行、水质管控、外包加药管理等方面，引导各单位科学开展水质管理，提升各工序工业水重复利用率，循环水水质综合合格率从上年的84%提升至96.1%。

【大气污染治理】 2020年，永钢集团环保投入4亿元，实施并完成炼铁事业部烧结二厂2号450平方米烧结活性焦脱硫脱硝超低排放改造项目、电力厂25兆瓦发电锅炉烟气脱硫项目、新增在线监测设备等大气污染治理项目。

【噪声污染治理】 2020年，加强对厂区噪声点位治理，采用隔、消、吸、阻尼减振等治理措施实施改造，至年末完成第一期24个高噪声点位治理，完成率89%，总投资439万元。治理后，点位平均降噪10至20分贝，符合“昼间65分贝、夜间55分贝”的环境噪声标准。年内，开展第二期31个高噪声治理点位采购相关事宜，计划投资840万元完成改造。

【固体废弃物处理】 2020年，永钢集团固体废弃物处理车间主要有矿渣微粉厂、钢渣综合加工车间、物资库等单位。矿渣微粉厂：将高炉产生的水淬矿渣磨成超细微粉，然后与高性能水泥塑料粉按比例混合生产优质水泥，年处理水渣327万吨。钢渣综合加工车间：采用环保闷渣工艺，将钢渣有效分解，实现资源再利用，年处理钢渣112万吨，工业固废综合利用率100%。各分厂设备冷却、润滑等过程产生的废矿物油、废油桶，车辆维护过程中更换的废旧电瓶，烟气脱硫脱硝过程产生的废酸、废催化剂等危险废物，均交由有资质单位实施安全处理，危险废物回收率100%。

【工业与农业循环利用】 2020年，永钢集团生产车间产生的蒸汽，主要用于张家港盈达气体有限公司、江苏联卓建筑科技有限公司、联锦西新型墙体材料、鑫瑞人力资源等单位生产车间的生产生活，以及永联现代粮食基地粮食烘干、苏州江南农耕文化园水上乐园、厂区周边居民生活区等，为车间生产、粮食烘干、居民生活提供热源。是年，永钢集团提供蒸汽热源37 694吨，创造经济效益297.28万元。

【河道水质整治】 2020年，永钢集团厂区河道总数56条、总长41.1千米，有11个责任单位。年内，以污水治理扩建项目建设调试为抓手，完成料场区域（12号门卫）外排口和永钢大道景观河两侧各外排口整治，公司内河水质五类水比例由上年的77.9%降至38.8%。是年，永合社区有直管河道总长15 780米，年内开展河道疏浚，疏浚近1万立方米淤泥，畅通河道，改善水质。经济合作社加大河道治理力度，启动雨污分流改造。

【钢渣循环利用】 2020年，永钢集团循环经济产业园以钢渣为主要原料的3D打印车间，完成“张家港湾”生态提升项目，提供3D打印景观管理用房4套、景观厕所5套及座椅、花坛等相关配套设施。全年完成3D打印产值1066万元、转底炉完成产量4.2万吨。3月，江苏绿普资源与精筑集团成立合资公司，推动3D打印产品实行公司化运作。9月，3D打印车间搬迁至球团厂。是年，永钢集团开展钢渣技术应用实践，与科研院所合作，探索钢渣在建筑材料中的应用，实现钢渣透水沥青砼在梁丰路海绵化改造工程中应用。全年沥青混合料中累计使用钢渣1.38万吨，降本110万元；水泥稳定碎石中累计使用1.24万吨，降本50万元。

【污水综合治理项目】 6月，永钢污水综合治理项目建成投用。该项目总投资1.48亿元，主要建设有流量为1200立方米每小时的调节池，10 000立方米每天的污水预处理装置，15 000立方米每天的深度处理装置，10 000立方米每天除盐水膜系统以及再生废水中和系统。项目投用后，年减排污水300余万立方米，吨钢新水消耗下降至2.14立方米每吨，该项目从新增污水处理能力、提高中水回用、减少污水排放等方面统筹，确保初期雨水及厂区所有排污口废水得到收集处理，实现污水循环利用。

【建筑垃圾资源化综合利用项目】 江苏金城永联环保科技有限公司建筑垃圾资源化综合利用项目

位于南丰镇永联村，永钢大道与红旗路交会处附近，占地面积6公顷，建筑面积2.2万平方米，总投资2.57亿元，由张家港市金城投资发展有限公司、江苏永钢集团有限公司、江苏永联精筑建设有限公司共同投资，规划建设拆除垃圾固定式生产线一条、拆除垃圾移动式生产线一条、装潢垃圾分选处理线一条，以及建设建筑材料再生资源利用生产线三条。项目建成后，预计年处理建筑拆除垃圾110万吨、装潢垃圾30万吨，年产再生无机混合料60万吨，再生砌块、砖50万平方米，再生干混砂浆30万吨。该项目将构建建筑垃圾资源化利用处置体系，可解决张家港市建筑垃圾规模大、处置能力不足等突出问题，促进建筑垃圾减量化、无害化、资源化和产业化发展。3月9日，该项目签约仪式在永联议事厅举行。5月18日，该项目开工，计划2021年1月试生产。

冶金尘泥资源化处理项目投产仪式

【冶金尘泥资源化处理项目】 8月18日，永钢集团举行“张家港市大宗固体废弃物综合利用基地冶金尘泥资源化处理项目”投产仪式。该项目主要对钢铁生产过程中产生的含铁锌尘泥进行处理，消除氯离子、碱金属等有害物，回收利用铁、锌等资源。该项目通过将尘泥配料后直接还原，生成“DRI”，主要用作电炉炼钢原料、转炉炼钢冷却剂的“直接还原铁”，并将锌、钠、钾等元素以粉尘形式进行收集，生产过程中产生的蒸汽还可用于发电。该项目每年可处理冶金尘泥25万吨。至11月25日，该项目实现冶金尘泥不落地、产耗100%平衡，循环资源化利用率100%。

【永联垃圾分类】 2020年，永联区域生活垃圾分为可回收物、有害垃圾、易腐垃圾、其他垃圾四类，实施对象为永联小镇包括颐和公寓8026户居民职工共计2.3万余人，实施范围为永合社区、企业办公楼、永联学校等办公区域，农耕园、小镇商业街、美食街、酒店群等商业区域。年内，永联村域各单位积极开展垃圾分类宣传引导工作，加大环境治理力度。永钢集团加强生活垃圾分类管理，向各子公司分发生活垃圾分类宣传海报109张、宣传手册535本；组织员工参加生活垃圾分类培训及考试，编制《生活垃圾管理办法》，规范管理要求；统一采购、配齐配全生活垃圾分类设施；定期开展生活垃圾分类情况专项检查，落实责任考核，规范生活垃圾分类。保安公司按照“着力提升生活环境质量，生活垃圾分类实现全覆盖”要求，加大永联小镇环境治理力度，完善垃圾分类投放、收运和处置全流程运行体系。全年累计投入环境治理1500余人次，洒水车1辆、保洁车46辆，垃圾清运车41辆。经济合作社积极开展垃圾分类，引进智能垃圾分类箱，实现垃圾减量处理。永合社区依托浙江联运环境工程股份有限公司（2019年年末进驻永联村），持续推进“党建引领·四动融合”永联全域生活垃圾分类项目（2019年10月1日启动），利用物联网、互联网融合技术，运用云平台管理，实现垃圾投放有源可溯、各类投放数据实时分析。建有宣教中心、分拣中心等场所，投放二分类箱96台、可回收有害分类箱10台、积分兑换机8台、收运车辆10辆等厨余硬件设备，链接永联天天鲜超市、爱心超市等线下商超用于绿色积分兑换，配置项目经理、宣传员、巡检员等工作人员33名，投入金额近1000万元。是年，永合社区组织党员、居民、职工、教师等对象开展培训讲座、园区宣传活动103次，参与人数6000余人，开展入户宣传7074户。同时投入日处理量300千克的厨余垃圾微分子降解处理器1台，终端处理器降解率95%，产出5%的有机肥，堆肥再利用，降解过程无污水、废气排放，实现垃圾就地减量、不出社区。至年末，永合社区垃圾分类群众知晓率、参与率100%，分类准确率83%，居民投放积分总数1554万分，可回收物152 671千克，厨余垃圾分拣出1080桶，实现垃圾减量695吨。

交通·水务·邮电

Traffic · Water Conservancy · Post and Telecommunications

永钢码头

永联年鉴 2021

交通设施
交通运输
水　　务
邮　　电

交通设施

【概况】 2020年，永联村有1条新建道路完工，为永辉路东延工程。至年末，永联区域内有妙丰公路中段1条省道，永钢大道（妙丰公路以西段）

永联小镇俯瞰图

1条县（市）道，有永钢大道（妙丰公路至红旗路段）、长安路、红旗路、永联路4条乡（镇）道，以及钢村路、文教路、永辉路、永瑞路、永安路、永谐路、永丰路、永业路等11条村级道路。永钢集团有宏泰物流码头、宏泰码头、盛泰码头、宏顺内河码头、永丰内河码头5座码头。年内，江苏联峰实业有限公司在永联境内七干河航道新建的1座码头完工。永联区域内新建桥梁1座，为永翠桥。至年末，区域内有桥梁36座。有横跨六干河的永钢大桥、联峰桥、长安桥3座桥梁，横跨七干河与永南河的联丰大桥、七干河桥、永南河桥、新永南河桥、永清桥、永秀桥、永联大桥7座桥梁，红旗路上有红旗桥1座，永联小镇内有桥14座，苏州江南农耕文化园内有内河桥11座。有长江航道1条，为永钢专用航道，内河航道3条，分别为六干河永联段航道、永南河永联段航道、七干河永联段航道。有地下人行通道2个，分别位于永钢大道金手指广场对面、永联路永联学校对面。

【永辉路东延工程】 该项目主要对永辉路与妙丰公路交道口改造，打开中分带，设置信号灯，规划建设15米宽道路向东延伸至永钢集团24号门卫。道路路线全长0.59千米。按照四级公路标准建设，项目总投资1031.5万元，由江苏永钢集团有限公司出资，2020年5月开工建设，于2020年8月末竣工投用。

【码头】 永钢集团旗下江苏宏泰物流有限公司位于江苏省张家港市南丰镇东沙物流园区内，主要从事码头和其他港口设施经营，在港区内从事货物装卸、驳运、仓储经营、船舶运输管理等业务。占用长江岸线1628米、内河岸线700余米。有宏泰物流、宏泰、盛泰3座长江码头，宏顺、永丰2座内河码头。2020年，5座码头共有泊位17个，设计年吞吐量2750万吨。是年，宏泰物流码头完成货物吞吐量500.57万吨，实现对外业务收入517.17万元，自营业收入11 462.6万元。宏泰码头完成货物吞吐量546.48万吨，实现对外业务收入566.57万元，自营业收入11 486.05万元。盛泰码头完成货物吞吐量765.90万吨，实现对外业务收入1469.16万元，自营业收入20 171.25万元。宏顺内河码头完成货物吞吐量42.38万吨，实现对外业务收入210.03万元，自营业收入932.91万元。永丰内河码头完成货物吞吐量1362.33万吨，实现对外业务收入8.02万元，自营业收入2707.01万元。2020年，宏泰码头和盛泰港务入选张家港市第二批小巨人企业名单。江苏宏泰物流有限公

永钢码头作业现场

司获评张家港市“口岸监管示范单位”，通过两化融合管理体系认证，再次通过环境、能源、质量、职业健康安全管理四体系认证审核以及港口安全生产标准化一级企业复审。11月，经江苏省交通运输协会专家组初审、现场评价，宏泰物流、宏泰码头、盛泰港务、永丰码头四家码头公司分获评江苏省三星级绿色港口。

永联六干河及两边河道

【七干河码头工程竣工】 2019年9月江苏联峰实业有限公司新建七干河码头工程开工，该项目位于永联境内七干河宝冶永联厂区段航道右岸，距上游七干河西闸约200米，泊位总长130米，护岸东端距离航道中心线46.46米，西端距离航道中心线40.97米，两端采用翼墙与现有驳岸相连接，码头护岸采用扶壁式挡土墙结构。新建2个300吨级散货泊位，增设2台20吨码头固定吊，年吞吐量97.98万吨，设计年通过能力105.6万吨。货种主要为铁精粉、黄砂、石子。通过陆运转运站，皮带机及管带机等配套设施输送至厂区。项目总投资1350万元，于2020年4月20日完工。

【永翠桥完工】 该景观桥工程位于永联小镇永丰园西侧，桥梁采用三跨钢筋混凝土板拱桥，桥梁全长45.4米，桥梁右偏角90度，桥面宽4米。拱板侧面、侧墙侧面等采用石材湿挂镶面装饰。该工程由南丰镇永联村股份经济合作社出资兴建，总投资180万元，于2020年7月10日开工，10月10日竣工。

【航道】 2020年，永联境内航道未有变化，航道交织成网，水上交通便捷。其中六干河永联段航道南起永南河，北到泗兴港，为六级航道，全长2249米，航道水深4米，航宽25米至60米，常年可通航1000吨级左右的船舶。永南河永联段航道东起永钢集团耐火材料厂，西至永联村西首与永丰村交界处，为七级航道，全长1800米，航道水深1.5米至2.5米，航宽15米，常年可通航20吨至40吨级左右的船舶。七干河永联段航道西起永钢集团耐火材料厂，东至永联村东首联丰大桥，为等外级航道，全长3200米，航道水深4米，航宽75米，常年可通航1000吨级左右的船舶。有长江航道1条，为永钢专用航道，自永钢1号至永钢9号，全长14千米，共设有浮标18个，航宽200米，维护水深为理论基准面下10米。

交通运输

【概况】 2020年，永联村居民陆路交通运输工具以私家车、摩托车、电动车和公共自行车为主。永钢集团陆路交通运输工具主要有轿车、大中小客车、货车和装卸车、拖拉机、特种车辆等，水路运输工具主要为货船。年内，永钢集团有轿车104辆，大中小客车35辆，装载车（机）115辆，自卸车65辆，工程车182辆，钢坯车49辆，铁水车98辆，叉车136辆，卡车85辆，其他牵引车、罐装车、吸排车、挖机等特种车辆280辆。永钢集团公路运输车辆全部采用国五及以上或新能源汽车。清洁运输比为74%。各地常驻永钢集团从事货运的船只有78艘，总载重量9.54万吨，永联村从事个体运输的船只有5艘，总载重量6290吨。是年，区域内设有公共自行车租借点21处，其中永联小镇7个，永钢集团厂区14个，铺设公共自行车400辆。永钢集团员工和永合社区居民凭市民卡、员工卡、金手指卡、永联一点通App均可实现公共自行车通借通还，年内总使用量14.41万人次。境内客运有途经永联区域的公交线路3条。有公交首末站1个，加油站1个，LNG加气站1个。

新能源运输车

【客运】 2020年，途经永联区域的公交线路有202路、306路和220路，其中202路、220路全部为气电混合动力公交车（LNG清洁能源公交车），3条线路均为无人售票。202路公交线路由张家港市区购物公园首末站至东沙公交首末站，途经永联村，全程38千米。220公交线路由张家港市区购物公园首末站至永钢大桥停车场，全程28千米。306公交线路由南丰镇公交首末站至永钢大桥停车场，全程16千米。

【货运】 2020年，永钢集团有各类运输车辆479辆，总货运量3276万吨，固定雇用船只、非固定船只和货代运输的总货运量1050.67万吨。江苏宏泰物流有限公宏泰物流、宏泰、盛泰、宏顺、永丰5座码头完成货物吞吐量3217.67万吨，其中外贸货物吞吐量764.71万吨。实现营业收入4.953亿元。宏泰物流靠泊船舶吃水由11.5米提升至11.8米，按每艘次可多装载货物2000吨，可直接降低物流成本4万元。是年，靠泊吃水11.8米船舶10艘次。3座长江码头共停靠船舶1318艘，其中外轮215艘。靠港作业船舶载重在15万吨级以上船舶59艘次，最大停靠船舶为载重20.79万吨的CLEAR HORIZON科利轮。

水　务

【概况】 2020年，永联区域内有河道53条，其中区域性河道3条，村级河道50条，总长49 520米。境内有排涝站17座，分别为永联排涝站、1至6号排涝站、永新排涝站、8号排涝站、永兴排涝站、东华排涝站、联丰排涝站、南港物流排涝站、华联排涝站、永南排涝站、长安排涝站、永合排涝站。年内，六干河西侧永钢大桥至废钢库段驳岸工程竣工。

【河道管理】 2020年，永联村有区域性河道3条，分别为六干河、七干河、永南河，通达长江，总长8550米。至年末，有村级河道50条，总长40 970米，主要有长安排涝站旁的南北向河道及南丰镇静安园四周河道、钢村嘉园景观河及周边河道、苏州江南农耕文化园内河道、原永联学校东边河道、永钢集团厂区内河道、永钢集团厂区内永钢大道南侧东西向河道等。年内，永合社区根据《张家港市南丰镇关于全面深化河长制改革的工作方案》开展河道保护宣传活动，发放《河道保护倡议书》，号召居民在生活中要做到节约资源、减少污染，倡导居民低碳生活，此次行动共发放宣传手册500余份。6月30日、12月10日分别召开河道治理工作会议。要求加大河道巡查力度并及时做好巡查记录，加强河道保洁工作，确保河面及沿岸无垃圾、漂浮物。要发动群众，引导群众和社会各界共同参与河道监督工作，发现异常及时上报。要让广大群众形成更浓的护水、爱水意识，形成“人人护水、人人爱水”的氛围。2020年，永钢集团投入2亿元对公司范

永联村排涝防汛系统

围内污水及河道进行治理。其中1.3亿元建设综合污水治理改造项目、2000万元建设烧结脱硫高浓度含盐废水处理装置，处理后的中水回用于生产。7000万元建设干河河岸驳岸整治、堆场初期雨水收集处理、水运污染物接收设施、河道整治等。将原污水处理能力从3万吨每天扩建至4万吨每天，且对污水进行双膜法深度处理。反渗透产水回用于生产，反渗透浓水用于高炉冲渣。2019年，中水回用403万吨，2020年，中水回用611万吨，节约了水资源及取水费用。永钢集团以污水治理扩建项目调试为抓手，完成料场区域外排口和永钢大道景观河

表5　2020年永联村村级河道分布情况表

序号	河道	序号	河道
1	长安南路西侧河道长约2000米	26	粮食基地中心河道长约2100米
2	10号门卫前面河道长约210米	27	长安南路东侧河道长约2000米
3	永兴园北侧河道长约240米	28	粮食基地北端河道长约560米
4	永顺园东侧河道长约780米	29	龙旌公司西侧河道长约400米
5	厂区中心河道长约3000米	30	粮食基地南1河道长约500米
6	文化活动中心处河道长约260米	31	粮食基地南2河道长约230米
7	永南河南侧仓库处河道1长约100米	32	粮食基地南3河道长约240米
8	永南河南侧仓库处河道2长约300米	33	粮食基地南4河道长约190米
9	永南河南侧活动板房处河道长约470米	34	苏州江南农耕文化园河道长约1900米
10	天天鲜前面河道长约410米	35	垂钓中心河道及池塘长约1480米
11	西扩河道4长约1400米	36	垂钓中心北侧河道长约220米
12	钢村嘉园景观河1长约1100米	37	联港路东侧河道2长约190米
13	钢村嘉园景观河2长约1000米	38	联港路东侧河道3长约200米
14	钢村嘉园景观河3长约1250米	39	联港路西侧河道2长约460米
15	敬孝堂西侧河道长约670米	40	钢渣场周边河道长约950米
16	原永联小学东侧河道长约540米	41	长安路北侧苗圃河道1长约1200米
17	联港路东侧河道1长约240米	42	长安路北侧苗圃河道2长约1200米
18	联港路西侧河道1长约200米	43	长安路北侧苗圃河道3长约760米
19	西扩河道1长约590米	44	长安路北侧苗圃河道4长约680米
20	西扩河道2长约570米	45	静安园周边河道长约840米
21	西扩河道3长约450米	46	长安路南侧苗圃河道1长约440米
22	东红界河长约1700米	47	长安路南侧苗圃河道2长约1000米
23	红旗路东侧河道长约1800米	48	长安路南侧苗圃河道3长约590米
24	天天鲜总部北侧河道长约180米	49	长安路南侧苗圃河道4长约660米
25	红旗路西侧河道长约1750米	50	长安路南侧苗圃河道5长约770米

永联小镇河道纵横交错

两侧各外排口整治，公司内河水质五类水比例由上年的77.9%降至38.8%。投资3000万元对公司17条内河河道进行整治，河岸边设置木桩驳岸，斜坡上种植草坪或麦冬等地被植物，木桩与地被植物间种植水生鸢尾、再力花和黄菖蒲等开花水生植物。设置水位尺和河道管理标识牌，保证长治久清。实行三级河长制管理。遵循属地原则划分河道责任区。做好河道的清理、岸线维护与绿化美化、河水取样及分析、河水水质保护等管理工作。2020年，宏泰物流持续加大环保投入，通过增设安装多功能除尘器，室外皮带机下料管封闭，码头堆场污水收集、处理能力提升改造，实施码头船舶生活污水收集项目等，加强环境综合整治。5月，码头生活污水管道及相关配套收集装置项目建成投用，该项目总投资170万元，新增生活污水管道4000米，实现靠泊船舶“零排放”的治理目标。宏泰物流实施码头污水收集能力、处理能力提升改造项目，总投资约2430万元，预计于2021年4月竣工投运。年内，永钢集团完成厂区10号门卫至12号门卫外围河道清淤工作，清淤8000立方米。

【六干河西侧永钢大桥至废钢库段驳岸工程竣工】 该工程主要解决因永钢集团产能增长、近两年内河船舶大型化发展较快等因素造成的内河货物运输量增加、厂区周边航道停泊区拥堵、部分驳岸存在坍塌现象，影响航道的正常通行、靠泊和作业区的安全生产的问题。工程总投资2521.6万元，驳岸主体工程为六干河废钢库至永钢大桥段520米岸线，结构为板桩结构，前墙采用桩径为800毫米的钻孔灌注桩排桩，桩长13米至23米，桩间距0.9米。联排桩背水面布置双排直径为500毫米、长为5米的水泥搅拌桩。河道宽度按靠近永钢大桥处宽度105米，往北逐步加宽至局部123.4米施工，挖出基本农田0.2公顷。附属工程有河道疏浚、防撞设施、系船柱、道路工程、排水设施、路灯系统等。新建4.5米宽通道纳入农村道路范围，并将此道路与外围道路联通，往南延伸至永钢大桥下与外部道路联通。该项目于2019年10月开工，于2020年4月20日完工。

【码头污水收集能力、处理能力提升改造项目开工】 该项目主要改造内容：永泰堆场新建一座有效容量6000立方米的排涝池，新建配套排水沟450米，与现有污水管网串通，池内设置搅拌泵及潜水排污泵，改造前污水沟、池总容量3342立方米，改造后总容量9450立方米；堆场中心路两个十字路口连锁块路面翻修成混凝土路面；新增1套处理能力为每小时70立方米的污水处理装置，处理能力由原每小时130立方米提升至每小时200立方米。盛泰堆场新建一座有效容量5000立方米的排涝池，新建配套排水沟1100米，

航舶生活污水处理

与现有污水管网串通，池内设置搅拌泵及潜水排污泵。改造前污水沟、池总容量1750立方米，改造后总容量7290立方米；盛泰堆场东侧、南侧现有1000米挡风墙新建基础护坡，防止水土流失污染河道。散货和件杂堆场交界位置及沿河地坪新建挡水墙1550米（高0.3米），防止堆场雨污水外溢。盛泰堆场新增2套处理能力为每小时70立方米的污水处理装置，处理能力由每小时65立方米提升至205立方米。项目总投资2430万元，于2020年9月26日开工，计划2021年4月完工。

中国电信营业厅

邮　电

【邮政】 2020年，张家港市邮政局在永联村设有邮政营业所1个，邮政便民服务站1个。邮政营业所位于永联小镇南街19幢1号楼，与中国邮政储蓄银行张家港永联营业所合并办公，有门面4间。营业所有营业人员1人，主要负责信件邮递、包裹快递收发，并代收固定电话费、移动电话费、电费、车票、飞机票等公用事业性服务项目业务费。报刊征订由南丰邮电支局统一办理，邮递员送达。是年，集体订阅各类报纸113种2997份，杂志290种300份。永合社区邮政便民服务站位于永联小镇北街4号门面房，继续负责报刊快递信件代投业务，方便居民日常生活。

【移动通信】 2020年，永联村（含永钢集团）移动电话用户全面普及，有中国移动用户、中国电信用户、中国联通用户。村域内有中国移动营业网点2家、中国电信营业网点1家。其中，中国移动通信营业厅位于永联小镇南街3幢5号和永联小镇北街7幢2号，营业面积180平方米；中国电信营业厅位于永联小镇南街4幢5号，营业面积83.5平方米。主要经营范围包括移动通信业务、固话业务、宽带业务、互联网专线、数据通信等综合电信业务。移动电话用户、互联网用户数量基本稳定，移动电话普及率99.8%。

永联邮政代办所

【电信线路与电话】 2020年，永联区域内有144芯光纤骨干线路21条，96芯光纤骨干线路5条，72芯光纤骨干线路31条。是年，村企有内线电话2100部，公用电话28部，居民有住宅电话380部。

【互联网】 2020年，永联区域内有IP光纤宽带网100兆宽带8条，200兆宽带4条，500兆宽带3条，有2700余台计算机上网，永钢集团有2300余台计算机通过内部局域网上网。年内，拥有1台以上计算机的家庭有4700余户，并开通宽带网络，计算机普及率100%。

现代农业和农村工作

Modern Agriculture and Rural Work

盱眙龙虾农业基地

永联年鉴

2021

粮食作物

经济作物

畜禽·水产

农机服务

农村经营管理

粮食作物

【概况】 2020年，永联区域内粮食生产主要依托于张家港市永联米业有限公司(简称永联米业)，永联驻江苏省淮安市盱眙县粮食生产主要依托于永谊现代农业发展有限公司(简称永谊农业)。永联米业和永谊农业生产经营隶属于苏州永联农旅发展有限公司(简称农旅公司)。年内，永联米业共种植水稻86.1公顷，生产粮食73.24万千克，较上年减3.49万千克，减少4.55%。永谊农业种植水稻180公顷，生产粮食155万千克，较上年增加49.34万千克。

【农作物】 永联米业 2020年，永联米业主要种植水稻品种有永联软米、糯米、南粳5055、南粳3908、苏香粳3号、早香粳1号、武香粳968、南粳晶谷8个品种。共种植水稻86.1公顷，较上年减0.04公顷。全年累计生产粮食73.24万千克，较上年减3.49万千克；每公顷产量8506.4千克，较上年减401.5千克，减产4.51%。稻谷收割后种植镇麦12、扬麦23两个品种的小麦，种植面积86.1公顷。

永谊农业 永谊农业实行虾稻共生生产模式，即种植一季水稻，在水稻种植期间小龙虾与水稻在稻田中共同生长。2020年，永谊农业主要种植品种有Y两优1998、全两优1822、武香粳5245、隆两优619，其中，全两优1822、武香粳5245为新引进水稻品种。全两优1822生育期128天，结实率89%，稻瘟病综合指数4.3，高产达到1800斤，精米率73%。武香粳5245生育期150天，结实率85%，平均亩产1300斤，口感柔软清香，富有弹性，淀粉含量只有12%。年内，永谊农业共种植水稻180公顷，累计生产水稻155万千克，每公顷产量8611千克，销售收入370万元。

【永联粮食作物新品培育】 2020年，永联米业为寻找食味品质优异、产量相对较高的水稻品种，专门划拨6.67公顷(100亩)土地用于东北新品水稻试种，保护性种植186个品种，并小规模试种新品种6种，分别为插秧黑米、超早、旱播白米、优质、三亚、超香。同时记录其生长期、病虫害发生情况等，并进行研究、试验，筛选出更加优质的水稻品种。

水稻收割

表6　2020年永联村小规模试种新品种农作物一览表

序号	品种	试种面积(亩)	亩产(斤/亩)
1	插秧黑米	5.95	660
2	超早	1.12	600
3	旱播白米	11.37	971
4	优质	7.95	811
5	三亚	6.45	906
6	超香	2.68	920

经济作物

【概况】 2020年，永联村经济作物种植主要有苗圃及蔬菜水果种植，其中苗圃种植主要依托于永联现代农业发展有限公司从事苗圃种植、绿化工程及绿化养护等工作；蔬菜水果种植依托于苏州永联天天鲜配送有限公司从事蔬菜水果种植及销售工作，年内永联村经济作物收入1434.58万元。

【苗圃种植】 2020年，永联村苗圃种植主要依托于现代农业管理和经营。年内，共种植苗圃

苗木基地

112.93公顷，其中包括永联村区域内87.64公顷，租种南丰镇建农村土地25.29公顷。主要种植品种有广玉兰、黄杨球、紫薇、桂花树、香樟等，共11.4万株。完成苗圃整改3.33公顷。此外，江苏永联园林工程有限公司（简称园林公司，隶属江苏永联精筑建设集团有限公司）在农场镇常西社区建设苗圃基地2.67公顷，主要种植精品乔木，包括榉树、黄山栾树、无患子等680株；种植球灌木，包括桂花、樱花、北美海棠、无刺枸骨球等1479株。园林工程在东红村界河东侧建设苗圃基地0.9公顷，主要种植精品乔木，包括榉树、黄山栾树、无患子等132株；种植球灌木，包括桂花、樱花、北美海棠、无刺枸骨球等2298株。

【苗圃销售】 永联现代农业种植苗圃主要用于对外销售，江苏永联园林工程有限公司种植苗圃主要用于自用工程。2020年，现代农业实现苗木销售4500余株，销售收入171.5万元，主要用于钢渣场地整改项目、永辉路东延绿化工程、永钢集团办公大楼南侧人行道更换绿植工程、永钢小区室外及配套工程。

【绿化工程】 2020年，绿化工程业务单位主要有永联现代农业和园林公司两个单位。永联村域内绿化工程由永联村股份经济合作社资产管理部负责，主要业务承包单位是永联现代农业。年内，永联村内部共完成绿化工程22项，主要包括永钢大桥正下方西北角环境整治绿化工程，洗车场后侧假山北面零星树木移栽，医院南侧坡面播撒草籽开沟，村委办公楼外两侧绿地绿化，修整南街花箱木角，永祥园3幢二单元西侧绿化补种，钢村路停车场绿化维修，个私工业园垃圾房周边绿化补种，农耕园水上乐园苗木移栽，农耕园西门摩天轮苗木移除，陶瓷艺坊后院绿化改造，度假酒店绿化，天天鲜办公楼北侧场地复耕种植，老敬孝堂场地复耕种植，钢村嘉园永瑞园绿化修复，颐和公寓管道开挖后恢复绿化，永秀园绿化修补，永谐园、永瑞园、永润园绿化恢复修补，永锦园、永润园绿化修复，永馨园、永祥园绿化修复，永联菜场北侧绿化，田园居绿化复耕等工程。是年，永联现代农业完成内外绿化工程共45项，实现绿化工程收

永钢厂区绿化

入888.3万元。园林公司主要承包永联区域外工程，共完成绿化工程4项，主要包括张家港AI城际空间站首期启动区基础设施项目工程总承包项目部景观绿化工程、黎明中心河（黎明老村委-圩田河）绿化提升工程、双山安置房项目二期景观绿化工程、双山岛环岛河（海棠园至枫林营地及双山港南段西侧）绿化工程，实现绿化工程收入21.28万元。永联区域内绿化养护工作主要依靠永联现代农业完成，年内，完成绿化养护工程4个，主要有永钢集团厂区绿化养护、永联小镇园区外绿化养护、钢村嘉园区域绿化养护，共计养护面积180万平方米。

【蔬菜种植】 2020年，永联区域内蔬菜种植主要依托苏州永联天天鲜配送股份有限公司蔬菜基地。年内，共有三个蔬菜集中种植区，即1号基地、5号基地及永联菜园。10月1日，5号基地关闭。其中1号基地位于永联村红旗路与永钢大道交叉路口以东处，共14.67公顷，有联栋大棚56个，主要种植绿叶菜、甘蓝类、有机花菜、茄果类、瓜类等30余个蔬菜品种。年内，该基地销售收入121万元。5号基地为永联村租种和平村土地，共9公顷，有6米拱棚80个，主要种植香菜、莴苣、白萝卜、空心菜、西甜瓜、草莓等20余个蔬菜品种。年内，该基地销售收入128万元。永联菜园为永联村西扩地，位于永联大桥以西，共24公顷，主要种植菠菜、包菜、土豆、苦瓜、丝瓜、中椒等10余个蔬菜品种。年内，该基地销售收入60万元。

【草莓种植】 2020年，永联天天鲜蔬菜基地建设高架草莓的科普培育项目，搭建农产品科普的新平台，建设草莓大棚占地0.24公顷。有三层高架42个，每个高架长16米，宽0.2米。为保证通风透光，高架采用南北走向。架子采用的是钢筋材料，每个架子上有5个栽培槽，栽培槽中有滴灌管子，利用智能水肥一体化管理系统，实现精准施肥、浇水，可以达到省工省力、减轻病害、增产增效的作用。基地草莓高架基质栽培，避免土壤连作障碍与土传病害的发生，与地栽草莓相比，高架草莓病害发生更少、幼苗成活率更高。坚持整个种植过程不用激素、不用除草剂，以保证草莓绿色、安全、优质。1号基地主要品种有红颜草莓、章姬和白雪公主，5号基地草莓种植主要以红颜草莓为主，当年产量4750千克左右，销售收入22万余元。

草莓基地采摘

蔬菜大棚

【梨园项目】 苏州永联天天鲜配送有限公司永联菜篮梨园项目位于永联村永谐路旁，梨园占地面积6.67公顷，种有三个品种的梨，分别是圆黄梨、黄金梨和翠冠梨。2020年第一批梨上市，共产出梨19 750千克，销售收入22.5万元。

畜禽·水产

【概况】 2020年，永联区域内畜禽养殖及水产养殖工作主要由苏州永联农旅发展有限公司下属公司完成。年内,完成畜禽及水产养殖收入964万元。

【畜禽养殖】 2020年,永联区域内畜禽养殖工作主要在苏州江南农耕文化园、永联特种养殖场及永联现代农业等单位进行。永联现代农业培育林下散养鸡3.5万羽,销售散养鸡2.7万羽,销售收入91万元。永联特种养殖场零星养殖鸡、鹅2个品种。苏州江南农耕文化园内养殖动物主要以观赏为主,年内养殖香猪、山羊、鸵鸟、鸸鹋、黇鹿、松鼠猴、狐獴、麋鹿、羊驼、土拨鼠、七彩文鸟、袋鼠等26种畜禽共436只(羽)。

稻鸭共作

【水产养殖】 永联特种水产养殖 2020年,永联境内水产养殖工作主要由永联特种水产养殖场完成,永联特种水产养殖场隶属苏州永联农旅发展有限公司管理,有正式工2人,临时工4人。年内,永联特种水产养殖场主要养殖鲥鱼、鳜鱼、白丝鱼、草鱼、花鲢等水产品。出售各类水产3万千克,销售收入93万元。

永谊现代农业水产养殖 2020年,永谊农业隶属苏州永联农旅发展有限公司管理,水产养殖主要包括龙虾及螃蟹养殖。龙虾养殖实行虾稻共生生产模式,即在稻田中养殖小龙虾,种植一季水稻,在水稻种植期间小龙虾与水稻在稻田中共同生长。每年9月至10月投放种虾,或次年3月至4月投放虾苗,4月中旬至5月末收货成虾,同时补投幼苗,5月末至6月初整田、插秧,8月至9月收获青虾、商品虾,依此循环轮替。年内,龙虾

表7 2020年苏州江南农耕文化园存栏动物一览表

序号	种类名称	数量(只)	序号	种类名称	数量(只)
1	香猪	10	14	水豚	2
2	山羊	4	15	土拨鼠	10
3	鸸鹋	10	16	黑天鹅	10
4	黇鹿	12	17	白天鹅	2
5	松鼠猴	5	18	水牛	1
6	鸽子	50	19	七彩文鸟	0
7	狐獴	10	20	白鹿	8
8	盘羊	8	21	梅花鹿	7
9	矮脚马	3	22	斗鸡	3
10	海狮	3	23	鸳鸯	6
11	麋鹿	2	24	赤麻鸭	8
12	羊驼	4	25	鹦鹉	200
13	兔子	50	26	鸵鸟	8

养殖水面面积240公顷，生产龙虾35万千克，销售收入600万元。螃蟹养殖水面面积15公顷，生产螃蟹2.2万千克，销售收入180万元。

农机服务

【概况】 2020年，永联村农机具使用主要集中在永联米业与永联村驻盱眙县永谊农业，共有农机具81台（套），满足永联村及永谊现代农业发展有限公司农业生产服务的同时，服务周边农户，农机对外服务收入115万元。

【永联农业服务】 2020年，永联境内农业机具主要集中在永联米业使用。年内，新增自走式植保机2台，植保无人机2台，久保田888型半喂入式联合收割机1台。至年末，永联米业有农业机械30台（套）。主要包括日本久保田收割脱粒一体机4台，中型拖拉机4台，日本洋马插秧机4台，手扶式插秧机1台，大型植保机3台，背包式喷雾机2台，谷物烘干机12台。此外，在满足永联村境内农业服务的同时，对周边粮食种植大户开展农业服务。年内，机插秧面积86.1公顷。夏季秸秆还田86.1公顷，秸秆还田率100%。农机对外服务收入45万元。

【永谊现代农业服务】 2020年，永联驻盱眙县永谊现代农业发展有限公司新增大疆T20植保机1台，云马育秧流水线1套。至年末，永谊农业有精整机械、收获机械、植保机械、插秧机械等各类农业机具51台（套），主要包括轮式中型拖拉机3台，旋耕机、履带式旋耕机、液压平整器、水田埋茬耕整机等精整机械8台，秸秆切碎机、收割机等收获机械8台，育秧播种机、上土机、上盘机等育秧流水线设备1套，乘坐式插秧机、手扶式插秧机等插秧设备9台，另有喷杆喷雾机、北斗农机管家、撒肥机等植保机械18台。此外，有产品分选机、手扶拖拉机等农用机具4台（套）。满足自种土地农业生产服务的同时，服务周边农户的农业生产需求。农机对外服务收入70万元。

永谊现代农业农机设备

农村经营管理

【概况】 永联村集体资产管理由永联村股份经济合作社负责。2020年，农旅公司由江苏永钢集团有限公司划归永联村股份经济合作社管理。农旅公司旗下种（养）殖基地包括：张家港市永联米业有限公司、张家港市永联菜篮农业专业合作社、江苏永联现代农业发展有限公司、江苏永谊现代农业发展有限公司。农旅公司通过参与政府各类农业项目改造、基地标准化建设以及种养殖技术示范基地建设，2020年累计到账补贴款480万元。永联村加强集体资产管理，相继出台《经济合作社设备设施资产管理办法》《经济合作社土地资产管理办法》《永联区域苗圃价值评估体系》等相关资产管理制度。推进土地集约化种植和规模化经营，规范土地租赁、房屋租赁，严格投资程序，累计实现村集体可支配收入1.84亿元。年内，永联村参加海峡两岸（张家港）农产品展销会，永联共设永联菜篮、永联天天鲜、永联米业、永联永益食品、宏润水产等5个展位。有菜籽油、红薯粉丝、蔬菜、禽蛋、大米、水产等产品60余种，实现营收20余万元。11月24日，张家港市农村专业技术联合会第一届第二次会员大会暨第二届换届大会在永联召开，张家港市永联米业有限公司总经理陈建新当选张家港市农村专业技术联合会理事长。年内，永联村被授予“江苏省农业农村现代化实训基地”称号。

【村集体资产管理】 永联村集体资产管理由永联村股份经济合作社资产管理部负责，主要对村集体土地、房屋、物业、公共设施等进行维护与管理。2020年，永联区域土地总面积1050公顷，依据土地用途主要包括工业用地443.86公顷、农副业用地190.43公顷、住宅用地60.13公顷、旅游景区37.14公顷、公益服务区11.96公顷、道路河道157.27公顷、公共绿化用地48.67公顷，其他用地100.54公顷。年内，完成盘点公共建筑物1029项，面积990 697平方米；租赁经营建筑物共计494项，面积633 365平方米。公共设施维护方面：主要对集体房屋、道路、公共设备设施等维修改造。年内，完成维修房屋内修6批次，外修8批次，防水5批次，组织进行玻璃维修、大理石维修等4批次。公共区域零星工程维修61起，逐月完成115台电梯年检，152幢房屋防雷检测等工作。新、改建类项目包括永联小镇区域雨污水分流改造、永联小镇增设围网项目、金手指雕塑维修、永联米业电缆更换、永联小镇二次供水设备改造项目等29项，已完工25项。通过完成二次供水改造，地下车库环氧地坪改造、雨污水分流改造等各类民生改造工程，进一步提升永联小镇居民生活质量。集体房屋管理方面：完成钢村嘉园集体房产权办理517套（其中永馨园老年公寓205套，永颐园老年公寓312套），村民安置房产权办理230套（其中涉及产权继承做调解协议14户）；办理永翠花园及其他园区零星套房开票结算345套；结算拆迁户租房费272户、慰问费69户；办理园区拆迁补偿结算19套。土地资产管理方面：2020年，永联村共租赁土地47处，面积6683亩，年租金2389万元，租金收缴率完成100%。其中，新增土地租赁13处，面积1407亩，增收年租金907万元（内部租赁10处，面积1356亩，增收902万元；外部租赁3处，面积50亩，增收5万元）。总计承租其他村（单位）土地面积1775亩，年租金269万元。其中转租土地1470亩，租金收入约223万元，剩余土地（含自用、公共用地等）305亩，租金支出46万元。房屋及固定资产管理方面：2020年，永联村新增出租集体固定资产4处，分别为永联菜篮、永联米业、农耕园、田园居，租赁面积2770.26平方米，新增租金收入12.78万元。年内，共出租村集体房屋资产面积26.52万平方米，租金2500.65万元。永联小镇三条街因疫情减免等原因核减租金394.47万元，实收租金2106.18万元，收缴率100%。

【村财务管理】 2020年，永联村继续推行财务公开制度，在永联村股份经济合作社办公楼公开财务收支情况，对村财务收支预算决算、季度债权（应收款项）、季度债务（应付款项）、基建工程发包及工程款支付情况等做到及时公布、公示，让村民、社员及时了解村财务收支情况，落实财务监督管理制度。年内，永联村共发布财务公开情况4次，财务公开率100%。

【农村专业技术联合会第一届第二次会员大会在永联召开】 11月24日，张家港市农村专业技术联合会第一届第二次会员大会暨第二届换届大会在永联村召开。张家港市科协党组书记、主席龙凤清，市农业农村局副局长孟凡珍、李刚，市农村专业技术联合会理事长陈建新、副理事长徐卫东、秘书长刘中峰，以及市农村专业技术联合会会员代表等人参加会议。会议听取并审议通过张家港市农村专业技术联合会第一届理事会工作报告。报告回顾自2015年9月市农村专业技术联合会成立后，围绕助推全市农业发展、主动服务农业生产的相关工作，总结其在打造会员交流平台、创新推广模式、探索新型销售平台、学术交流和探索区域农业发展新模式等方面所做工作和取得业绩，获会员一致认可。联合会共吸纳会员108家，涵盖农业生产型企业和个人，从事农业技术研究的单位和个人，从事农产品销售的专业合作社和个人等。会议听取并审议通过张家港市农村专业技术联合会第一届财务收支情况报告、《张家港市农村专业技术联合会章程》修改情况说明，以及换届筹备工作报告；会议审议通过《张家港市农村专业技术联合会章程》《张家港市农村专业技术联合会第二届理事会理事选举办法（草案）》。选举产生张家港市农村专业技术联合会第二届理事会理事长、副理事长、秘书长、副秘书长。经选举，陈建新当选张家港市农村专业技术联合会理事长。

永钢集团

Yonggang Group

永钢集团2020年“安全生产月”活动总结大会

江苏永钢集团有限公司

江苏联峰实业有限公司

苏州昆仑重型装备制造有限公司

江苏永联精筑建设集团有限公司

产业投资与贸易

企业管理

江苏永钢集团有限公司

【概况】 2020年，面对国内国际新冠肺炎的影响，江苏永钢集团有限公司围绕“千亿营收、百亿利税”的发展目标，克服钢材国际出口受制压力，积极开拓国内钢铁市场，大力发展金融、贸易、内物流等行业，推动非钢板块持续、快速发展。年内，永钢集团实现营业收入1010亿元，利税60亿元。至年末，永钢集团下设有部室6个、全资（控股）子公司20个，经营领域涉及钢铁、金融、贸易、建设、物流等10余个。钢铁生产方面，全年实现铁水产量885万吨，钢材产量931万吨，轧材产量918万吨。市场开拓方面，年内累计开发新客户186家，新增出口国家1个。金融贸易方面，完成黑色产业链的多品种布局，铁矿、煤焦、生铁、钢坯、钢铁成材等品种基本实现全覆盖，国内外17个城市设立分公司及办事机构，实现东南沿海、东西沿江的体系布局及相对完善的钢材销售网络。建筑建材方面，采取EPC模式多点出击，不断扩大工程覆盖面，做大做强外埠市场，年内完成产值37亿元。装备制造方面，发展风电齿轮锻造业务，提升经济效益与市场竞争力，年内完成销售收入2.3亿元。体制机制管理方面，重构联峰实业运行机制，围绕产销研一体化机制，强化专业管理职能，重新定位和优化设备管理部、技改项目处等部门职责，推进体制调整，对循环经济产业园、宏泰物流实行承包经营，建立单独的薪酬及管理体系。信息化管理方面，推进信息化先进单位的合作，组建永联慧科，改造提升安全环保、生产工序优化、“无人化”替代、平台建设等方面。品牌建设方面，永钢集团在中国民营企业500强中排名第93位，在中国制造业民营企业500强中排名第48位，获“中华慈善奖”“江苏省省长质量奖”、全国工商联“抗击新冠肺炎疫情先进民营企业”、江苏省二级安全生产标准化达标企业、江苏省民营企业文化建设示范单位等荣誉称号。

【重要会议及活动】 2月11日，永钢集团捐赠善款、物资仪式在张家港市慈善总会举行。永钢集团向张家港市慈善总会捐款2000万元、捐赠口罩14万只和化学防护服9105套用于抗击新冠肺炎疫情。3月9日，永钢集团及旗下精筑建设集团，与张家港市金城投资发展有限公司在永联议事厅举行建筑垃圾资源化综合利用项目签约仪式。4月10日，永钢集团安全生产大会在永联文化活动中心举行，集团公司650人参会。4月15日，中国共产主义青年团江苏永钢集团有限公司第三次代表大会在永联议事厅召开。6月2日，永钢集团安全生产月活动启动仪式在永联小镇金手指广场举行。安全生产月活动组织开展安全教育培训、安全生产知识竞赛、隐患大排查、应急救援预案演练、“安全啄木鸟”、作业长班组长当一天安全员等，活动持续至7月。6月28日，中共苏州市委党校教授王涛在永联文化活动中心讲授“新冠疫情下我国宏观经济形势分析及预判”专题党课，永钢集团党委班子、群团组织班子、全体党员干部参加培训。王涛围绕中国宏观经济所处的大背景，重点分析当前经济形势和需要注意的主要问题。7月17日，永钢集团2020年上半年度工作总结大会在永联文化活动中心举行，会议总结上半年工作，部署下半年工作，明确重点工作任务。8月7日，永钢集团安全生产月活动总结大会暨防疫工作表彰会在永联文化活动中心召开。10月19日，永钢集团主要职员大会在永联文化活动中心召开，会议通报体制机制优化以及董事局、总裁班子、联峰实业总经理班子调整等事宜。11月3日，2020年中国国际特殊钢工业展览会在上海新国际博览中心开启。永钢集团作为参展商之一，已连续三届参加展会。11月9日，2020年苏州市暨张家港市职业教育活动周启动仪式在永联议事厅举行。12月11日，苏州市冶金行业协会、张家港市冶金行业协会第二届第二次会员大会在永联议事厅召开。苏州市冶金行业协会与张家港市冶金行业协会30余名代表参会。会议介绍苏州及张家港冶金行业协会会员企业发展概况，听取2020年度监事工作报告，研究下一步工作计划。

【永钢集团组织机构】 2020年年末，永钢集团下设6个职能部门、18个全资（控股）子公司。主要包括公司办公室、投资管理部、财务管理部、监督审计部、安全环保管理部、规划建设管理部6个职能部门；江苏联峰实业有限公司、上海永骁发展有限公司、上海秋晟资产管理有限公司、江苏象石实业股份有限公司、上海永谐投资发展有限公司、江苏永联精筑建设集团有限公司、江苏联峰工业装备科技有限公司、苏州昆仑重型装备制造有限公司、张家港市乐欣装备科技有限公司、张家港联峰金属制品有限公司、张家港市南丰农村小额贷款有限公司、张家港市联峰能源科技有限公司、上海铠钺钢铁技术咨询有限公司、江苏恒创软件有限公司、苏州工业园区联峰酒店管理有限公司、循环经济产业园等18个子公司。10月，联峰实业有限公司作为永钢集团的全资控股子公司转制，成为独立经营、独立核算的全资控股子公司。2月，永钢集团印发《关于集团公司部门机构及部分主要职员职务调整的决定》，决定原特钢事业部特钢二分厂划归钢轧事业部，调整为炼钢二分厂和棒材四分厂；原特钢事业部特钢一分厂调整为电炉分厂和大棒分厂；撤销特钢事业部质量管理室，质量管理职能划入产品研发中心质量管理室；产品综判、无损检测职能划入产品研发中心检测中心；成品表检职能划入特钢事业部大棒分厂；用户服务职能划入特钢事业部销售室；特钢事业部产品开发室部分产品开发职能（原炼钢二分厂、棒材四分厂产品）划入产品研发中心产品开发室；钢轧事业部下设综合管理室、安全环保室、生产管理室、工艺技术室、设备管理室、项目筹建组、炼钢一分厂、炼钢二分厂、炼钢三分厂、钢渣处理车间、耐材车间、棒材一分厂、棒材二分厂、棒材四分厂、线材一分厂、线材二分厂、预装车间；特钢事业部下设综合管理室、安全环保室、销售室、产品开发室、工艺技术室、生产管理室、装备能源室、电炉分厂、大棒分厂。3月24日，永钢印发《关于集团公司组织机构及部分主要职员职务调整的决定》。决定成立LNG项目临时筹备组；增设循环利用事业部建筑垃圾资源化处理项目筹备组。4月10日，永钢集团印发《关于集团公司部门机构及部分主要职员职务调整的决定》。决定撤销原安全环保管理部，成立集团公司安全环保管理部和联峰实业安全环保管理部；集团公司安全环保管理部下设技术室、安全督察室、环保室；联峰实业安全环保管理部下设基础管理室、安全管理室、环境管理室；7月1日，永钢集团印发《关于集团公司部门机构调整的决定》。决定公司办公室秘书科宣传职能划入组织科；撤销制造管理部，成立制造管理处和设备管理处，原制造管理部生产计划、生产调度、铁前工艺管理、配矿管理、科技创新、总图管理、项目立项职能划入制造管理处，制造管理处下设总工室、生产管理室、生产调度室、配框中心；设备管理职能、测量管理职能、计量业务划入设备管理处；设备管理处下设改善室、运维管理室、检修管理室、备件管理室、特种设备安全室。撤销物流事业部，成立联峰实业运输处，下设运输管理室、航道管理室、航运管理室、铁前运输队、钢后运输队、机动运输队、物资总库、装卸车间。11月12日，永钢集团印发《关于集团公司部门机构及部分主要职员职务调整的决定》。决定公司办公室下设秘书室、组织文宣室、人力资源管理室、人力资源共享中心，撤销原公司办公室培训中心、职工服务中心机构编制；财务管理部下设财务管控室、财税政策室、资金管理中心、财务共享中心，撤销原财务管理部内控科、预算科、税务科、资产科机构编制；成立规划建设管理部，下设规划设计室、造价管理室、工程管理室、项目管理公司，撤销原建设事业部机构编制。是年，永钢集团基层管理主要依托于各管理委员会，负责对国家政策、方针及路线的宣贯，企业决策的推行、工作目标的制定及分解，企业人才队伍建设的规划、建设及思想作风建设等。年末，永钢集团共设6个管理委员会（简称管委会），主要包括办公室管委会、安全生产管理部管委会、监督审计部管委会、财务管理部管委会、投资管理部管委会、规划管理部管委会。

江苏联峰实业有限公司

【概况】 江苏联峰实业有限公司为永钢集团旗下全资控股子公司，其前身为江苏联峰实业股份有限公司。2018年2月，公司所有制形式发生变更，变更为江苏联峰实业有限公司（简称联峰实业）。至2020年年末，联峰实业下辖18个分厂及科室，包括办公室、财务管理科、安环处、制造处、设备处、能源处、供应处、销售处、外经贸处、运输处、技改项目处、信息化处、产品研发中心、炼铁厂、炼钢厂、轧钢厂、动力厂及特钢公司。年末，联峰实业实现营业收入374.15亿元，利税43.73亿元。

表8　　2020年年末江苏联峰实业有限公司管委会一览表

序号	管委会名称	序号	管委会名称	序号	管委会名称
1	办公室	17	炼铁二分厂	33	棒材四分厂
2	财务管理科	18	原料车间	34	线材一分厂
3	安全环保管理处	19	烧结一车间	35	线材二分厂
4	制造处	20	烧结二车间	36	线材三分厂
5	设备处	21	机修车间	37	预装车间
6	能源处	22	喷煤车间	38	动力厂
7	销售处	23	球团车间	39	电力分厂
8	供应处	24	炼钢厂	40	水处理车间
9	外经贸处	25	炼钢一分厂	41	动力车间
10	运输处	26	炼钢二分厂	42	煤气车间
11	技改项目处	27	炼钢三分厂	43	制氧车间
12	信息化处	28	钢渣处理车间	44	高压管理科
13	产品研发中心	29	石灰厂	45	特钢公司
14	检测中心	30	轧钢厂	46	电炉分厂
15	炼铁厂	31	棒材一分厂	47	大棒分厂
16	炼铁一分厂	32	棒材二分厂	–	–

【联峰实业机制体制】 2020年11月，联峰实业机制体制调整，由原来董事局直接领导下的子公司变为独立经营运作的全资控股子公司，联峰实业下设总经理班子，负责制定联峰实业具体的发展规划、生产经营、供应销售、安全环保等工作，永钢集团依托6个职能部门对联峰实业的具体工作进行监督和指导。是年，联峰实业基层管理主要依托于各管理委员会，负责对国家政策、方针及路线的宣贯，企业决策的推行、工作目标的制定及分解，企业人才队伍建设的规划、建设及思想作风建设等。年末，联峰实业共设47个管理委员会。

【生产设备】 炼铁　2020年，炼铁事业部生产设备主要集中于烧结厂、球团厂、炼铁厂等部门。其中烧结厂主要生产设备有带式烧结机3台，有效烧结面积分别为300平方米1台，450平方米2台，烧结年产能1200万吨，各烧结机均配备相应的余热回收装置与除尘装置，排放指标达到国家排放标准。球团厂主要生产设备有永钢10平方米竖炉2座，球团矿年产能为240万吨，配置余热回收相关设备。炼铁厂有高炉10座，其中炼铁一厂有500立方米高炉2座，分别是2号高炉、3号高炉，630立方米高炉5座，分别是1号高炉、4号高炉、5号高炉、6号高炉、7号高炉；炼铁二厂有1080立方米高炉3座，分别是8号高炉、9号高炉、10号高炉，年产能力825万吨。

炼钢　2020年，永钢集团炼钢生产设备主要有6座转炉。其中炼钢一分厂主要设备有50吨氧气顶吹转炉2座，四机四流多点矫直弧形小方坯连铸机3台，100吨双梁行车3台，90吨双梁行车3台，50吨双梁行车2台，32吨双梁行车6台，一次、二次、三次除尘系统各1套等。是年，对1号、2号连铸机进行165方钢坯改造，主要改造内容为结晶器和喷淋管，改造后单炉单机实现日产100吨。1号、3号炉新增合金在线加热装置，利用烘烤装置加热合金，除掉合金内的结晶水，有利于降低转炉的出钢温度，提高冶炼节奏。炼钢二分厂主要设备有60吨转炉2座，LF精炼炉3台，两车三罐位VD炉1套，四机四流弧形连铸机3台，一次、二次、三次除尘系统各1套，140吨双梁行车3台，125吨双梁行车3台，63吨双梁行车4台，32吨双梁行车6台，50吨双梁行车1台，板框压滤机3台等。年内对4号连铸机进行断面改造，将断面由160毫米×160毫米改造为165毫米×165毫米；主要改造内容为结晶器本体。12月，对4号连铸机进行提拉速改造（一期），主要改造内容有二冷室二、四区喷淋管改造，增加五区喷淋管，第四个支撑辊移位并取消第五个支撑辊，二冷水管道增大增加冷却流量，火切机移位，振动台至拉矫机设备精度检测、调整等项目；完成8号连铸机热修包工位合规性改造项目。是月，完成4号转炉氧枪防坠落装置改造项目。炼钢三分厂主要设备有120吨转炉2座、机械搅拌铁水预处理2套、双工位LF钢包精炼炉2台、双工位VOD真空精炼炉1台、八机八流方坯连铸机2台。与炼钢配套的有5台240吨四梁行车、2台63+63吨双梁行车、3台125吨双梁行车、2台140吨双梁行车、1台100吨四梁行车、1台80吨双梁行车等，2套一次除尘系统、1套二次除尘系统、1套LF除尘、1套铁水预处理除尘和1套屋顶除尘等。2019年年末至2020年3月，对6号炉、7号炉进行改造，主要改造内容有转炉炉壳、脱圈、倾动装置、氧枪系统、汽化系统、一次除尘系统全线等。平均出钢量由137吨提升到155吨。同时对6号机和7号机进行提速改造。钢渣处理车间主要设备有：每年172万吨钢渣热闷处理及加工生产线1条，80吨铸造桥式起重机3台，50吨铸造桥式起重机3台，20吨双梁行车9台，16吨码头吊2台，直径2.4米×4.2米棒磨机2台，直径2.7米×4.5米棒磨机1台，热闷装置16套，胶带输送机21条，翻钢机8台等。是年，对钢渣加工线5号耐热皮带头部皮带和滚筒进行缩短移位改造，减少设备维护工作量；为满足钢渣筛分后作为筑路材料的创新项目需求，设备条线自主设计、安装钢渣筛分系统，实现尾渣筛分，节约成本40万元；自制从堆放、运输、组装以及烘烤等所有烤板生产所需的设备，节约成本15万元；自制码头上料装置，以船运代替车运，增大运输量，减少能源消耗与环境污染。石灰车间分石灰区域及微粉区域，石灰区域主要有2座日产600吨活性石灰回转窑，1座日产1000吨活性石灰回转窑，16吨码头吊3台，平皮带机43条，大倾角裙边皮带机9条，破碎机7台等设备。2020年，石灰回转窑窑头、窑尾密封进行改造，减少回转窑漏风及现场喷灰现象。回转窑燃烧器进行改造，回转窑内增加富氧燃烧。微粉区域有2条年产量60万吨的矿粉立磨生产线。主要设备有4.6米立磨机，配套主收尘器、煤气热风炉、13条胶带皮带机、6套钢丝胶带斗提机等设备。年内主要对微粉成品发货系统进行改造，增加转子秤及对散装机系统进行优化，实现称量发货，减少车辆超载及现场扬尘。

轧钢　2020年，永钢集团有棒材一分厂、棒材二分厂、棒材四分厂6条棒材生产线，有线材一分厂、线材二分厂、炼钢一分厂（原线二）共3个线材分厂7条线材生产线。线材一分厂主要设备有：蓄热步进式加热炉，平立交替布置的短应力轧机，牌坊式短应力轧机，4机架直径285毫米悬臂辊环式预精轧机组，10机架仿摩根五代精轧机组，穿水冷却装置，2机架迷你轧机，夹送辊和吐丝机，斯太尔摩风冷运输辊道和双芯棒式集卷站，PF线输送线，线材卧式打包机。线材二分厂主要设备有：每小时150吨步进式加热炉，平立交替短应力轧机，摩根4机架悬臂式预精轧机组，摩根六代无扭线材精轧机和减定径机组，斯太尔摩风冷运输辊道和双臂芯棒集卷站，PF线输送线和森德斯卧式打包机。炼钢一分厂（原线二）主要设备有：推钢蓄热式加热炉，牌坊式短应力轧机，短应力轧机，4机架直径285毫米悬臂辊环式预精轧机组，10机架仿摩根五代精轧机组，穿水冷却装置，夹送辊和吐丝机，斯太尔摩风冷运输辊道和双芯棒式集卷站，PF线输送线，线材卧式打包机。棒材一分厂主要设备有：蓄热步进梁式加热炉，推钢式加热炉，平立交替布置的短应力轧机，牌坊式短应力轧机，具有切头尾、碎断及倍尺分段功能的飞剪，穿水冷却装置，齿条式冷床，冷剪，自动打包机。棒材二分厂主要设备有：蓄热式步进梁式加热炉，平立交替布置的短应力轧机，立活套，具有切头尾、碎断及倍尺分段功能的飞剪，穿水冷却装置，齿条式冷床，500吨冷剪，自动打包机等。棒材四分厂主要设备有：高效式步进梁式加热炉（每小时150吨），20架进口达涅利型短应力轧机，4架德国进口kocks减定径机组，LAP进口轮廓仪，达涅利1300吨冷剪，2台布朗砂轮锯，垂直链式输送机，森德斯打包机，阿如斯退火炉，七辊矫直机，EJP两辊矫直机，倒棱机，Forst漏磁+奥林巴斯相控阵超声波探伤设备，12磨头剥皮机。轧钢年产能力900万吨，全年实际产量829万吨。2020年对棒材一分厂（原棒二）加热炉进行黑体节能改造，通过改造棒材一分厂（原棒二）1座加热炉预计每年能够节约煤气1500标准立方米，节能成本每年150万元。装备技术改进有线材三分厂（原线二）对车间A/B线风冷辊道、集卷进行改造，将风冷辊道整体抬高，中间增加跌落段，集卷筒加高，集卷增加托盘，以达到提高集卷收集效率、减少风冷辊道打慢辊道的目的。线材二分厂（原线五）对A线斯太尔摩散冷线1至10号风机进行升级改造，将置换下的其中4台风机转移至11至14号风机，以提高中高碳钢轧后风冷能力，改善中高碳钢网碳偏析问题，释放线五A线直径10至15毫米规格钢绞线用钢、桥梁缆索用钢产能。

特钢　2020年年末，永钢集团电炉分厂炼钢生产有110吨电炉1座，110吨LF钢包精炼炉2座，双工位VD真空脱气炉1座，大圆坯连铸机1台，模铸生产线1条，退火炉4台。年内完成大包下渣检测的安装和调试工作，通过对大包水口钢渣流动状态进行实时监测，通过判定下渣量大小完成大包漱口的控制。此方法代替原有的仅依靠大包重量的方式控制大包水口，提高钢水的收得率。通过与公司配合完成设备微点检软件的上线测试和使用，通过手机设备点检模式，减少纸质记录。降低作业人员的工作强度，同时点检数据通过在线表格比对方便连续跟踪，通过历史大数据分析设备性能下降恶化的程度，为后期采取措施改善和恢复设备提供功能精度。是年，永钢集团特钢公司有大棒分厂1条棒材生产线。大棒分厂主要设备有：蓄热步进梁式加热炉1座，蓄热式均热炉3座，台车式热处理炉3座，1320毫米开坯机，1500吨液压剪，400毫米厚度火切机，9机架平立交替布置的预应力轧机，具有切头尾、碎断及倍尺分段功能的飞剪，齿条式横移编组装置，2000毫米热锯3套，定尺机3套，9米宽和15米宽齿条式步进冷床各1座，常温收集成捆装置2套，高温快速收集成捆装置2套。精整设备有直径220至350毫米压力矫直机1套、可矫直径75至220毫米七辊矫直机1套、可加工直径75至180毫米全自动探伤线（含抛丸机、二辊矫直机、倒棱机、漏磁+超声组合探伤）1套、砂轮剥皮机2套、简易精整线一套。大棒分厂轧钢年产能力80万吨，全年实际产量35.7万吨。是年，加热炉进行适应性改造，在原来加热圆坯的基础上，能够加热生产250×350毫米以下方坯，提高分厂生产能力。

【生产工艺】 炼铁　炼铁所有高炉均配备轴流风机，以高压操作保证高炉实现高效低耗低成本生产。炉顶采用PW式无钟炉顶，可实现多环布料以提高煤气利用，降低燃料消耗；所有高炉煤气均采用干法煤气净化技术，并将料罐放散煤气全部回收，提高能源利用效率。其中8号、9号、10号1080立方米高炉冷却系统采用高效的软水密闭循环系统，炉腰到炉身下部采用铜冷却壁技术，实现高炉的长寿高效生产。2020年，炼铁生产工艺改进主要成果有：炼铁一分厂拆除3号高炉，开始新1号1320立方米高炉建设。炼铁各高炉炉况稳定顺行，产量提升，全年完成铁水产量885.42万吨。炼铁事业部共有10座高炉。2019年年末因产能置换需要，对3号高炉进行停炉并拆除，共9座高炉生产。高炉均采用轴流鼓风机，1000立方米以下高炉均配置高效TRT装置，可以将炉顶煤气压力能回收。8号、9号、10号3座1080立方米高炉鼓风机配置为BPRT，可以将炉顶高压煤气压力能直接转换为机械能，提高能源转换效率。各高炉热风炉配置3座热风炉，所有热风炉设有高效的煤气和助燃空气双预热装置，可以将烧炉烟气热量高效回收用于加热空气和煤气，提高热风炉风温，各高炉风温较往年有大幅提升。其中1号至4号高炉热风炉为内燃式热风炉，5号至10号高炉热风炉为顶燃式。各高炉均采用料车上料，所有高炉均为串罐式无钟炉顶，旋转溜槽布料，均采用高压操作。煤气净化采用全干法布袋除尘。2020年，公司持续推进信息化、智能化、无人化工作，铁前MES项目软件功能不断完善、生产管控手机App、铁-钢界面软件于4月上线测试，10号高炉无人行车调试成功并正常运行。其中，MES项目软件将铁前各种物料和作业流程结合，提升炼铁信息化和管理规范化水平，提高信息采集利用效率，通过深度挖掘数据价值，促进铁前物流和管理的规范化；生产管控手机App已经构建大数据平台，将铁前高炉、烧结等关键设备的生产、环保数据在手机端呈现，关键岗位员工和干部可以随时用手机了解和管理生产情况；铁-钢界面软件将炼铁、炼钢和物流进行有机的结合，以打造智能铁水调度管控为目标，实现铁水和铁水罐智能调度，根据炼钢需要，炼铁准确控制铁水单包装入量达标率，持续推进铁水"一罐到底"工作，减少铁水温降，提高热量利用效率。

炼钢　炼钢生产采用转炉—吹氩—（LF精炼）—（VD真空处理）—连铸工艺。2020年，炼钢生产工艺改进主要成果有：炼钢一分厂推进普钢不倒炉出钢、降低冶炼周期。通过持续攻关，上半年炼钢一分厂不倒炉出钢比例80.65%，平均冶炼周期较年初每炉下降2.5分钟。开展1号至3号连铸机漏钢攻关，1号至3号连铸机单月漏钢每月15次，在保证原有生产能力下组织漏钢攻关活动，从操作检查、工装精度、水质等方面进行梳理整改，至年末，1至3号机漏钢降至每月6次，月平均降低漏钢次数46.7%，每月降本2.7万元；连铸1至2号机完成断面改造，同时对二冷弧形段、拉矫机、火切机等进行调整，提高铸坯、钢坯产量。炼钢二分厂引进消化转炉投弹系统，实现转炉不倒炉出钢，不倒炉出钢率90%以上，年提产效益2000余万元。提高产品质量，在二级系统中新增转炉加料预警、成分出格语音报警、微量元素超标提示等14项防错预警功能，利用信息化手段防止不合格产品的出现。4号连铸机完成160至165方改造，日产量由3900吨增加至4350吨。以QC（质量控制）和质量攻关的形式解决生产实际中的难题，完成《提高220方轴承钢产品质量》《提升冷镦钢连铸坯表面及低倍质量》《提高GCr15精炼进站温度达标率》《中高碳钢（成品C≥0.35%）终点达标率（C、P、T）》等质量攻关项目。3月5日至4月4日，炼钢三分厂完成7号转炉扩容改造、6号及7号精炼炉主体设备改造、6号及7号连铸大修、6号连铸机二冷工艺改造、配套对钢包及中间包进行扩容优化。改造后转炉总装入量由140吨提升至160吨，钢包容量由120吨提升至150吨，中包容量由45吨提升至55吨，7号连铸机最高拉速达到每分钟3.8米。普钢连铸坯合格率由上年的99.93%提高至99.97%；优特钢连铸坯合格率由上年的99.19%提高至99.34%。部分优特钢关键质量问题有所改善：解决焊丝钢SWRY11系列开机炉皮下气泡问题；帘线钢非金属夹杂物合格率由上年的93.84%提高至94.69%；高碳钢酸洗无裂纹比例85.68%，优秀值目标≥84%。推行各分厂普钢提碳降锰试验，平均降锰0.03%，实现每吨降本3元；开展中高碳钢合金降本试验，实现中高碳钢每吨降本4.2元。推行炼钢一分厂、炼钢二分厂、炼钢三分厂连铸漏钢攻关，从平均每月漏钢23.5次降至平均每月9次。开展重点产品工艺改进试验、TiB钢专用保护渣试验；开展8号机铜管大R角试验，改善钢坯角部裂纹；优化6号机82B含B含Cr钢种一冷二冷工艺，无裂纹比例从上半年的80%提升至当前的92%以上；建立连铸机功能精度检查、整改、恢复和评价机制，并对连铸机功能精度的检测周期、检测方法、检测设备、检测厂家要求进行规范，每月定期开展专项巡查，形成闭环管理。优化各工序过程时间节点控制，转炉终点成分、合金加入、脱氧、成渣等严格控制，LF精炼氩气通透、快速成渣和白渣保持，VD温降控制、真空破空温度、软吹和取样规范，连铸耐材、保护浇铸、辅料加入等加强规范，降低8号机轴承钢、5号机ML40Cr絮流概率，轴承钢由连浇6炉能力提升至连浇10炉。

轧钢　2020年，轧钢厂优化生产工艺，通过科研项目、质量攻关等措施，提高产量和产品质量。科研项目方面：线材一分厂（原线三）开展《精轧后夹送穿水工艺设计与开发》科研项目，螺纹钢成品出精轧后采用新增夹送辊全程夹送模式后，钢筋在精轧后导槽内运行的稳定性增强，减少水箱流量、压力加大对钢筋的影响，使盘螺各规格精轧机成品轧制速度提升，螺6提速每秒8米、螺

8提速每秒8米、螺10提速每秒7米。炼钢一分厂（原线二）采用全程夹送工艺，螺8提速每秒2.5米。棒材一分厂（原棒二）开展《除尘装置技改》的科研项目，对粗轧1、3、5、7、9架出口导卫，精轧K6出口导卫进行除尘技改，除尘效果明显。线材二分厂（原线五）推进《摩根六代轧机非减定径控制轧制技术的研发》科研项目，完成直径7至11毫米、直径12.5毫米、直径14毫米、直径16毫米规格精轧机出成品调试，直径13毫米、直径14毫米、直径20毫米、直径25毫米减径机出成品试制，并在直径7规格精轧机出成品工艺上完成多钢种批量轧制。质量攻关方面：线三开展《降低线三中高碳钢慢辊道比例》质量攻关项目，减少中高碳钢慢辊道的比例，慢辊道占中高碳钢比例由0.2%降至0.1%。线五开展《降低B7盘条热轧态表面硬度》的质量攻关，通过对B7热轧盘条CCT曲线的研究，摸索冷却速度每秒小于0.5摄氏度的控制手段，将B7盘条表面硬度降低，表面硬度满足质量计划要求比例，由之前的不足80%提高到90.7%。《提高汽车用冷镦钢、合金弹簧钢盘条表面质量》攻关中“ML40Cr、10B33、SCM系列全脱碳发生率≤5.0%”“ML40Cr、10B33、SCM系列大规格盘条冷镦合格率≥94%”。《大规格盘条表面麻面改善》攻关，通过采购粗糙度仪收集麻面数据，拟定麻面深度内控标准（≤30微米），摸索麻面产生机理，采取针对性措施及试验，控制麻面深度在客户可接受使用范围内并验证客户使用，消除客户对公司生产大规格盘条的麻面投诉。棒材四分厂开展《提高20CrMnTiH弯曲度一次合格率》质量攻关项目，有效解决直径45毫米以下规格20CrMnTiH弯曲度超标问题，减少矫直工序，降低生产成本。QC项目方面：提高线五生产作业率，线五A线、线五B线作业率分别由74.1%提至78.5%、81.3%提至87.7%左右，作业率提升幅度明显。棒二16毫米螺纹钢两切分孔型系统改进研究，解决棒二车间16毫米螺纹钢精轧K5孔型为梅花方孔型，咬入困难、磨损快问题，为避免堆钢，抽检发现负偏差出格率8%左右，作业率提升2%。棒二、棒三、棒五、线三轧制165方钢坯，通过孔型设计、导卫优化等措施，实现165方毫米钢坯的稳定正常生产，为公司提供炼钢钢坯截面扩大化的轧钢技术基础。棒材四分厂开展《降低轴承钢和铬钼钢定尺分段成本》QC攻关项目，在保证产品质量的前提下降本增效。产品升级及产品转移推进：线五生产QS87MnL、SWRS87Mn，经检测及客户使用均正常，实现常规化生产；70级胎圈用钢、直径8至10毫米，规格40至70、42A/B（Cr）至82A/B（Cr）、5.5规格GCr15产品向线四转移，并批量生产。

特钢　炼钢生产采用电炉—LF钢包精炼—VD真空处理—圆坯连铸工艺和电炉—LF钢包精炼—VD真空处理钢锭模铸工艺。2020年，炼钢车间优化生产工艺：组织开展夹杂物攻关活动，稳定提高42CrMo4和40Cr系列风电产品的非金属夹杂物合格率，提高产品在风电市场的竞争力和市场占有率。通过造渣工艺，优化降低精炼顶渣二元碱度、脱氧工艺优化等工艺改进措施，并结合钢包底吹氩工艺优化与过程管控、提高电炉到位成分和到位温度达标率等操作现场管控措施，风电产品非金属夹杂物一次检验合格率由上年的78.21%提高到94.43%；风电产品因非金属夹杂物造成的内外部质量损失分别由上年每吨5.78元和每吨19.79元分别降低到每吨2.61元和每吨6.23元。通过对拉坯速度、电磁搅拌等工艺参数进行试验等方式，解决大规格直径700毫米、800毫米规格风电用S355NL系列钢种出现的切割端面中心裂纹问题。针对大规格风电圆坯产销量快速上升与大断面风电产品圆坯产能低的矛盾问题，开展提高风电产品连浇炉数的产销研联合攻关。通过脱氧合金化、造渣、钢包底吹等工艺改进，攻克42CrMo4系列非钙处理生产工艺钢水可浇性不稳定的技术难题；通过提高钢包上线温度实现大小修包开机操作优化管控，解决钢包周转的制约瓶颈；通过优化接单和组合排产实现提高连浇炉数的生产组织保障。通过攻关，42CrMo4系列变桨偏航用圆坯连浇炉数由12至16炉左右提高到18炉以上，最高达到20炉，S355NL风电法兰用钢连浇炉数由12炉提高到16炉。直径700毫米、800毫米圆坯的日产能提高每天300吨。同时由于连浇炉数的提高，42CrMo4系列和S355NL钢水收得率分别提高0.6%和2.43%。是年，自主开发连铸圆坯探伤检验新技术，实现在连铸圆探伤检验过程的实际应用；“新增一种连铸圆坯内部缺陷的检验方法”QC项目，被评为公司QC成果二等奖；“大连铸圆坯超声波检测技术与应用”申报专利项目。

【电力】 自发电 2020年年末，永钢集团共有23套发电机组，总装机容量37.205万千瓦。其中，煤气发电机组6套，包括8万容量1台、4万容量3台、2.5万容量2台；烧结余热发电机组3套，包括1.2万容量2台、2.5容量1台；石灰余热发电机组1套，容量0.6万千瓦；球团余热发电机组1套，装机容量0.092万千瓦；饱和蒸汽发电机组2套，包括0.2万容量1台、0.355万容量1台；TRT、BPRT发电机组9套，装机容量共4.435万千瓦；光伏发电装机容量1.623万千瓦。是年，自发电24.68亿千瓦小时，自发电比例占总用电量的70.53%。

输变电 2020年，永钢集团有35千伏及以上变电站12座。有外部供电的变电站4座，其中110千伏变电站2座，220千伏变电站2座。有永钢集团内部供电的变电站8座，总容量106.1万千伏安，可供10千伏线路约130条，35千伏线路8条，110千伏线路10条。

用电与管理 2020年，永钢集团共用电34.99亿千瓦小时，其中自发电24.68亿千瓦小时，外购电10.31亿千瓦小时。2020年，永钢集团能源事业部负责电力的购销结算，并对公司用电情况进行日常监管。动力厂下属高压管理科负责公司涉及10千伏以上的高压设备操作、安措布置、维保管理，以及负责公司电量校验、统计和对外三电业务。年内，各单位积极推进实施错峰用电，继续实施峰、平、谷用电考核，不断降低用电成本。直购电年降电成本近5000万元（含二级单位）。同时制定《关于烧结余热吨矿发电量的专项考核方案》，发掘烧结余热发电潜力。

【项目建设】 原料车间露天堆场封闭项目 该项目位于永钢集团厂区，是永钢集团全面实施环保升级改造系列工程的重要组成部分，总投资43 368万元，占地面积30万平方米。项目采用螺栓球节点网架全封闭结构，网架支座下部采用钢筋混凝土独立承台基础，封闭区域内设照明、消防、抑尘等设施。由于露天堆场面积大，扬尘难补集、难治理，项目投产后，可减少固体废弃物的扬尘，可对堆场区域雨水及污水进行集中收集处理及排放，减少作业区域内堆取料机、挖机及汽车等作业设备的噪音排放。该项目于2019年1月开工，2020年10月竣工投产。

污水综合治理改造项目 该项目位于永钢集团厂区，是永钢集团全面实施环保升级改造系列工程的重要组成部分，总投资14 880万元。该工程在水处理厂除盐水站新建一套再生废水中和处理系统，12号门卫内增设一套污水收集及提升泵站，将污水输送至南厂区。南厂区污水处理厂新增一套污泥浓缩池、污泥脱水系统，一套高密度澄清池，同时增加一套每日1.5万立方米深度处理系统，配套增加清水池、除盐水池和回用系统。该项目可以实现水资源重复利用，降低新水消耗，减少污水排放，满足环保要求。项目于2019年6月开工，2020年6月竣工投入生产。

2号450平方米烧结活性焦脱硫脱硝超低排放改造 该项目位于永钢集团厂区烧结二车间，是永钢集团全面实施环保升级改造系列工程的重要组成部分，总投资1.31亿元。因原脱硫设施无法达到国家要求的超低排放标准，该项目对原设施进行改造，主要实施内容为：新建吸附塔3座，再生塔一组，配套物料循环系统一套，对已有活性焦脱硫系统吸附塔内脱硝装置升级。采用活性焦吸附技术，具有多种污染物协同去除的优点，处理后的烟气二氧化硫浓度≤35毫克每标准立方，氮氧化合物浓度≤50毫克每标准立方，粉尘浓度≤10毫克每标准立方，满足国家超低排放标准要求。烟气净化系统副产物为89%浓硫酸，可综合利用。该项目于2019年12月开工，2020年7月竣工投产。

提升厂区矿粉船运比例改造项目 该项目是永钢集团全面实施环保升级改造系列工程的重要组成部分，分为3个项目分别实施，项目总投资5977万元。其中原料场4号至6号码头吊改造项目位于公司原料场区域，投资1264万元；球团新建码头项目位于球团厂区域，投资1440万元；球团新建皮带机系统项目位于球团厂区域，投资3273万元。该项目通过提升厂区码头卸料能力，可实现铁前矿粉100%船运，提高清洁运输比例，减少路面运输车辆的车次，减少路面扬尘和噪音对周围住户的影响，降低车运对道路环境的影响。原料场4号至6号码头吊改造项目于2019年5月开工，11月竣工投入生产；球团新建码头项目于2019年9月开工，2020年4月竣工；球团新建皮带机系统于2019年10月开工，2020年5月竣工投入生产。

苏州昆仑重型装备制造有限公司

【概况】 苏州昆仑重型装备制造有限公司(简称昆仑重工)于2009年5月成立,现为江苏永钢集团全资子公司。昆仑重工多次参与国家科技项目的研究,形成多项拥有自主知识产权的核心技术,已获授权发明专利7项,实用新型专利15项。通过ISO 9001质量管理体系、ISO 14001环境管理体系、ISO 45001职业健康安全管理体系以及AS 9100D航空航天质量管理体系、CCS中国船级社工厂认证、PED和AD 2000认证。昆仑重工拥有3万吨精密模锻液压机,配套1台2000吨油压机和1台1600吨油压机等模锻辅助设备,5台天然气炉和5台精密电炉等加热和热处理设备,后道配有抛丸和打磨等精整设备,同时配备20余台机加工设备和10余台数控加工设备的机加工中心,20余台精密检测仪器的检测中心,具备年产4万吨精密模锻件的生产能力。依托永钢集团优质优特钢资源,昆仑重工与南京高精传动设备制造集团有限公司、中国南车集团公司、中国航空发动机集团、中国航空工业集团公司、钢铁研究总院、中国航天科工集团等单位形成战略合作关系,在国内外盘类锻件、大型曲轴锻件、阀门类锻件和其他异型锻件等产品领域拥有丰富的研发、生产和管理经验,先后被省市单位评为"江苏省民营科技企业""安全生产标准化二级企业""昆山市科技研发机构",已获批"江苏省高新技术企业""江苏省热模锻工程技术研究中心""江苏省企业研究生工作站""江苏省企业技术中心",为江苏省重点技术科研单位。2020年年末,昆仑重工有员工120余人,工程技术人员30余人,拥有锻造生产加工及研发设备100余套,可生产钛合金、高温合金、不锈钢、结构钢、铝合金、镁合金、铜合金等不同材质锻件的现代化企业,实现年销售收入2.33亿元。

【昆仑重工扭亏为赢】 2020年,昆仑重工通过系列举措,积极开拓市场、降低生产成本,加快新品研发,实现扭亏为盈。降本增效:采用错峰用电的排班模式,将成熟产品安排在夜班集中生产,将耗电较多的热处理加热及保温工序的工作时间安排在夜间低谷电区间,同时推行管理干部夜班轮班跟产,确保质量安全、生产安全、设备安全。加快重点项目的开发与推进:年内共开发新工艺38项,其中军品类锻件11项,民品类锻件27项,优化工艺6项;拟定技术协议6项;新模具设计开发24套,老模具优化设计6套;完成新品报价157项。规范流程、降低成本:零星生产备件主要由永钢平台统一采购,若由昆仑重工自行采购,须由2家以上供应商参与报价;办公用品向集团公司仓库领用结算;三万吨压机的大修项目、新增设备,均由集团公司组织认证,统一招标。同时90%原材料为永钢集团生产的原材料,包括18CrNiMo7-6、42CrMo、40Cr等原材料,原材料单价每吨较原来下降约2000元。是年,昆仑重工推进体系认证,提升生产及管理合规性,年内完成第三方监督审核6项;ISO 9001质量管理体系换证审核;武器装备科研生产许可备案;南高齿的年度审核及供应商审核;通过军工二级安全标准化评审及环境、职业健康安全体系审核。推行工作室运行制:7月1日成立马玉东工作室,主要加强热处理工序管理,提高热处理工件的合格率及产品的热处理质量,保证热处理设备安全有效运行。加强企业规范化管理:9月,修改制定昆仑重工《员工奖惩管理办法》,并下发各部门组织培训学习。是年,昆仑重工累计生产各类锻件1.52万吨,较上年增加5723.23吨,完成全年计划的138.6%,实现销售收入2.33亿元,较上年增加4208.13万元。

江苏永联精筑建设集团有限公司

【概况】 江苏永联精筑建设集团有限公司(简称精筑集团),为永钢集团控股的下属子公司。公司总部位于锦丰镇洪桥村蒋锦公路西侧,注册资金2亿元。2020年年末,公司总资产27.42亿元,净资产8.75亿元,有员工760余人。下设办公室、财务部、经营部、工程管理部、技术部、物资管理部6个职能部门,有中土(苏州)工程建设有限公司、张家港市建筑安装工程有限公司、张家港市永记商品混凝土有限公司、江苏永联园林工程有限公司、永舟物流(张家港)有限公司、江苏联卓建筑科技有限公司、张家港市联锦新型墙体材料有限公司、张家港市永庆道路工程有限公司、江苏永联精筑物质贸易有限公司、张家港市永固水电安装工程有限公司、张家港市永雅装饰工程有限公司11个子公司。其中，张家港市永固水电安装工程有限公司已转制，张家港市永雅装饰工程有限公司已停业。2020年3月6日，江苏永联精筑建设集团有限公司、江苏永钢集团有限公司和张家港市金城投资发展有限公司共同合资成立江苏金城永联环保科技有限公司，注册资本10 000万元，12月9日增加注册资本100万元，精筑集团出资1515万元，占总出资额的15%，用于拓展企业产业链。9月2日，公司成立技术部。9月29日，精筑集团全资子公司张家港市永记商品混凝土有限公司在凤凰注册凤凰分公司。12月14日，江苏永联精筑建设集团有限公司和江苏联峰装备科技有限公司共同合资成立苏州市联筑建筑设备租赁有限公司，注册资本5000万元，精筑集团出资2550万元，占总出资额的55%，延伸企业供应链。是年，精筑集团中标工程共45项，组织实施的工程项目80余项，完工工程39项，完成施工产值36.25亿元，销售总额23.8亿元，上缴税金0.92亿元，实现净利润1.58亿元。年内，精筑集团获张家港市级以上荣誉近30项，主要包括：被认定为江苏省建筑业百强企业、江苏省市政工程协会副会长单位、江苏省市政工程协会优秀会员企业，获江苏省2018至2020年度厂务公开民主管理先进单位、苏州市质量奖、苏州市劳动关系和谐企业、苏州市职工服务中心建设示范单位、苏州市优秀市政施工企业、苏州市妈妈驿站、张家港市文明单位、张家港市攻坚奖、张家港市优秀质量管理奖。获全国市政工程建设优秀质量管理小组一等奖、全国市政工程质量信得过班组、江苏省“扬子杯”优质工程奖2项、江苏省建筑施工标准化星级工地2项、苏州市“姑苏杯”优质工程奖2项、中国污泥处理服务企业资政证书国家一级证书等荣誉。

【建筑项目】 2020年，精筑集团持续推进市政、土建等建筑项目。其中，市政工程方面，市区、经开区、大新镇建设板块，主要有以滨江新城等区域为主的保税区金港建设板块，包括肖封桥、向朱桥、迎新三号桥重建工程、马贤沟中心桥、袁塍桥、苗桥扩宽改建工程、临港仓储物流项目地基试夯工程等。以南丰镇及永联片区为主的工程，包括盛泰码头堆场污水收集能力、处理能力提升改造项目水池、水沟及配套工程，宏泰物流码头堆场污水收集能力、处理能力提升改造项目水池、水沟及配套工程，永钢大桥至内港池段驳岸前沿河道清淤、内河道永钢大桥至废钢库段驳岸改造工程，球团厂新建码头土建工程，七干河西闸除险加固维修、永丰园西侧景观桥工程，码头清淤工程，农民丰收节项目农耕园水上舞台桩基及护岸工程，原料场码头生产港岸区域清淤工程等。乐余、常阴沙片区工程，包括乐红桥、同发桥拆除重建工程等。锦丰片区工程，包括人民路、锦乐路改造及环新南路、悦兴南路、创业路道路工程，五棵松路（老204国道至人民路）、锦中路北段（锦店路至北中心河桥）及公园路（二干河至锦中路）、府园路（锦花路至青年路）改造项目，锦丰锦花路、青园路周边道路维修工程，华昌路北段（港丰公路至锦绣路）零星维修等。以高铁新城项目为主的塘桥片区工程，包括塘桥镇人民路西延、塘桥镇北京路西延工程（完工）、张家港AI城际空间站首期启动区基础设施项目等。保税区金港镇，包括双山岛农村道路及农桥工程、塍东路（高桥路至十字圩港）、酒香路（张杨公路至南横套）、保税区（金港镇）2020年雨污水管网应急改造工程（一标段），保税区（金港镇）2020年雨污水管网应急改造工程（二标段），小明沙路（港丰公路至永顺圩河）改造工程，朱家宕村康居特色村（美丽河道）、保税区（金港镇）2020年农村生活污水治理工程（袁家桥村等区域），保税区（金港镇）2020年集镇区污水纳管工程，晨丰公路、蟠港路（柏林路至江海路段）改造工程，金港镇永兴村朱家埭特色田园乡村工程，保税区（金港镇）2019年农村生活污水治理工程（朱家宕村等区域）等。以苏州市场为主的周边地区建设工程，包括五福桥改建工程一期，常熟市建筑材料再生资源利用中心工程（二期），常熟市游文中学新建工程—室外配套，启东市钱塘江路一期（海洪路–科创路）工程，响水县农村水环境治理工程（2020）第一批EPCO工程总承包三标段，花桥胜巷小区控源截污改造工程C标（道路、排水、土方工程），东台市溱东镇、时堰镇、新街镇、南沈灶镇、唐洋镇等5个镇19个村污水治理设计施工一体化工程 。市域外建设工程，包括广州市黄埔区深涌流域等黑臭河涌综合整治工程管网1标工程、银川至百色公路宁东至甜水堡段工程YB02合同段、浙江金华苏桂院二期、香桂院二期、紫桂院、寺南等公寓式安置房EPC总承包项目、江宁开发区滨水风光带等基础设施PPP项目自行承包工程雨污分流分包工程、2020年龙岗区河流水质提升及污水处理提质增效工程机械作业2标工程、龙州县龙水大道工程项目工程总承包EPC土石方专业分包工程、浦口区揽月山庄周边等片区雨污分流改造工程施工二标段等。以土建工程为主的建筑板块，包括西溪花苑三期安置房工程、张地2017-C003号地块项目、扶海花苑（三期）拆迁安置房项目、乐余置信智能制造产业园、联峰金盾科技中心办公楼、永盛花苑（东西区）一期和二期、锦阳工业园标准型厂房新建项目、大新镇村级标准型厂房改造提升项目新建厂房、永丰园拆迁安置房1至7号及地下车库项目、浙江金华紫桂院项目、寺南等村项目、香桂院二期项目、农耕园北门商业用房项目土建安装工程、高炉布袋灰及烧结机头灰资源化项目水洗土建工程、年处理25万吨含铁锌尘泥综合利用项目、污水综合治理改造项目污水站土建工程等。是年，精筑集团各工程项目按计划推进。6月，塘桥镇人民路西延、塘桥镇北京路西延工程完成全部施工内容，10月验收合格。10月，锦丰镇人民路、锦乐路改造及环新南路、悦兴南路、创业路道路工程完成全部施工内容，12月验收合格。至年末，双山岛农村道路及农桥工程完成产值10 587万元，占工程总造价的60%。乐余安置房EPC项目完成乐江地块主体，外架全部落地，扶海地块主体结构全部封顶。

【常熟市建筑材料再生资源利用中心工程建设】 该工程位于常熟市新材料产业园常熟发电有限公司贮灰场内，占地面积28.75万平方米，设计总库容为180万立方米，工程中标价2.08亿元。由常熟市水务投资发展有限公司投资建设。施工内容包括飞灰填埋库区、不可利用装修垃圾填埋区的清库土方、地基处理、垂直防渗、水平防渗、导排管、库区道路配套。2019年9月16日开工，至2020年年末，累计完成产值14 213万元，占工程总造价的68%。

【龙州县龙水大道工程项目工程建设】 该项目位于广西龙州县，由龙州县建设投资有限责任公司承建，工程造价42 176万元，包括路基工程、路面工程、涵洞工程、排水工程、照明工程、绿化工程和交通工程。2019年11月1日开工，至2020年年末，累计完成11 702万元，占工程总造价的27.7%。

【张家港市域污水处理厂扩建及提标工程项目建设】 锦丰污水处理厂位于张家港市锦丰镇杨锦公路472号，2020年7月2日开工；乐余污水处理厂位于张家港市乐余镇乐江路28号，2020年5月29日开工；常阴沙污水处理厂位于常阴沙农业示范园内，2020年5月29日开工。施工内容包括二期扩建及一期提标工程，其中单体工程多，分布范围广，池体抗渗要求高为项目主要特点。由张家港市给排水公司建设。工程合同造价9733万元，计划于2021年6月30日二期扩建部分完工。至2020年年末，三个水厂主体施工均已完成，累计完成工程量占合同总造价的66%。

【张家港AI城际空间站首期启动区基础设施项目建设】 张家港AI城际空间站首期启动区基础设施项目位于张家港市高铁新城区域，项目范围东起站前街，西至新204国道，南起华妙路，北至弘吴大道，工程中标价5.38亿元，计划工期386天。建设单位为张家港市高铁投资发展有限公司，由绿地城市投资集团有限公司代建。工程建设主要内容：道路工程、桥梁工程、雨污综合管线工程、景观绿化工程（含水系治理）及附属配套工程，基础设施占地40公顷。共有10条道路，3条河道，道路红线范围内的景观绿化，地块规划用地范围线与道路红线之间的景观绿化，包含水系治理、高铁站前广场及地块周边景观绿化。2020年5月10日开工，至年末，该项目跟踪审核造价8831万元，占合同总造价的16.4%。

【五棵松路、锦中路北段及公园路、府园路改造项目建设】 该项目位于三兴区域内，由江苏扬子江国际冶金工业园投资发展有限公司建设，工程造价6360.2万元。其中，五棵松路（老204国道至人民路）：城市主干道，道路全长3.28千米，原有道路拆除重建，新建道路为沥青砼路面结构，路幅宽15.5米至24米。锦中路（锦店路至北中心河桥）：城市次干路，道路全长700米，原有砼路面及基层破损处修复，全幅路面铺设沥青砼路面，路幅宽约22米。公园路（二干河至锦中路）：城市支路，道路全长450米，原有砼路面及基层破损处修复，车行道铺设沥青砼路面，人行道荷兰砖铺设，路幅宽20米。府园路（锦花路至青年路）：城市支路，道路全长300米，原有砼路面及基层破损处修理，车行道铺设沥青砼路面，人行道荷兰砖铺设，路幅宽20米。2020年8月开工，至年末，该项目跟踪审核造价1560万元，占合同总造价的25%。

【大新标准型厂房EPC项目建设】 该项目位于张家港市大新镇海坝路以西、规划路永凝路以南，南侧为规划河道、西侧为现状厂房及规划河道。拟建建筑面积11万平方米，分为18幢2至4层不等的标准型厂房、1幢办公大楼、室外配套（包括围墙、道路、景观绿化、室外管网等）及相关附属工程。其中厂房不少于9.5万平方米、办公及配套用房不小于8000平方米。由张家港市新联村镇建设投资有限公司投资建设，工程总投资1.96亿元。施工内容包含工程总承包项目有关的所有建设内容，具体包括勘察、设计、施工、采购及协助招标人办理工程有关的备案、报建工作。分二期实施，其中一期包括1至7号厂房、19号办公楼及1号门卫和相关室外配套工程。至年末，完成一期土建所有施工内容；完成二期8栋厂房的桩基施工。2020年3月15日开工，计划2022年2月竣工。

产业投资与贸易

【概况】 2020年，永钢集团产业发展与投资贸易工作主要依托投资管理部负责开展，投资管理部是集团公司投资决策委员会办事部门，是集团公司产业发展规划和资本运营的管理部门。主要负责集团公司产业发展研究及规划编制，长期股权投资及资本市场投资；投资项目的跟踪管理；固定资产类投资项目的预算审核与管控；对子公司投资管理予以业务指导和监督及限额以上投资项目的审核与呈批工作。

【产业布局】 2020年，永钢集团围绕“做精做优钢铁主业、做大做强非钢产业”两大导向，构建和夯实“一核五擎”的产业布局，积极推进钢铁板块产业链延伸。年内，推进联峰实业和宜兴龙宸成立合资公司运营耐材项目，推进永钢集团与科大智能合资的智能制造项目，定期跟踪恒信高科和府谷活性炭项目的建设、运营情况。同时做好建筑建材、高端装备制造、循环经济、金融贸易、新能源等产业发展的服务与支持：参与昆仑重工购置土地扩大产能等重大项目的论证，出具报告论证投资效益和风险；助力熔接技术研究所的成立，开展项目前期合作调研和整个投资效益测算，完成合资签约；推进建筑垃圾项目，引入具有国资优势的市金城投资公司与永钢集团、精筑集团合资共同推进建筑垃圾资源化利用化项目，完成工商登记；推动3D打印产品走向外部市场，推进江苏绿普资源与精筑集团成立合资公司，实行公司化运作；把控小贷公司地产融资项目的机遇与风险；跟踪推进LNG储备中心项目的报批。

【采购贸易】 2020年，永钢集团原辅料及备品备件主要依托联峰实业供销公司完成。是年，面对新冠肺炎疫情的不利影响，供销公司围绕效益最大化及时调整原辅料供应渠道，多渠道优化供应链全成本管理，深挖降本增效空间，有效完成原辅料采购任务，确保生产正常运行。原辅料采购方面：永钢集团全年原辅料采购2435.75万吨，较上年同期采购量增加5.38万吨。进口1213.23万吨，其中铁矿石进口1192.58万吨，煤炭进口20.65万吨；国内采购1222.52万吨，其中铁矿石港口现货采购250.38万吨，焦炭385.80万吨，煤炭焦粉179.42万吨，废钢88.75万吨，合金19.23万吨，溶剂289.53万吨，辅料及耐材9.41万吨。备品备件采购方面：供销公司备品备件科通过管控设备修理费，限制库存物资的利用等减少备件采购，同时，将较多常用或生产消耗类物资转化为零库存合作，通过“领用后结算”模式减少采购和库存资金占用，推进降本工作。年内，备品备件采购总额18.87亿元，较上年同期减少10.15亿元，采购总额费用同比减少4.11亿元，资产类同比减少6.04亿元。

【钢材贸易】 2020年，永钢集团加强目标导向，推进产品转型升级，深化月度市场分析及绩效总结对销售工作的指导作用。年内，实现钢材销售953.52万元，较上年同期增加31.45万吨，同比增长3.4%。其中普钢销售289.03万吨，优钢销售549.41万吨，特钢销售115.08万吨。国内销售840.32万吨，出口113.2万吨，销售收入375.15亿元，较上年同期增加4.13亿元。

国内贸易　普钢贸易方面：2020年，永钢集团抗震螺纹钢销售237.33万吨，占螺纹钢销售总量的61%，抗震盘螺销售82.49万吨，占盘螺销售总量的41%，500兆帕钢筋销售12.33万吨，同比增长13.5%。优钢贸易方面：全年优钢产销研及高附加值产品销量50.09万吨，同比增长17%，占内贸优钢总销量的41%。特钢贸易方面：年内合金高压锅炉管坯、风电用钢、汽车工程机械用钢等方向性产品累计实现销售38.55万吨，占总销量的56%。

出口贸易　2020年，钢材出口贸易受新冠肺炎疫情影响，外贸销售市场萎缩，全年实现外贸普优特钢、产销研销售10.2万吨。

【市场开拓】 2020年，在新冠肺炎疫情的影响下，永钢集团坚持国际和国内两个市场两条腿走路，抢抓国际出口订单，缓解国内短期销售和库存压力，同时以效益为导向，以产品转型升级为目标，聚力新产品、新客户、新市场开发。年内累计开发新客户186家，新增出口国家1个，推向市场新钢种43个。普钢市场开拓方面：年内累计开发新客户36家，其中，新开发直营客户23家，重点客户10家，实现国内普钢直营销量43.68万吨，超预期目标75%。与中国中铁、中交集团、中核五建、五矿集团等一批央企建立稳定合作关系。外贸普钢累计开发新客户43家。优钢市场开拓方面：年内将特种焊丝钢、高端冷镦钢等16个新牌号钢种推向市场，累计开发优钢新客户27家，外贸优钢出口开发线材新品种3种，开发新客户40家。特钢市场开拓方面：内贸特钢年内将17个新钢种推向市场，累计开发新客户28家，外贸特钢年内将7个新钢种推向市场，累计开发新客户12家。内贸市场开拓方面：2020年，永钢集团建筑钢材形成“苏南+上海”市场41%、浙江市场30%、苏北市场29%的销售格局。外贸市场开拓方面：优钢线材方面，新增俄罗斯市场。特钢圆棒方面：积极开发新市场，寻找新的销售增长点，扩大智利、加拿大销售市场；新增埃塞俄比亚市场，“一带一路”沿线国家和地区出口钢材32.4万吨。此外，抓住机遇增加中国香港螺纹钢销售，年内累计销售中国香港螺纹钢13.3万吨。

企业管理

【概况】 2020年，永钢集团持续推进企业转型升级步伐，从制度修订、经济责任制考核、生产经营、质量管控、安全环保、财务审计、计量管理等方面抓内部管理。

表9　2020年永钢集团及全资（控股）子公司新增（修订）制度（标准）表

序号	单位名称	新增制度（份）	修订制度（份）	新增标准（份）	修订标准（份）	合计
1	集团办公室	5	4	1	—	10
2	财务管理部	3	2	—	—	5
3	投资管理部	1	—	—	—	1
4	监督审计部	2	5	—	—	7
5	安全环保管理部	—	17	—	—	17
6	规划建设管理部	—	2	—	—	2
7	联峰实业	7	82	7	22	118
8	联峰金盾	21	—	—	—	21
9	联峰科技	15	6	25	19	65
10	联峰金属制品	26	1	4	—	31

续表9

序号	单位名称	新增制度（份）	修订制度（份）	新增标准（份）	修订标准（份）	合计
11	精筑集团	—	—	1	—	1
12	联卓建科	1	2	—	—	3
13	永记混凝土	2	—	—	—	2
合计		83	121	38	41	283

【制度管理】 2020年年末，永钢集团制度管理归属监督审计部，负责永钢集团总部及全资（控股）子公司制度的新建、修订、作废及日常的制度检查和指导工作。年内，永钢集团共有各类管理制度372项。其中集团公司及控股、全资（子）公司修订及新建制度283项。

【生产管理】 2020年，永钢集团生产管理主要由联峰实业负责推进。年内，联峰实业以成本控制为中心，抓企业管理，以提升管理水平、提高生产效益为主线，夯实质量管控基础，加快企业转型升级，助推品牌建设，推进两化融合，打造智能工厂。成本控制管理：优化铁前配矿管理，建立采购、物流、生产协同合作的配矿模式，紧跟市场行情，拓展物料寻源的广度和深度，持续优化高炉炉料结构。推进炼钢降本增效：以"工作项目化、项目目标化、目标节点化、节点责任化"为原则，通过建立转炉成本模型，炼钢厂在不同废钢比条件下，合理搭配实现冶炼成本最优，累计降本72万元；组织对8号连铸机部分产品工艺改进，提高连浇炉数，优化合金结构，降低钢包注余，降本2080万元；同时以"少出、多用、高价值"为原则，做好钢渣回收消化，吨钢钢渣产出由126千克降至108千克。推进轧钢降本，提高成材率：实施普钢165方改造，配合4号连铸机上线定重模型，减少乱尺，棒材成材率提升0.11%，线材厂针对性制定飞剪剪切长度、头尾剪切圈数等，线材成材率提升0.09%，轧钢综合成材率由上年的97.61%提升至97.70%，吨材降本0.66元。提高负偏差：建立负偏差单磅趋势图，对负偏差数据进行在线监控，综合负偏差率由3.01%提升至3.24%，吨材降本3.85元；通过降低煤气消耗、严控合金成本等措施，降低生产成本，提高生产效率。推进物流链降本：以"采购、销售业务为主+外部物流为辅"的模式，构建成本管控体系，将成本管理意识贯穿销售、供给、生产在内的供应链业务流程，年内，供应、销售端累计降本5.56亿元。

【质量管理】 2020年，永钢集团持续严把产品质量关，在产品质量、风险预防管控、品牌建设等方面深挖潜能，助推企业高质量发展。推进创新奖励激励机制：持续完善系统化质量绩效管理体系，建立《质量问题分级、分类管理的追责标准》，实现质量责任分级、分层管理；利用质量攻关、QC小组活动、产销研一体化项目、质量发现奖等质量改善平台，提高员工发展质量问题、改善质量问题的意识。年内，质量攻关累计达标率77.1%，同比提升5.4%，不合格产品控制实现连续四年下降，共有不合格品2511吨，较上年下降16%。加强质量风险预防管理：树立"管质量就是管风险"的管理理念，通过重大质量风险识别，策划专项管理预案，各单位对质量风险的认识更加清晰，风险管控取得成效。年内，企业重大及以上质量事故为"零"，一般质量事故、批量性不合格次数共8起，较上年减少2起。实施原辅料"一物一码"：实施原辅料新物料编码规则并上线实施，对合金、辅料、废钢、耐火材料、副产品等原辅料，按照新编码规则编制6个大类835个物料编码，并动态更新，确保原辅料的唯一性和可追溯性。推进产品品牌建设：加快高端冷镦钢产品的推广力度，建立冷镦钢企业标准分级分类管理，对照《汽车用冷镦钢》行业标准，推动冷镦钢产品的市场影响力。

【安全管理】 2020年，永钢集团围绕企业发展生产目标，坚持"安全第一、预防为主、综合治理"的安全生产方针，以实施安全标准化，落实安全管理基础工作，强化安全生产责任制。制定安全工作目标，开展各类安全活动：针对新冠肺炎疫情的暴发，在企业内部开展疫情管控工作，协调员工健康观察点，分批安排114名湖北籍员工及101名员工家属有序返岗，并为返岗员工及家属做好隔离期间疫情观察、生活保障、复工教育等工作；同时制定企业内部员工隔离管理要求，疫情期间班车运行管控、复产复工注意事项等具体措施，确保防疫工作做到企业的每个环节。是年，以“消除事故隐患、筑牢安全防线”为主题，开展安全活动策划、宣传教育、安全培训、隐患排查、应急演练等活动，年内共开展各类活动20余项，开展组织培训900余次，参培人员10 625人次，查处安全隐患2100件，组织应急演练198次，组织班组长、条线主管、单位负责人共997人次开展“我是安全员一天体验”活动。完善各类安全管理制度8项，修订安全生产作业标准；对外包单位安全资格进行审查，签订安全环保及治安协议267份。开展职业健康安全、环境体系审核工作，检查各类问题467项，配合第三方审核机构开展健康安全、环境体系外部监督审核工作，对发现的4个不符合项及70个问题项按照“定人、定责、定期限”的原则落实整改。强化职业卫生防治工作：年内，加强职业危害因素安全专项检查，从员工职业健康体检及档案管理、防护用品发放、职业危害因素检测结果、职业健康培训落实、职业危害因素安全警示等方面开展安全检查，对5630个进行高温、粉尘、噪声、放射等职业危害岗位人员进行专项体检，对2968个接触职业危害因素的岗位进行检测，防止职业危害事故的发生。加强安全知识培训，提升安全意识：为新入职员工开展安全知识专题培训；针对各生产车间安全主管及管理人员，利用“云学堂”在线学习平台，开展双重预防机制建设、钢铁行业超低排放、《中华人民共和国安全生产法》及工业企业煤气安全规程等4项安全专业培训，培训结束后进行专项考试。年内，相应人员培训参与率97%，考试通过率98%，企业共开展各类安全知识培训13 280人次，考试换证4376人。开展各类安全督查活动：开展建设项目安全督查，查处问题141项并落实到人，追踪整改；开展消防安全专项大检查，就消防台账不完善、消防设施不健全等问题追踪整改；开展有限空间作业专项检查，对精筑集团、昆仑重工、乐欣科技、联峰科技等单位进行有限空间作业专项检查，消除安全隐患。对门卫通行系统进行改造：对永钢大道东西门卫通行车辆及人员信息进行梳理，将13 612名员工信息输入系统，为2909名外协单位人员车辆开通车辆通行权限，制作《人脸识别速通门使用教程》，并组织综合管理部门、联峰实业等单位9738名员工学习该教程。

【环境保护管理】 2020年，永钢集团环境保护工作主要由安全环保管理部负责。年内，开展环境监督专项检查：每月组织对精筑集团、联峰金属制品、联峰科技、乐欣科技等单位进行环境监督检查，主要检查内容为环境保护管理制度、大气污染防治管理、水污染防治管理、固体废弃物管理、河道管理、建设项目环保“三同时”（同时设计、同时施工、同时投产使用）管理、辐射安全管理等，针对问题提出可行性建议，指导各单位按要求落实整改，并定期跟踪整改结果，实现闭环管理。推进固体废弃物规范化管理：开展固体废物管理情况专项检查，确保其产生、回收利用、存储、委外处置等全过程管控；根据《固体废弃物污染环境防治法》编制永钢集团固体废弃物管理培训手册，并进行培训及考试；修订完善《固体废弃物管理办法》《危险废弃物管理办法》，进行宣贯，从制度上规范固体废弃物的管理。实施生活垃圾分类管理：在企业及永联村范围内发放宣传海报109张、宣传手册535册，做好生活垃圾的分类宣传；制作永钢集团生活垃圾分类培训手册，并进行培训及考试，提升保护环境的意识；完善《生活垃圾管理办法》，从制度上规范垃圾分类标准；采购生活垃圾分类的相关设备设施。提升环保手续合规化管理：组织第三方环境评价保护机构与垃圾循环利用部门进行合作，促进循环利用部门转底炉项目验收、危废管理、3D打印环境评价变更、水洗车间环境评价报批、排污许可证的申领等工作。开展环保资金补助项目申报：与张家港市河道管理处及南丰镇水利站沟通，争取六干河、七干河河岸两侧10米范围内的绿化补助30余万元，申报永钢集团原料露天堆场封闭项目环保资金4030万元。推进超低排放认定工作：梳理有组织排放问题177个，并整改完毕，省级抽测65个有组织排放点位，合格率100%；加强无组织排放管理，针对企业3218个无组织排放点位，排查问题1751个，完成整改774个；优化清洁运输方式，公路运输车辆全部采用国五及以上新能源汽车，清洁运输比74%。做好环境整治工作：以污水治理扩建项目建设调试为抓手，完成料场区域外排口和永钢大道景观河两侧各外排口整治工作，企业内河水质五类水比例由上年的77.9%降至38.8%；年内完成24个高噪音点位治理工作，新增绿化面积3.65万平方米，改造绿化面积1.12万平方米，厂区绿化率9.1%。

【财务与审计管理】 2020年，永钢集团财务与审计工作主要由财务管理部及监督审计部完成。财务管理方面，推进建立集团各单位预算组织与联络员责任机制、开展制度建设、预算编制流程梳理与目标制定、预算执行与分析、过程的跟踪与管控等方面工作，基本形成集团公司的预算管理体系，促使企业从粗放型向集约型转变，向科学化、精细化、标准化管理过渡。年内，编制印发《集团公司预算编制大纲》，明确计划与预算的编制要求，作为各单位预算编制的行动指南。搭建公司各单位预算联络员的沟通平台；从业务层面落实各控股子公司的预算联络员工作职能，推进业务与财务相结合的预算管理机制。完善预算管理制度建设。修订《集团公司预算管理制度》，推进各控股子公司按照集团预算制度的要求，制定各子公司预算管理办法。强化预算执行过程的基础管理。推进集团公司各预算费用归口管理部门，做好各预算费用项目的基础数据跟踪台账。强化预算费用支付的信息化管理。做好金蝶系统财务数据预算管控额度的跟踪与调整等费用使用过程的监督管理，确保预算执行过程的有效落实。推进预算执行分析的制度化。针对集团公司各单位及控股子公司，建立月度预算执行差异分析报告制度，分析存在的问题，研究解决办法。推进各控股子公司预算分析平台建设，形成预算执行分析例会制度，做好集团公司月度经营预算综合分析报告。完善滚动预算工作。设计完善滚动预算统一操作的标准，实现月度滚动预算的规范化、标准化与合理化。审计管理方面，组织开展制度、标准的编修工作。年内，集团公司及控股、全资（子）公司修订（新建）制度、标准共计283份。优化公司职责、权限及业务流程。梳理集团公司6个综合职能部门管理职责，梳理与优化联峰金盾、联峰科技、联峰金属、昆仑重工的部门职责及采购、销售、仓储等业务流程，协助建立相应的制度、标准。配合江苏联耐、宏泰物流、江苏绿普运行机制调整，划分子公司与集团公司、联峰实业之间的职能边界、业务边界、经营权限，便于公司之间协调运行。提升成本管理意识。针对审计过程中发现的问题，要求各单位落实整改，加强成本精细化管控。年内，运输处在对车运业务做好成本测算和市场调研的基础上，逐步实施市场化运作，在成品钢材和原辅材料运输业务方面通过招标方式，预计可降低年费用支出1300余万元；设备处针对公司行车委外维护成本偏高的问题，制定各单位冶金吊维保业务全部自主实施的方案。方案实施后预计年可降低费用支出350余万元；技改项目处根据《关于采购物资“一对一”议标的监督报告》进行自查，通过自查自纠防范管理风险与漏洞，降低工程采购成本。

【计量管理】 2020年，永钢集团计量管理工作由设备改善室负责。年内加强检修维护校准工作。对公司27台地磅实施预防性检修维护，完成地磅年度大修，累计检修17台（次）；检修维护在线贸易计量秤19台（次）。成立衡器专项维护小组，现场监督核查设备的校准499台（次）。加强信息化管理。对电炉2号地磅实施无人值守改造，实现计量数据的有效传输；完成南港物流5号和3号，原料场1号、3号及11号共5套无人地磅系统的升级改造，提高系统稳定性与兼容性。强化测量设备计量确认管理。按照年度、月度测量设备计量确认计划实施，并对4579台报警器实施专项管控，对不合格报警器、现场使用不规范等问题，要求落实整改。是年，组织各事业部检定、校准、检测各类测量设备8607台（次）；完成球团厂码头、喷煤四期码头4套贸易料斗秤计量系统和27套计量秤的安装、调试及校准工作。注重计量过程管理。做好长江码头计量跟踪、长江码头至厂区原料途损跟踪以及炼铁原料使用量的验证。通过特钢销售产品出厂前的复磅对比，有效降低特钢计量异议风险。推进降本增效。通过提升业务的信息化，培养一人多岗的技能，自制地磅秤体防浮设备等方式，节省人工成本、降低维修成本60余万元。优化测量管理制度及标准。年内新增《计量秤管理标准》《贸易计量过程控制规范》制度，修订《测量设备校准规范》制度；组织开展计量秤管理标准、测量设备校准规范、测量系统分析等培训38场。

服务业

Service Industry

江南农耕文化园俯瞰图

永联年鉴 2021

旅　　游
商　　贸
金　　融
公共服务

旅　游

【概况】 2020年，永联旅游主要由苏州永联农旅发展有限公司负责。南丰镇在永联区域设有永联景区管理领导小组，主要负责景区公共设施、城市道路的综合管理服务和协调，以及活动外围保障工作。苏州永联农旅发展有限公司主要经营旅游资源开发和经营管理、旅游项目的投资、旅游景区管理、市场营销策划、旅游文创产品的开发销售、旅游信息咨询等业务。旗下有景区、旅行社、酒店、餐饮等单位11个，主要有苏州永联旅游管理有限公司、苏州永联国际旅行社有限公司、苏州玖雅酒店管理有限公司、江苏永联小镇度假酒店有限公司、张家港市南丰永联静水小筑民宿、张家港市景海宾馆、张家港市南丰农耕部落旅游品商店、张家港市南丰创一瓷艺工作室、苏州永润餐饮服务管理有限公司、江苏沙洲风情餐饮服务管理有限公司、苏州永联永益食品加工有限公司等单位。2020年，根据“时尚乡村·传奇永联”的目标定位，围绕四季特色策划春季永联美食节、夏季永联奇幻夜、秋季永联丰收节、冬季新春庙会的四季活动。村域内主要景点苏州江南农耕文化园因新冠肺炎疫情防控工作于1月24日闭园，4月1日重新开园，2020永联美食节同时开幕。6月25日，永联水上乐园开园，营业期间利用网络促销等方式吸引游客64 032人，门票收入467.8万元。景区有旅游品商店1个，位于农耕园作坊街，2020年主要经营花露酒、鹿茸酒、鹿血酒、手工编织竹篾类产品、糕点、饮料、棒冰、农产品、食品及玩具纪念品等。年内，永联小镇、永联农耕园线路入选江苏省农业农村厅发布的50条全省秋冬休闲旅游农业精品线路。永联小镇获评张家港市夜间经济文旅消费集聚区。永联村全年接待游客95.85万人次，营业收入13 484.01万元。

江南农耕文化园萌宠乐园一角

【永联江南田园风情小镇创建】 永联江南田园风情小镇旅游发展规划打造“一心一带五区”的发展空间布局，主要挖掘当地特色农耕文化和美食资源，将生态农业、特色小镇、乡村旅游、餐饮美食等要素融合发展。规划总面积为558.4万平方米，计划总投资33.21亿元。2020年，完成投资2.35亿元，至年末，完成投资33.21亿元。

【永联游客中心】 2020年，永联村将位于农耕园西门的游客中心搬迁至农耕园北门。该游客中心从游客角度出发，提供购票、引导、服务、解说、集散及休憩等旅游一条龙服务，服务大厅设有服务台、休息区、影视区等区域，在母婴室、售票处、医务室以及志愿者文明V站的基础上新增旅游警察服务店、化妆室功能区，为游客提供全面服务，为永联旅游健康、有序发展提供优质保障。新建后的游客中心于5月末投用。

江南农耕文化园北门游客中心

【景区景点】 2020年，永联旅游景区设有苏州江南农耕文化园、永联小镇金手指广场、永联议事厅、永联展示馆、永钢展示馆、永联爱心互助街、永联图书馆、爱心超市、惠邻社工、惠民服务中心、永联志愿者联合会、永联美食街、永联戏楼、永联文化活动中心、永钢集团厂区、永联特种水产养殖场、永联现代粮食基地、天天鲜蔬菜种植基地、宏泰码头等30余个景点。其中，苏州江南农耕文化园是国家AAAA旅游景区，设有农家乐园区、作坊街、休闲木屋区、肥米粒萌宠乐园、水上乐园、游乐场六大区域。年内，共接待游客95.85万人次，营业收入13 484.01万元。

金手指广场

【永联旅行社】 2020年，永联旅行社位于永联小镇北街永琪园7幢，有员工10人，累计接待游客3.06万人次，实现营业收入920万元。对外经营的主要线路有：张家港一日游，常州一日游，无锡一日游，上海一日游，南京一日游，南通一日游，泰州一日游，杭州二日游，千岛湖二日游，淮安、宿迁三日游，江西四日游，北京五日游，厦门四日游，张家界七日游，广州、深圳、珠海八日游等。

【2020永联美食节】 4月1日，2020永联美食节开幕。此次美食节设有开幕式、美食优惠、大地艺术展、星空烟花秀、吃货抖音挑战赛、农夫集市、踏青寻宝、农耕园奇趣巡游、蒙眼捉猪、捕鱼达人比赛、瓷艺DIY、美食邀您尝等活动。美食节持续至5月5日结束，累计接待游客6.4万余人次。

江南农耕文化园开园

【永联社区综合服务中心】 永联社区综合服务中心是以永联议事厅为核心，周边涵盖金手指广场、永联展示馆、爱心互助街。配套服务设施齐全，为游客提供咨询、接待、休闲等服务，通过多元方式向游客展示永联村文旅的融合发展。永联社区综合服务中心坚持“主客共享，爱心互助”创建主线，依托永联展示馆、金手指广场、永联议事厅、爱心互助街为村民和游客提供多种方式的公共文化服务、旅游服务和志愿服务。公共文化服务：综合性服务中心提供多样公共文化服务。金手指广场作为晨练、广场舞场所，提供公共休闲场所服务；永联展示馆作为永联文化的窗口，提供文化场馆服务；爱心互助街作为公共文化综合体，提供学习、生活、娱乐、健康等文化服务。永联展示馆通过永联历程、永联经验、永联之魂等多个角度向游客展示永联村发展历程和奋斗文化，展示永联村乡村振兴的实践和探索，为村民、游客提供文化场馆服务。旅游服务：通过整合文旅资源，将永联议事厅、金手指广场、永联展示馆等打包成文旅产品对外接待。同时，永联综合性服务中心打造成为片区化游客中心，配套提供旅游集散、游客休憩、咨询接待、导游讲解、手机充电等旅游服务。4月，永联社区综合服务中心被文化和旅游部公共服务司确定为文化和旅游公共服务机构功能融合试点单位，江苏省有5个单位入围。

【旅游交通设施】 2020年，永联区域内有妙丰公路、永联路、永钢大道、长安路、红旗路等交通干线，分别连接346国道、204国道、港丰公路，可直达全国主要大中城市。有港城公交202路、220路、306路通往南丰镇区、张家港市区各景区景点。同时，永联村与江苏省通沙汽渡、锡张高速、江阴长江大桥等近邻，旅游交通网络便捷。7月1日，沪苏通铁路开通运营，该铁路为连接上海市与江苏省南通市的国家Ⅰ级客货共线双线电气化快速铁路，途经张家港市，永联村距张家港塘桥火车站仅10千米，出行更加便捷。

商　贸

【概况】 永联村商业设施完备，商业网点集中，主要分布于永联小镇东街、南街、北街三条街道。有农贸市场1个。各类餐饮小吃、家具家电、医疗保健、体育健身、文化娱乐等业态齐全，分布合理。2020年，永联小镇三条街共有商铺207间，其中南街东起转盘，西至永联桥，共有铺面133间；东街南起转盘，北至永联小镇度假酒店，共有独栋商铺15幢；北街东起永钢大道，西至永联路，共有铺面59间。出租率100%，商户总数193家，年度租金规模超1550万元。2020年面对突如其来的新冠肺炎疫情，管理方苏州永联农旅发展有限公司与所有商户携手并肩共抗疫情，三条街区商户年营业总额超2亿元，较上年增长11%。

【酒店及餐饮】 2020年，永联区域内共有旅馆7家。主要包括永联小镇度假酒店、玖雅酒店、田园居酒店、晓雅宾馆、范三宾馆、红艳宾馆、宾家旅社。南丰镇有联峰宾馆1家。张家港市区有景海宾馆1家。村域内个体经营的各类餐饮小吃店73家，包括吃吃看蒸菜、如意馄饨、蜀一蜀二、好滋味、同香斋寻味小镇面馆、江渝火锅、沙县小吃等门店。永钢集团及农旅公司经营或个人承包经营的餐饮店主要有联峰宾馆餐饮部门、永联小镇度假酒店餐饮部门、玖雅酒店、品鲜大酒店、烩香餐厅、张家港市沙洲风情连锁店（合兴店、传麒湾店）、张家港市源味永联、俏小轩、虾蟹双骄、苏州永润餐饮、沙洲春晓等11家。年内，永联农旅餐饮板块下的张家港市沙洲风情传麒湾餐饮获苏州农家乐技能大赛"苏式"农家金牌菜、创意摆台、最具网络人气等奖项。由永联餐饮制作的张家港草头干蒸肉糕、张家港蟛蜞豆腐等被推介为江苏省百道乡土地标菜。

永联小镇美食街

【永联小镇农贸市场】 位于永联小镇南街2号，占地面积1.2万平方米，建筑面积7500平方米，主要经营禽蛋类、肉类、水产品类、各类蔬菜、南北干货、豆制品及日用小商品等300余个品种，该农贸市场主要为永联小镇及周边妙桥、西旸、农场等地居民供应新鲜农贸产品。是年，设有店面24间，固定摊位53个，自产自销摊位45个，个体经营户124个，管理人员9人。2020年8月农贸市场搬迁至永联小镇南街22号，有固定摊位33个，门面3个，管理人员2人。

【天天鲜超市】 "农改超"项目是一项提档升级的民生工程。近年，农旅公司积极参与张家港市集贸市场标准化改造工作，先后承接华昌菜场、城北菜场、大新镇新南农贸市场、永联农贸市场的"农改超"项目。在满足消费者买菜需求的同时，可满足居民对日用百货、日用杂品等消费品的需求，实现"一站式"购物。永联天天鲜拥有53.33公顷蔬菜基地，8000平方米配送中心，以及"永联菜篮"网站等，形成集农产品种植、禽畜养殖、采购、加工配送为一体的综合型生鲜配送公司。2020年，永联天天鲜新增社区生鲜超市1家——翡翠湾店，农改超综合商超店2家——新

表10　　2020年永联天天鲜门店一览表

序号	店名	地址
1	天天鲜生鲜超市大成广场店	市区长安路200号大成广场一楼西侧
2	天天鲜生鲜超市永联店	南丰镇永联小镇 永瑞园15栋1-3号
3	天天鲜生鲜超市城北菜场店	市区海关路24号（原城北菜场）
4	天天鲜生鲜超市华昌菜场店	市区华昌路与暨阳东路交界处（原华昌菜场）
5	天天鲜生鲜超市南丰店	南丰镇民丰小区14幢M1-M6
6	天天鲜生鲜超市万红店	市区沙洲西路万红三村50幢103、104
7	天天鲜生鲜超市吾悦广场店	市区吾悦商业广场B1-M106-M108
8	天天鲜生鲜超市暨阳中路店（优农馆）	市区暨阳中路77号
9	天天鲜生鲜超市二中店	市区暨阳中路338号
10	天天鲜生鲜超市张家港新市河路店	市区新市河南路（原农业银行旁）
11	天天鲜翡翠湾店	市暨阳湖大道190号
12	天天鲜大新店	市大新镇海坝路

南菜场、永联天天鲜生鲜市场，至年末天天鲜超市增至12家。近年，永联通过天天鲜的线上线下销售，在贵州沿河，新疆巩留、阿克苏，山东聊城，安徽广德，陕西延安等地建立长期稳定的农产品采购渠道，采购空心李、玉米、苹果、笋干等农产品作为永联天天鲜特色产品销售，帮助扶贫协作和对口支援地区的产品找销路。2020年与延边朝鲜族自治州安图县万宝镇红旗村建立合作关系，为其销售大米108吨、稻谷28.82吨。年内，天天鲜获评“苏州市2019年度消费者满意单位”“苏州市十佳智慧农业品牌案例”。

天天鲜新南菜场开业　10月18日，天天鲜新南菜场开业，开启天天鲜“农贸＋超市”的业态新模式。天天鲜新南菜场经营面积约3000平方米，其中菜场面积约有2200平方米，共有标准门面9间，标准摊位31个，场内商户业态涵盖蔬菜、猪肉、水产、干货、冻品、水果、熟食、早点等。超市经营面积约有800平方米，提供永联大米、菜籽油以及各类品牌商品，涵盖生活用品、休闲食品、酒类等5000余个品种。张家港市市场监督管理局局长田文华，大新镇党委副书记、镇长何剑，苏州永联农旅发展有限公司总经理陈建新等领导出席开业仪式。

永联天天鲜生鲜市场　12月12日，永联天天鲜生鲜市场开业。永联天天鲜生鲜市场经营面积3700平方米左右，其中超市区占地约3000平方米，商户区占地约700平方米。超市的商品涵盖人们衣食住行方方面面，内设生鲜区、副食区、百货区等功能区。此外，商铺目前共有6家，涵盖儿童乐园、小型餐饮、服饰饰品、手机、茶叶等，与超市内的品类形成差异化互补。

【个体商业】　2020年，永联小镇有个体商户177家，其中日用百货18家，果蔬商店5家，餐饮小吃副食店77家，药店4家，家纺鞋服店14家，酒店旅馆7家，美容美发店12家，建材水暖店7家，电动车专卖及修理店3家，足疗养生店3家，学习培训机构3家，母婴生活馆1家，眼镜店2家，图文传媒店2家，鲜花茶叶店5家，洗衣店2家，家电销售2家，照相馆1家。其余休闲会所、房产贸易等共9家。

金　融

【概况】　2020年，永联区域内共有银行3家，金融服务点8个，有自助取款、服务设备14台。8月19日，永钢集团旗下贸易金融单位上海永骁发展有限公司成立。5月19日，永联金融超市开业。

【银行】 2020年，永联小镇有中国农业银行张家港市支行永联分理处1家，位于永联小镇北街；中国邮政储蓄银行股份有限公司张家港市永联分理处1家，位于永联小镇南街；江苏张家港农村商业银行股份有限公司永联分理处1家，位于永联小镇北街，有工作人员16人。

金融超市

【金融服务点】 2020年，永联村有9个金融服务点，分别为中国农业银行张家港支行永联点，位于永联小镇北街，设置存取款一体机3台，自助服务终端1台。中国建设银行股份有限公司张家港支行永联点，位于永联小镇北街，设置自助存取款机1台。张家港农村商业银行股份有限公司永联点1个，位于永联小镇北街，设置存取款一体机2台。中国银行股份有限公司张家港支行永联点，位于永联小镇北街，设置自动取款机1台。中国工商银行股份有限公司张家港支行永联点，位于永联小镇北街，设置存取款一体机2台。中国光大银行张家港支行永联点，位于永联小镇北街，设置自动取款机1台。交通银行股份有限公司张家港支行永联点，位于永联小镇北街，设置存取款一体机2台。中国邮政储蓄银行股份有限公司张家港市永联营业所，位于永联小镇南街，设置存取款一体机1台。

【金融超市】 5月19日，永联金融超市营业。永联金融超市是由永联村、永钢集团联合建行、中行、农行、工行、农商行等金融机构打造的一站式便民金融超市，通过“线上+线下”“金融+政务”深度融合，为农业、农村和农民提供全方位、全覆盖的金融服务。线上依托永联一点通、永钢内网发布新近、实惠、方便的金融产品，线下通过摆放宣传资料等形式展出特色产品，实现响应无延时、解决无盲区的金融网。为社区居民和企业员工提供各自需求的特色贷款产品，以及转账汇款、智慧政务等自助服务。同时，永联金融超市通过搭建信息交易的撮合平台（一端连接金融消费者，一端连接银行等传统金融机构），通过公布全天候服务热线、派驻金融服务专员等形式，实现银行与消费者之间的沟通零距离，为消费者提供实惠、方便的金融和政务服务。永联金融超市内的银行智慧柜员机实行24小时不间断工作制，主要可用于转账汇款、定活互转、账户查询及银行卡开卡等业务的办理，居民和职工也可以利用智慧柜员机办理水费、电费、燃气费、话费、社保等代缴费业务。永联金融超市以村民、职工的文明行为作为信用抵押，同时设置黑白名单。文明家庭、优秀员工等是金融服务的白名单、VIP，信用差、诚信低的家庭或个人是金融服务的黑名单；诚信商户、文明员工、文明村民可享受更优惠的贷款利率服务。该金融超市地址位于永馨园11幢。

【永钢贸易金融单位】 永钢集团贸易金融单位主要有上海永谐投资发展有限公司、上海秋晟资产管理有限公司、江苏象石实业股份有限公司、上海永骁发展有限公司4个单位，其中上海永谐投资发展有限公司主要从事对外投资业务；上海秋晟资产管理有限公司从事基金管理业务；江苏象石实业股份有限公司主要从事铁矿石、焦炭、焦煤、钢材等大宗商品的贸易和期货业务；上海永骁发展有限公司主要从事大宗商品贸易、期货业务。上海永骁发展有限公司成立于2020年8月19日，由上海永钢实业有限公司、永钢资源有限公司两家子公司组成，主要业务包括多种金融工具和大宗商品贸易的深度结合，目标是打造跟中国发展密切相关的新型大宗商品贸易、投资企业。公司立足现货与期货市场，重视第一手信息的调查研究，业务涵盖国内与国际市场，经营风格稳健，在实际业务中有效控制大宗商品交易中的价格风险。立足于黑色、有色、能化领域，全品种投研团队全方位支撑，是永钢集团在上海信息交流的窗口和展示永钢企业形象的平台，也是集团贸易金融板块的重要组成部分。2020年，公司实现营业收入23.98亿元，利润2017万元。年内，上海永骁永钢资源平台获评“2020年锰行业优质服务企业”称号。

永联农夫集市

【南丰农村小额贷款公司】 张家港市南丰农村小额贷款有限公司成立于2011年，由江苏永钢集团和南丰镇资产经营公司共同发起，注册资本3亿元。公司秉持“扎根农村，以服务三农为根本；立足县域，以助力中小民企为己任”的经营理念和“诚信、责任、高效、便捷”的服务理念，实施“一户一策”的灵活经营策略，为客户提供合适的融资服务。2020年，公司有工作人员11人，年末发放贷款余额51 232.80万元，实现营业收入6305.65万元，利润总额5354.28万元。近三年度累计发放贷款26亿元，疫情期间减免客户利息380万元，并为抗击新冠肺炎疫情捐款55万元。年内，公司获江苏省监管“A”级评定，被张家港市人民政府评为“2019年度金融系统先进单位一等奖”。

公共服务

【概况】 永联景区管理办公室负责永联村的公共服务。2020年，永联景区办围绕南丰镇党委、政府中心工作以及永联发展总体规划，积极推进社会公共管理，年内保障完成永联乡村美食节、烟花秀、夜沙洲·永联农夫集市、永联光影节、中国农民丰收节江苏主场暨永联村建村50周年、永联丰收节等重大活动保障，做好永联农贸市场搬迁、永钢大道全封闭的群众解释工作，文明创建及垃圾分类等工作。是年，做好接待线路及活动保障。累计完成政务接待215批2500余人次，其中接待全国人大常委会副委员长吉炳轩，江苏省常委、组织部部长郭文奇，上海市人大常委会副主任沙梅林等省部级以上领导5批次。累计出动警力2500余人次，城管力量1800余人次，环卫力量1300余人次，实现零失误。

【公共管理】 2020年，永联景区办加强公共设施维护，做好疫情防控、辖区内秩序管理等，强化社会公共管理。维护公共设施：督促做好公共交通、供电、绿化、道路、桥梁等市政设施维护，完善交通标识。其中，零星工程投入20万元，交通安保设施更换投入3万元，联丰大桥检测10余万元。做好南、北、东街的亮化工程，针对永联小镇东街因改造工程造成的路灯线路短路，安排维保单位及时抢修。做好疫情防控工作：成立南丰镇医学集中观察点，组织发放防疫通知、巡查街面、疏散聚集人群、管理流动摊贩、核实门店人员信息等，并安排人员24小时卡口值班。同时对复工企业开展走访、检查，对存在的安全隐患提出整改意见并督促整改，对疫情防控的薄弱环节提出合理化的建议，对外来人员做好体温测量和登记工作，坚持复工复产和疫情防控“两手抓”。加强辖区内秩序管理：永联景区办会同城管，整治永联小镇流动摊贩和街面市容，清除辖区内所有门店玻璃橱窗上乱张贴的广告。因菜场搬迁，造成永联小镇多处形成临时菜场，环境脏乱差，永联景区办联合综合执法局召集警务室、市监南丰分局、农服中心、爱卫办、永合社区、农贸市场及农旅公司召开永联新菜场周边秩序整治协调会10余次。

人事·科技·教育

Human Resources · Science and Technology · Education

昆明理工大学“永钢教育奖”捐赠暨颁奖仪式

人事人才

劳动就业

员工培训

科技载体

科技项目

科技成果

教　　育

人事人才

【概况】 2020年，永钢集团持续推行人才强企的发展战略，加强对人力资源的管控力度，采用社会招聘与校园招聘相结合的方式引进人才，并根据实际情况，在新冠肺炎疫情期间，调整招聘策略，采用“数字化”“信息化”招聘手段，共引进专业技术人才250人，其中本科以上学历人员72人。年内，由张家港市工信局、发改委和人才办评选的张家港市第二批小巨人（培育）企业名单出炉，江苏联峰工业装备科技有限公司上榜。

【人才引进】 2020年，永钢集团加大对人才引进的力度，以校园招聘和社会招聘相结合的方式为主，辅助线上招聘，有效吸纳人才。为满足集团化管控对高端人才的需求，首次引入猎头招聘模式，引进3名中高端人才，在巩固与北京科技大学、重庆科技学院、沙洲工学院、张家港中等专业学校、张家港市第三职业中学校企合作的基础上，与昆明理工大学签订产学研合作协议，同时开辟淮海技师学院、安徽机电学院、芜湖职业技术学院等5家高职院校技能人才输送基地。组织江苏科技大学、辽宁科技大学、张家港中专校永钢班130名学生到永钢集团生产实习，为顶岗实习和校园招聘提供条件。

【人才选拔】 2020年，永钢集团人才选拔工作主要通过年度考评实现。12月8日，永钢集团下发《关于开展集团公司2020年度考评工作的通知》。考评工作采取“公司统筹、分级考评”的模式，对集团公司主要职员、综合职能部门、子公司实施考核评价。考评总体原则为“分级考评、各司其职”原则，即以“董事局领导下的总裁班子负责制”为指导，采取董事局、总裁班子、子公司三级考评主体模式；“绩效导向、注重实绩”原则，即以集团公司年初制定的2020年度关键绩效考评指标完成情况为基础，结合能力素质评价实施综合评价；“优胜劣汰、能上能下”原则，即集团公司综合职能部门、子公司内部根据人才队伍建设情况以及年终考评结论进行人才盘点，实行晋级及优化；“公平公正、公开透明”原则，考核评价采取百分制打分形式，关键绩效指标占75%，分为“一档”“二挡”“三档”，与年终个人奖金挂钩；能力素质评价25%，分为“优秀”“称职”“基本称职”“不称职”，与干部晋升及任职挂钩。年内，集团公司有3名员工获晋升；子公司有35名员工获晋升。至年末，永钢集团共有主要职员367人，其中1级股份主要职员有181人，2级股份主要职员有106人，3级至4级股份主要职员有47人，5级至8级股份主要职员有18人，9级以上股份主要职员有15人。

【职称评定】 永钢集团为提高全体员工的工作积极性，发挥其专业技能水平，根据《职称评定管理办法》《技师评定管理办法》开展内部职称及技师评定及复评工作。年内共有1人通过高级职称初评，26人通过中级职称初评，109人通过初级职称初评。14人通过高级职称复评，66人通过中级职称复评，70人通过初级职称复评。5人通过中级职称晋升高级职称，9人通过初级职称晋升中级职称。2人通过高级技师初评，31人通过技师初评。2人通过高级技师复评，16人通过技师复评，6人通过技师晋升高级技师。

【管理奖、劳动奖、创新奖、文明奖评选】 12月4日，永钢集团印发《关于组织开展2020年“管理奖”“劳动奖”“创新奖”“文明奖”评选的通知》，旨在选树典型、表彰先进，激发全体员工创先争优的主观能动性。评选对象根据奖项不同而设置，“管理

“三奖”人物颁奖仪式

奖”评选对象主要为永钢集团各综合职能部门、子公司主要从事管理工作的人员；“劳动奖”评选对象主要为永钢集团各综合职能部门、子公司普通员工和骨干员工；“创新奖”评选对象为永钢集团各综合职能部门、子公司具有自主性、创新性、可推广性和效益性的项目；“文明奖”评选对象为在工作和生活中积极践行社会主义核心价值观，在精神文明建设方面具有示范、引导和激励作用的个人或集体，评选对象覆盖永钢集团各综合职能部门、子公司的全体员工。“管理奖”原则上不超过15人，“劳动奖”不超过本单位正式员工的1%；“创新奖”“文明奖”根据评选结果确定，不做具体要求。经过个人申报、单位推荐、综合评定，选出管理奖一等奖1人，二等奖9人；“劳动奖”一等奖9人，二等奖37人，三等奖72人；“创新奖”项目一等奖2个，二等奖6个，三等奖13个；“文明奖”1人。

劳动就业

【职工队伍】 2020年年末，永钢集团共有在册员工9266人，其中外来职工（非张家港籍）4296人；30岁以下1812人，30岁至50岁5759人；大专及以上学历2305人；初级职称614人、中级职称491人、高级职称78人；4年至10年工龄2684人、11年及以上工龄4109人，平均工龄11年。

【员工招聘】 2020年，永钢集团员工招聘主要由永钢集团职工服务中心完成。社会招聘：招聘工作出现两个特殊情况，一是疫情，二是招聘团队年轻化。为提高招聘完成率，以及需求部门对招聘服务的满意度，招聘组及时调整工作方向，加强与各用人部门沟通，通过内部招聘、协调，缓解联峰实业财务管理科、装卸车间、棒材四厂等部门的用工压力；通过上门服务，了解大棒分厂实际人员需求情况，定期核对招聘计划，暂停临时计划26人，取消24人；引进两家中、高端猎头公司，缓解财务管理部、投资管理部等中、高端人才寻聘压力；加强招聘组业务工作培训，提升“内核力量”。校园招聘：疫情防控期间将“数字化”“信息化”融入招聘工作中，采用云宣讲、云面试、云签约的方式，联合北京科技大学、重庆科技学院等校企合作院校举办空中宣讲会。在东北大学、昆明理工大学、辽宁科技大学、重庆科技学院等设立校园大使，提前帮企业宣传。在非重点院校延用云招聘的模式，共参加双选会18场，组织宣讲会21场，线上线下共收到简历1064份，其中有效简历686份，意向签约人数225人，根据企业面试、筛选，签约本科生、硕士生72人，应届大专生20人（其中11人顶岗实习）。至年末，新招在职总数355人（中高级人才5人、专业技术人才126人、技工98人、普工126人）。

【校企合作】 2020年，永钢集团与北京科技大学、昆明理工大学、重庆科技学院、沙洲工学院、张家港中等专业学校、张家港市第三职业中学建立“产、学、研”合作。年内，与张家港中等专业学校合作，建设永钢校企合作史上第一家“永钢学院”，根据“工学交替”教学大纲计划，“永钢学院”第一批27名学生，于12月1日起开展生产认知实习。推进现代学徒制校企合作项目。与张家港中专校合作，安排第一期永钢班上课课程，落实师资、课件、学校对接、奖学金等事宜，开展培训评估，确保永钢班学生的稳定性；筹建第二期现代学徒制永钢班，共30名机电、机械专业的学生进入班级，为公司储备专业对口人才。赞助昆明冶金高等专科学校学生求职模拟大赛、加入由昆明工业职业技术学院牵头组织的云南昆职教育集团理事会，接收辽宁科技大学、江苏科技大学（张家港校

永钢企业学院获评苏州市优秀企业学院

区）、沙洲工学院、张家港中等专业学校学生生产认知实习。

【外来劳力安置】 2020年，永联村股份经济合作社及永钢集团负责外来劳动力安置，其中永钢集团主要开展对永联村劳务专业合作社劳务派遣用工的安置工作，通过工程外包，开拓外来劳力安置渠道。至年末，永钢集团共有外来劳务派遣用工358人，主要安排至永钢集团联峰实业（炼铁厂、炼钢厂、轧钢厂、动力厂、特钢公司、宏泰物流、3D打印车间等）、联峰工业装备科技公司、联峰金属制品厂、乐欣科技装备有限公司等单位。

员工培训

【概况】 2020年，永联村有培训中心1个，永钢集团员工培训由公司办公室培训中心组织开展。年内，永钢集团《员工奖惩管理办法》《员工离岗管理办法》相继出台，加强员工管理。

【入职培训】 新入职员工线上职前培训。将线下培训的课程移至“永钢学习平台”，同时新增薪酬福利、员工考勤休假管理办法、员工奖惩管理办法、教育培训管理办法、离职管理办法PPT培训课件，更新新员工入职培训线上考核题库，制定账号分配规则，实现员工线上培训，有效利用员工业余时间，压缩整体培训周期，提高工作效率。年内，完成新员工入职线上学习计划1586个227 498人次，总学习时数8 472 633分钟。线上培训合格率99.5%。

永钢集团2020年大学生入职培训

【在职培训】 2020年，永钢集团培训中心组织开展专项培训，提升员工技能。组织永钢集团微课开发工作坊培训，经过两天一夜的学习实践，共产出34门微课作品，为内训师队伍搭建做铺垫；3月，培训中心共组织10 144个员工进行防疫项目专项培训；7月，组织2020年大学生入职培训工作，为大学生成长为永钢人做初步规划；11月，与马钢技师学院合作，组织开展中级工技能提升培训，涉及炼钢、炼铁等11个工种529人。是年，共计完成2889人次特种作业取证、2504人次特种作业证年审。

科技载体

【概况】 2020年，永钢集团紧紧围绕“科技兴企”的发展思路，搭建科技创新平台，创新科技载体，推动科技成果转化。6月，永钢集团被张家港市人民政府授予智能制造投入十强企业。12月，永钢集团被江苏省科学技术协会评为江苏省示范企业科协、被苏州市人民政府授予苏州市自主品牌大企业和领军企业先进技术研究院。联峰科技取得建筑工程总承包二级资质、机电工程施工总承包二级、承装（承修、承试）电力设施许可证五级资质。精筑建设集团QC成果《提高SMA沥青路面外观一次性验收合格率》获全国、江苏省、苏州市政协会QC一等奖。年内，永钢集团《实验室管理办法》《创新奖管理办法》改版发布。

【产品研发中心】 2020年，永钢集团产品研发工作由产品研发中心负责。产品研发中心是钢铁产品技术标准的归口管理部门，负责技术协议、供货技术条件的制定及修订工作，外来技术标准的收集和评审，产品标准的规范化管理等工作。至年末，产品研发中心共有研发专业技术人员25人，下设工艺标准室、体系认证室、产品开发室、质量管理室、用户服务室及检测中心。年内，产品研发中心加强产品开发，共完成新品开发72个，其中建筑用钢2个，优钢线材13个，特钢57个。实行原辅料“一物一码”新物料编码，对合金、辅料、废钢、耐火材料、

苏州市产业技术研究院绿色制造熔接技术研究所签约暨揭牌仪式

副产品等按照新编码规则编制6个大类835个物料编码，确保物料在系统内的唯一性及可追溯性。加强智能化生产流程改进，通过推进特钢试样加工业务外包、铁水检测前移、引进自动冲击试验机、焦炭制球机等智能化设备，实现“机器替人”等工作，精简28人，占比9.6%。

【产学研合作】 2020年，永钢集团加强与各科研院校合作，为企业培养输送人才，为技术合作搭建平台。新建苏州市大企业先进技术研究院、苏州市外国专家工作室两个科研载体，开展国家博士后科研工作站、江苏省工程技术中心、江苏省企业技术中心等6项科研载体的维护工作；联合市科技局及地方政府成立绿色制造熔接技术研究所，并于11月30日举办签约暨揭牌仪式，助力公司实现“高品质钢铁材料服务商”战略目标。年内，共推进产学研项目6个，主要包括与江苏研究院共同推进的连铸小方坯55SiCrA弹簧钢热轧盘条的研发项目、钢筋混凝土用HRB400c耐蚀钢筋的研发项目、棒材以轧代锻产品质量提升项目、优特钢线材表面氧化层控制技术的研究项目、高炉炉缸在线检测系统的开发与应用项目、高炉智能布料系统的开发与应用项目等。12月17日，“互通共融·合作发展——张家港应用技术人才培养校政企工作联盟成立大会暨校企合作对接会”在张家港国贸快捷酒店举行。苏州市人力资源和社会保障局局长朱正，苏州市人才服务中心主任朱金龙，张家港市委常委、组织部部长张志明，张家港市人力资源和社会保障局局长张毅等参加活动。永钢集团党委副书记、副总裁张刘瑜作为企业代表，与政府、学校代表共同启动张家港应用技术人才培养校政企工作联盟。永钢集团与安康学院签订合作协议。

【苏州市产业技术研究院绿色制造熔接技术研究所成立】 11月30日，苏州市产业技术研究院绿色制造熔接技术研究所签约暨揭牌仪式在永联议事厅举行。该研究所由苏州市产业技术研究院、张家港市科技局、张家港高新区、张家港市南丰镇、江苏永钢集团有限公司和核心团队（有限合伙）六方共建，拟集合苏州市产业发展优势，整合国内外科研院所、高校、优势企业的资源，构建绿色熔接技术开放式研发服务平台。研究所总投资4.2亿元，建设周期5年。国家友谊奖获得者、乌克兰国家科学院院士、巴顿焊接研究所中方院长郭瑞·弗拉基米尔，江苏省冶金行业协会会长陈建华，江苏科技大学副校长俞孟蕻，苏州市科技局副局长孙艳，苏州市产业技术研究院院长冯翔，广东-独联体科技合作联盟秘书长郭凤志，张家港市人民政府副市长陆崇珉、仇玉山，张家港高新区党工委副书记、管委会主任严亚明，党工委副书记、管委会副主任陶彦斌，南丰镇党委副书记、镇长陈稳，张家港市科技局党组书记、局长赵瑜，张家港市工信局局长曹鹰飞，永钢集团董事局主席吴耀芳，党委书记、总裁吴毅，副总裁、绿色制造熔接技术研究所所长张刘瑜等，以及国内外研发机构专家代表出席活动。签订苏州市产业技术研究院绿色制造熔接技术研究所六方合作共建协议、绿色制造熔接技术研究所战略框架协议。永钢参与共建熔接技术研究所，依托产业技术研究平台，将有助于理解下游产业对高端焊材的个性化需求，找准高端焊材制造和研发方向。

科技项目

【概况】 2020年，永钢集团新立项科研项目29个，其中工艺研究类4项，工艺技术类6项，产品类8项，产品研发类4项，工艺类7项。主要包括超高强度绞线用钢SWRS87Mn的研发、超低断丝率铬合金化80级帘线钢的研究、利用钢渣作筑路材料的研究、3D打印建筑用无机胶凝材料的开

炼钢车间

发、超细规格70级钢帘线用钢的研发、新型高N复合强化500MPa级和600MPa级钢筋的强化、基于烟气流量及CO浓度判定转炉—倒碳含量的技术研究等。完成联峰实业、钢研所2个单位高新技术企业申报工作，完成永钢集团、联峰钢铁、能源装备、钢研所4个单位2020年高新技术企业优惠政策申报材料归集工作。

【江苏省示范智能车间】 2020年，永钢集团电炉大棒智能车间被江苏省工业和信息化厅评为江苏省示范智能车间，成为永钢集团第5个省级示范智能车间。永钢大力实施智能化改造，通过互联网、大数据等新技术与生产制造的深度融合，利用智能感知、人机交互、机器人、多工序的关联优化技术，对生产车间现有装备、企业运营管理模式进行全面优化，构建实时互联、柔性制造、高效协同的“智能制造”体系，实现装备从自动化向智能化转变、供应链从局部优化到全局优化的转变，进一步优化提高工艺技术水平和装备自动化水平，全力打造智能化生产车间。永钢有智能炼钢生产车间、电炉大棒智能生产车间、精品线材智能生产车间、智能炼铁车间4个江苏省示范智能车间以及3个苏州市示范智能车间。大棒分厂开坯机具有完备的控制系统，可实现无人操作自动轧钢——辊缝自动调节、前后推床自动翻钢、自动对正、自动送钢、自动夹持。

表11　2020年永钢集团新立项科技项目一览表

序号	项目名称	分类
1	永钢全价值配矿技术研究	工艺技术
2	超高强度绞线用钢SWRS87Mn的研发	产品研发
3	超低断丝率铬合金化80级帘线钢的研究	产品研发
4	利用钢渣作筑路材料的研究	工艺技术
5	3D打印建筑用无机胶凝材料的开发	工艺技术
6	超细规格70级钢帘线用钢的研发	产品研发
7	液压振动台波形进度研究	工艺技术
8	新型高N复合强化500 MPa级和600 MPa级钢筋的强化	产品研发
9	低倍数字化检测系统开发	工艺技术
10	基于烟气流量及CO浓度判定转炉—倒碳含量的技术研究	工艺技术
11	二钢普钢产线高效化生产工艺研究	工艺研究
12	钢铁工业低浓度大气污染物防治关键质量技术基础应用示范	工艺研究
13	120 t转炉普钢高效冶炼工艺的研究	工艺研究
14	电炉分厂900 mm连铸圆坯开发	工艺研究

续表 11

序号	项目名称	分类
15	抗H_2S腐蚀油井用29CrMoVNb钢工艺优化研究	产品类
16	高强度风电紧固件用合结钢棒材开发	产品类
17	中棒直接切削非调质钢HY4520等产品的开发	产品类
18	大连铸圆坯超声波检测技术与应用	工艺类
19	基于钛微合金化的HRB400E抗震钢筋生产技术开发	工艺类
20	60 t 钢包快速增氮生产工艺研究	工艺类
21	履带式起重机臂架用CB890QL圆钢的研发	产品类
22	汽车用MnCr系列高性能渗碳齿轮钢产品研发	产品类
23	KR一键脱硫技术的研究和应用技术	工艺类
24	中间包干式料高温烘烤性能研究	工艺类
25	碳化钨复合辊在螺14、16上的研究与应用	工艺类
26	转炉小方坯生产G10级GCr15A热轧盘条的研发	产品类
27	特殊品种钢典型夹杂物来源及形成研究	工艺类
28	70 kg 级高强焊丝系列用钢的研发	产品类
29	供常力汽车用冷镦钢盘条的开发	产品类

科技成果

【概况】 2020年，永钢集团持续优化产品结构，进一步加快新品开发步伐。年内，铌微合金化高强抗震钢筋韧化机理研究及产业化关键技术研发获2019年中信铌钢技术进步奖特等奖，绿色化轮胎用超高强度超细钢帘线关键技术研发与产业化项目获中国机械工业科学技术三等奖，永钢集团高性能大规格直接切削用非调质钢的开发及推广应用获冶金科学技术二等奖。大棒智能车间获评江苏省示范智能车间。永钢集团获江苏省省长质量奖、2020年苏南国家自主创新示范区瞪羚企业、2019年度张家港市科技研发标兵企业称号；永钢集团被冶金工业信息标准研究院授予钢筋品牌计划重大工程建设榜样单位、被苏州市人民政府授予苏州市自主品牌大企业和领军企业先进技术研究院称号。永钢集团理化检测中心获中国合格评定国家认可委员会实验室认可，产品铁道车辆用连铸工艺LZ50钢车轴钢坯通过GHC产品认证。2020中国品牌价值评价结果发布，永钢集团企业品牌强度907，品牌价值为104.64亿元。永钢集团联峰及图形被授予江苏省重点培育和发展的国际知名品牌。年内，出版技术期刊《永钢科技》6期。

【新品研发】 2020年，永钢集团加快转型升级步伐，推进品牌建设。在高端冷镦钢产品、帘线钢产品、风电用钢、切削用非调质钢等产品上下功夫。高端冷镦钢产品方面，相继开发眉山中车、常熟常力、鹏驰五金、宇星螺帽等轨道交通、汽车领域知名用户。其中常熟常力作为国内20余家汽车主机厂指定供应商，订货量每月800吨。另外，在推进冷镦钢企标分级分类管理的同时，立项《汽车用冷镦钢》行业标准，作为公司在材料领域主导的第一个国家标准，对提升冷镦钢产品的市场影响力起到较好推动作用。帘线钢产品方面，有效降低炼钢三分厂改造对高附加值胎圈、帘线用钢质量波动的影响，产品覆盖0.175毫米（NT）、0.237毫米（ST）等极限规格和超高强度帘线钢产品用钢需求。品牌国际效应逐步提升，在开发住友金属工业株式会社、韩国株式会社晓星等国际知名企业的基础上，通过普利司通产品试用，进入小批量供货阶段。风电用钢方面，开发直径700毫米、直径800毫米海上大兆瓦风电轴承用高镍加V、N合金化42CrMo4-L连铸圆坯；风电法兰用S355NL系列连铸圆坯完成直径500毫米、直径600毫米、直径700毫米、直径800毫米、直径900毫米全系列开发，2020年实现销量33 000吨；风电销轴用42CrMo4、40Cr圆钢实现稳定供货；风电齿轮通过远景能源（国内风电行业龙头企业）18CrNiMo7-6钢锭认证，实现批量供货，成为远景能源唯一合格供应商，实现销售9153吨，锻件探伤合格率97.1%，远超同行业其他钢厂（92%至95%）。切削用非调质钢方面，开发YG4201、YG4203。直径85毫米规格YG4201产品，实现海天小批量试用。

表12　　2020年永钢集团主要新产品开发一览表

序号	产品	钢种牌号	类别	数量
1	焊丝钢	A12K-SJ	优钢线材	1
2	碳结钢	S45Ti、1015A	特钢	2
3	合结钢	SCM440、SCM440H	特钢	2
4	碳结钢	S20Ti	特钢	1
5	合结钢	SCM420、B7	特钢	2
6	非调钢	HDFT45	特钢	1
7	小圆坯	25Mn2-Q	特钢	1
8	焊丝钢	SJA69、SJA80	优钢线材	2
9	工程机械用钢	35MnB-SY	特钢	1
10	焊丝钢	TiB、EF3	优钢线材	2
11	焊丝钢	BTL53、BMR1CM、KW-60	优钢线材	3
12	合结钢	20CrMoA	特钢	1
13	焊丝钢	KW-65	优钢线材	1
14	碳结钢	SAE1045	特钢	1
15	弹簧、工具钢	SAE6145	优钢线材	1
16	磨球钢	B350A	特钢	1
17	轴承钢	GCr15-HC	特钢	1
18	管坯钢	20G-ZD、12Cr1MoVG-ZD	特钢	2
19	焊丝钢	SJA61、ATL700-Ti	优钢线材	2
20	碳结钢	1035ACR、S15Ti、S20C、S45C、080M40	特钢	5
21	齿轮钢	20CrNiMoA	特钢	1
22	耐蚀钢筋	HRB400CE	建筑用钢	1
23	耐腐蚀精轧螺纹钢	PSB830	建筑用钢	1
24	轴承钢	GCr15A	优钢线材	1
25	合结钢	SCM420H	特钢	1

表13　　2020年永钢集团重点授权专利一览表

序号	专利名称	专利类型	授权公告日	所有权
1	一种UPS故障切换装置	发明	1月21日	联峰钢铁
2	三切分、四切分通用的空过导管装置	发明	1月24日	联峰钢铁研究所
3	多线切分导卫水路分配装置	发明	1月24日	联峰钢铁研究所
4	烧结矿原料中固体燃料配比的调整方法	发明	3月3日	永钢集团
5	一种缩小钢筋头尾尺寸差的温度控制系统以及操作方法	发明	3月27日	联峰钢铁研究所
6	一种无人抓斗行车钢丝绳纠偏装置	实用新型	4月3日	联峰钢铁
7	一种拉渣板	实用新型	4月7日	联峰钢铁
8	一种可视化油气分配装置	发明	4月17日	联峰钢铁
9	一种联接装置	实用新型	5月5日	联峰钢铁
10	一种挡渣棒投放装置	实用新型	5月5日	联峰钢铁
11	一种带式输送机垂直重锤拉紧装置导向轮	实用新型	5月5日	联峰钢铁
12	蒸排风机入口蒸汽净化装置	实用新型	5月5日	联峰钢铁
13	转炉余热锅炉用活动烟罩	实用新型	5月5日	联峰钢铁
14	车辆轮胎清洗装置	实用新型	5月5日	联峰钢铁
15	一种除尘卸灰管道过滤器	实用新型	5月5日	联峰钢铁
16	废钢质量鉴定装置	实用新型	5月5日	联峰钢铁
17	冷却器管道在线清洗装置	实用新型	5月5日	联峰钢铁
18	洗轮机	实用新型	5月5日	联峰钢铁
19	下皮带纠偏装置	实用新型	5月5日	联峰钢铁
20	双向出料振动给料机	实用新型	5月5日	联峰钢铁
21	氧枪金属软管	实用新型	5月5日	联峰钢铁
22	一种具有预警功能的活性焦解析系统	实用新型	5月5日	联峰钢铁
23	一种防卡阻支撑辊结构	实用新型	5月5日	联峰钢铁
24	皮带清扫器	实用新型	5月5日	联峰钢铁
25	一种烘烤器的云端数据监控装置	实用新型	5月19日	联峰能源装备
26	共用型排水装置	实用新型	5月19日	永钢集团
27	煤气排水器	实用新型	5月19日	永钢集团
28	树脂加料装置	实用新型	6月9日	联峰钢铁
29	一种SRG烟气净化装置	实用新型	6月9日	联峰钢铁
30	一种中包水口事故闸板固定板安装装置	实用新型	6月9日	联峰钢铁
31	焦炭过滤器	实用新型	6月12日	永钢集团
32	一种翻钢油缸	实用新型	6月30日	联峰钢铁

续表13

序号	专利名称	专利类型	授权公告日	所有权
33	一种钢坯热送装置	实用新型	7月7日	联峰钢铁
34	一种连铸中包渣盆更换装置	实用新型	7月10日	联峰钢铁
35	涂料喷号机	实用新型	7月10日	联峰钢铁
36	无扬尘清扫装置	实用新型	7月10日	联峰钢铁
37	一种转炉挡渣装置	实用新型	7月10日	联峰钢铁
38	一种冷床行程检测装置	实用新型	7月10日	联峰钢铁
39	一种冷床翻坯优化装置	实用新型	7月10日	联峰钢铁
40	一种钢锭保护浇注装置	实用新型	7月28日	联峰能源装备
41	一种基于以太网通讯的连铸机生产信息显示装置	实用新型	7月28日	联峰能源装备
42	一种导料槽装置	实用新型	7月28日	联峰钢铁
43	一种新型水冷护罩装置	实用新型	7月28日	联峰钢铁
44	一种自动配料系统	实用新型	7月28日	联峰钢铁
45	一种用于生产大圆角或大倒角连铸方坯/矩形坯的生产设备	实用新型	8月7日	永钢集团
46	烧结矿的生产工艺	发明	8月18日	永钢集团
47	一种刮板机链条拆装工具及拆装方法	发明	8月18日	联峰能源装备
48	一种带故障保护装置的滑车	实用新型	8月21日	联峰钢铁
49	一种延长油缸寿命的密封保护结构	实用新型	9月4日	永钢集团
50	一种大型钢锭的加压铸造模具	实用新型	9月8日	联峰能源装备
51	导卫	实用新型	9月11日	永钢集团
52	一种光电传感器快速校线装置及校线方法	发明	9月11日	永钢集团
53	一种热钢坯导向矫直装置	实用新型	9月15日	永钢集团
54	一种直接切削用非调质圆钢及其生产方法	发明	9月25日	永钢集团
55	一种多规格钢冷床高效收集装置	实用新型	9月25日	永钢集团
56	一种双计数器喂丝机	实用新型	10月9日	联峰能源装备
57	一种提高大规格高碳锰铬钢致密度的轧制方法	发明	10月16日	联峰实业
58	一种用于制冷设备检修的低温冷媒充注便携辅助工具	实用新型	10月16日	联峰工业装备
59	一种用于氧枪枪头安装的新型工具	实用新型	10月20日	联峰钢铁
60	能降低固体燃料和提高烧结矿品位的烧结矿生产工艺	发明	10月20日	永钢集团
61	一种称重传感器在线检测装置	实用新型	10月20日	联峰实业
62	一种液压泥炮机炮垫修补安全保护装置	实用新型	10月20日	联峰实业

续表 13

序号	专利名称	专利类型	授权公告日	所有权
63	一种用于高炉冲渣白烟冷凝净化及冷凝水再利用系统	实用新型	10月20日	联峰工业装备
64	一种工业实时数据处理系统及方法	实用新型	10月20日	恒创软件
65	一种穿戴设备数据采集监控系统	实用新型	10月20日	恒创软件
66	一种高压煤气管道波纹补偿器局部轻微损坏在线堵漏工具	实用新型	10月20日	永钢集团
67	一种真空罐密封装置	实用新型	11月13日	永钢集团
68	一种振动台快速安装装置	实用新型	11月13日	永钢集团
69	一种插装阀盖板装置	实用新型	11月27日	永钢集团
70	一种连铸机蒸排风机密封振动补偿装置	实用新型	11月27日	联峰钢铁
71	一种炼钢合金自动加料系统	实用新型	12月1日	恒创软件
72	一种雾化打水装置	实用新型	12月1日	永钢集团
73	一种新型水冷翻钢机油缸	实用新型	12月1日	联峰钢铁
74	一种出铁场铁水取样及测温系统	实用新型	12月1日	恒创软件
75	一种铸坯凝固末端双搅拌装置	实用新型	12月1日	联峰钢铁研究所

表 14 2020年永钢集团获计算机软件著作权证书一览表

序号	名称	日期	申请企业
1	红心闪耀App软件V1.0	9月11日	江苏恒创软件有限公司
2	智慧永联一点通平台V1.0	9月11日	江苏恒创软件有限公司
3	恒创HR基础数据管理软件V1.0	11月27日	江苏恒创软件有限公司
4	恒创成本会计管理软件V1.0	11月30日	江苏恒创软件有限公司
5	恒创短信监控控制软件V1.0	11月30日	江苏恒创软件有限公司
6	恒创废钢综合管理软件V1.0	11月20日	江苏恒创软件有限公司
7	恒创钢坯库存管理软件V1.0	11月20日	江苏恒创软件有限公司
8	恒创工装数采软件V1.0	11月27日	江苏恒创软件有限公司
9	恒创炼钢过程质量分析软件V1.0	11月30日	江苏恒创软件有限公司
10	恒创炼钢计划跟踪与调度软件V1.0	11月30日	江苏恒创软件有限公司
11	恒创炼钢精炼控制软件V1.0	11月20日	江苏恒创软件有限公司
12	恒创炼钢日成本管理软件V1.0	11月27日	江苏恒创软件有限公司
13	恒创汽车吊管理软件V1.0	11月23日	江苏恒创软件有限公司
14	恒创烧结BTP模型软件V1.0	11月30日	江苏恒创软件有限公司

续表14

序号	名称	日期	申请企业
15	恒创烧结矿质量跟踪软件V1.0	11月30日	江苏恒创软件有限公司
16	恒创烧结智能配料软件V1.0	11月27日	江苏恒创软件有限公司
17	恒创线五PF线物料跟踪软件V1.0	11月23日	江苏恒创软件有限公司
18	恒创数据采集及发布平台软件V1.0	11月27日	江苏恒创软件有限公司
19	恒创转炉误工管理软件V1.0	11月27日	江苏恒创软件有限公司
20	恒创转炉预计合金加料软件V1.0	11月27日	江苏恒创软件有限公司

【专利申请】 2020年，永钢集团持续开展专利申请工作，保护发明创造成果，并积极将发明创造成果进行实际转化。年内，获国家知识产权局授权专利75件，其中授权发明专利12件、实用新型专利63件。取得计算机软件著作权登记证书20件。

教　育

【概况】 2020年，永联村有基础教育类学校2所，分别为南丰幼儿园永联园区、南丰小学永联校区。其中，南丰幼儿园永联园区开设17个教学班，有幼儿578人，新市民子女358人，占61.94%。南丰小学永联校区开设27个教学班，有学生1175人，新市民子女950人，占80.85%。是年，受新冠肺炎疫情影响，2020年春节假期延长、开学延迟，推出线上学习系列课程，加强线上学习教育活动。

【教育设施】 南丰幼儿园永联园区　位于永钢大道南侧、永联路西侧。园区占地面积1.1万平方米，建筑面积9000余平方米。幼儿园有17个班的配套用房，6间专用活动室，1间双层挑高多功能室，10间办公用房，配有先进的教学设施，设有苏州市A级萌芽保健屋、张家港市十佳A级食堂。室外配有全塑胶活动场地，秘密花园、多多乐园、亲亲菜园、游戏活动区等高标准活动设施，体现现代、开放的理念和儿童特有的活泼、亲和、趣味的格调。

南丰小学永联校区　位于永钢大道南侧、永联路西侧。学校占地面积5.2万平方米，建筑面积4.4万平方米。2020年9月，设有一年级5轨，二年级6轨，三年级4轨，四年级4轨，五年级4轨，六年级4轨。拥有27间教室，18间专用教室，18间办公用房，配套建设有300米标准塑胶跑道、室外篮球场、排球场等。按照学习、工作、运动、生活四大功能区建设，既分区独立又有机结合。建筑造型新颖，色彩典雅，园林建筑的文化氛围与江南水乡的人文特色相得益彰。以永联精神和“礼学·乐知”的教育思想为核心，校园的五幢建筑，分别以一元、二德、三阳、四维、五谷命名，六条道路，以先后合并的6所村级小学命名，尊重历史，体现永联海纳百川的包容精神。校区设有星辰厅、交通安全实教室、永联教

南丰幼儿园永联园区

社区青少年参加垃圾分类活动

育形象馆、室内体育馆、管弦乐团教室、师生阅览室、科技馆、科技名师工作室、未来教室等专用场馆。

【幼儿教育】 2020年，南丰幼儿园永联园区设有沙画室、创意馆、生活屋、民俗街等专用活动场地。园区共开设17个教学班，其中小班6个，中班6个，大班5个。是年，南丰幼儿园永联园区开展疫情防控、校园安全隐患大排查，线上推送假期居家指导94期。年内，通过微信公众号、安全教育平台，加强交通安全、环境卫生、心理健康、疫情防控等方面的宣传教育，促进学生全面发展健康成长。

【小学教育】 2020年，南丰小学永联校区拥有未来教室、科技馆、交通安全体验馆、管弦乐合奏室等高端装备以及英语外教课程、丰富的少年宫课程、体验式交通安全课程、高雅艺术课程等特色课堂，设有管弦乐队、武术、男女足球、舞龙、种植、刺绣等社团活动。是年，开展垃圾分类、文明用餐、父母课堂等宣传教育活动。1月14日，南丰小学召开校园和校车安全专项整治工作会议，启动南丰小学校园和校车安全专项整治行动。11月10日至13日，张家港市南丰小学与贵州省铜仁市沿河土家族自治县后坪乡中心完小、塘坝镇中心完小开展垃圾分类宣传教育活动。年内，南丰小学获评2020年全国青少年校园排球特色学校、全国青少年校园足球特色学校、江苏省体育教育特色学校、江苏省艺术教育特色学校、苏州市小学课程基地和学校文化建设项目、苏州市义务教育学校管理标准特色学校、张家港市文化建设先进学校、张家港市卫生工作先进集体、张家港市优秀“学校少年宫”“张家港市首届青年教师爱岗敬业专业能力竞赛”总决赛优秀组织学校、“‘典赞’科普张家港新时代文明实践科普站点线上体验”系列评选优秀组织奖等共有10余项荣誉。同时，积极创建张家港市中小学“课堂教学领航学校”、张家港市教育科研示范校学校、张家港市品格提升工程、张家港市食堂食品安全示范学校，接受上级部门的现场核查和汇报答辩。蔡文东获评苏州市优秀教育工作者，顾丽萍获评苏州市教育学会“十三五”期间教育科研先进个人，俞亚萍、顾丽萍获评2020年度首届“港城教育领军人才”，彭艳玲、庞建华获评张家港市“学校少年宫”优秀辅导教师。

【社区教育】 2020年，永合社区依托宣传栏、报纸、微信公众号、网站、电子显示屏、“永联一点通”App等媒介以及灯箱、橱窗、道旗、服务窗口等公共区域，常态化开展宣传教育活动。年内，开展“文明交通”“一平米文明”“文明楼道”等项目，通过各类教育、宣传、劝诫等活动，整治毁绿种菜、车辆乱停乱放、行人乱穿乱行、楼道乱堆乱放等问题，引导广大居民、职工自觉遵守各项规定，树立文明的良好形象。弘扬好人文化。积极挖掘身边好人，利用室外电子屏、善行义举榜展览、《永联村讯》、永联微信公众号、社区宣传栏等平台及时公开报道。举办“最美永联人”颁奖典礼，引导居民见贤思齐；挖掘宣传乡贤文化，学习最美退役军人吴惠芳先进事迹，发挥新乡贤示范引领作用。加强社区垃圾分类宣传，运用激励机制调动居民积极性，每两个月在小区电子屏轮播垃圾分类红灰榜，通过树典型、抓落后的方式，在社区内形成互相监督、共同进步的良好氛围。至年末，共开展法治活动16场，参与人数1100余人，发放宣传资料7500余份；教育活动10场，参与人数700余人；文体活动5场，参与人数250余人；健康教育活动4场，参与人数120余人；安全教育活动8场，参与人数830余人。

文化·卫生·体育

Culture · Health · Sports

江苏省第八届全民健身运动会永联拔河队出征仪式

文化卫生体育

文 化

【概况】 2020年，永联村、永钢集团文化工作管理机构主要有永钢集团办公室、永联村党委、永联干部学院。其中，永钢集团办公室负责企业文化建设、村企宣传报道、重大活动保障、群众文化活动等工作。永联村党委负责永联村、社区文化宣传工作。永联戏楼迁址江南农耕文化园。至年末，永联村文化单位有永联图书馆、永联档案馆，主要文化设施有永联文化活动中心、永联爱心互助街、永联金手指广场、永联议事厅、永联展示馆、永钢展示馆、永联戏楼。年内，共举办、参加各类文艺活动10余场。

【永联书屋】 位于永联村永联小镇爱心互助街，馆房面积1000平方米，图书架21列，电脑8台。设置服务区、期刊区、藏书区、阅览区、休闲书吧、益智区、电子阅览区等区域，收藏有社会科学、文学艺术、工业技术、农技百科等22个大类50 142册图书，3台一体机云借阅设备。图书馆实行全免费、全天候开放式阅读，具有自助借还、查询续借和无线Wi-Fi、二维码电子书下载、电子阅览等服务功能，定期与张家港市图书馆统一调配、流转图书，共享全市图书和电子信息资源。设有益智区·童梦工坊，包括益智区、涂鸦区、绘本区、多媒体教室四个区域，有100余套玩具，对外开放，是集乐、玩、创意等一体的儿童乐园；设有阅读区，有投影设备，可容纳70余人阅读。是年，征订期刊报纸180种；日平均接待读者150余人次，书刊流通量每月200册，读书借阅2077册。年内，由社会组织张家港市惠邻社会工作服务中心托管运营，实行“社工+义工”双工联动的服务管理模式，有工作人员1人，志愿者214人，共开展“故事妈妈义工团”绘本阅读活动、“请把我的书带回你的家”永联图书馆跳蚤市场活动，“我为玩具洗洗澡”志愿服务、“快乐阅读护航”志愿者培训以及“智慧之窗”0周岁至3周岁科学育儿亲子体验工作坊等活动60余场，提供图书馆场馆读者服务6.1万人次，益智区服务5000人次，接待团体200余批次，志愿者服务1030人次，场馆服务总人数7.5万人次。

【永联文化活动中心】 永联文化活动中心占地面积4万余平方米。由联峰广场及永联剧院两部分构成，其中永联剧院拥有大型户外显示屏、旋转升降舞台、乐池等，设有席位1250个。2020年，受疫情影响，文化活动中心全年未开展文化活动。

【永联爱心互助街】 位于永联小镇景观河北侧，由永联村股份经济合作社投资建设，整条街建筑面积2000余平方米。设有永合社区、社会组织两大服务主体；设有休闲书吧、图书馆、儿童益智区，主要为辖区内不同年龄段人群提供读书学习的场所；设有健身房，为辖区住户提供各类健身和休闲活动场所。提供党群服务，主要为社区居民群众提供政策咨询，办理社保、民政、计生等业务以及社区治理、社区党建服务等；提供邻里服务，主要为辖区居民开展文明提升、社区养老、爱心超市、军民融合、助残帮困等志愿服务活动。

永联书屋

永联展示馆

【永联展示馆】 由中国美术学院规划设计，总投资2000万元，建筑面积2000平方米。展馆分两层，一层设有序厅、永联现状展区、土特产展销厅。二层设有流媒体厅、3D电影院、贵宾厅等。2020年，该馆由永联干部学院管理，全年接待参观人员4.36万人次。

【永钢展示馆】 永钢集团展示馆占地面积1500余平方米，涵盖序厅、发展历程、今日永钢、多元产业、永钢之道、奋斗之星六个展区，总结与提炼企业发展所取得的经验、沉淀的优秀品质，集中展示永钢精神风貌和发展成就。其中，"序厅"的"钢劲铁骨到永远"主题雕塑由820根钢管焊制而成，寓意永钢8月20日建厂，是企业蓬勃发展的写照；"发展历程"展区，以1984年建厂后企业经历的重大事件为节点，划分"孕育创立""成长壮大""跨越发展""转型发展"四个时期，展示永钢集团从无到有、从小到大、从弱到强的发展轨迹；"今日永钢"展区，企业的管理架构、国内外市场布局、钢铁实物展品展示企业的规模与实力。2020年，该馆接待参观人员95.85万人次，开放223天。

【文化产业】 2020年，永联区域内有苏州像形文化传媒有限公司、张家港永畅文化传媒公司、张家港绎美文化传媒有限公司、张家港市永联干部培训学院、艺星舞蹈工作室、书香源培训中心、慧联艺术培训中心等9个文化机构，有工作人员74人。

像形文化传媒有限公司　位于永钢集团办公楼一楼，由永联村股份经济合作社管理，主要为村企提供企业形象策划、影像拍摄剪辑、报刊编辑宣传、活动策划组织、平面设计制作等服务。2020年，有员工13人，共出版《永联村讯》34期，编辑发布村企微信360余条；拍摄专题片56部，完成大型会议及活动摄影摄像保障120余次。全年营业收入273万元。

永畅文化传媒公司　位于永联小镇永瑞园21幢2号门面，由个体经营，主要提供广告设计制作、喷绘写真、户外标牌等服务。2020年，有员工6人，营业收入150万元。

绎美文化传媒有限公司　2020年，地址迁至永联小镇北街永琪园4幢，由个体经营，主营文化活动策划、婚典礼仪、舞台设备租赁、安装和维护业务。年内，有员工4人，主要为永钢集团、永联村以及塘桥镇、乐余镇、南丰镇科文中心策划文化活动，提供舞美设计、舞美硬件保障，全年营业收入85万元。

永联干部培训学院　原永联培训中心，位于永联议事厅内，是由永联村党委直接领导，由张家港市委党校进行业务指导的专业化基层党政干部培训服务机构。学院秉持"深耕基层，助力现代化"的价值观，以永联乡村振兴经验为基础，整合长三角地区培训资源，构建党组织建设、县域经济、乡村振兴、社区治理、文明创建、党史教育等9大特色专题，与长三角1000余个优质现场教学点形成长期合作伙伴关系，特聘名校讲师、名村书记及政府专家为学院客座讲师。2020年，有员工23人，全年培训2500批次培训学员9万人次；营业收入2217万元。

艺星舞蹈工作室　位于永联小镇南街19幢4号，经营面积300余平方米，由个体经营，主要提供舞蹈培训，开设拉丁舞、中国舞、形体芭蕾等课程。2020年，有员工5人，学员57人，营业收入32万元。

书香源培训中心　原名常春藤培训中心，位于永联小镇南街19幢1号，经营面积294.92平方米，由个体经营，主要为7岁至12岁小学生提供托管教育。2020年，有员工6人，学员50余人，营业收入20万元。

慧联艺术培训中心　原慧学培训中心，位于永联小镇南街22幢1号，经营面积420平方米，由个体经营，主要为学生提供美术、舞蹈、钢琴、张报小记者以及小学生托管等培训教育。2020年，有员工7人，学员80余人，营业收入25万元。

圣潇艺术培训中心　位于永联小镇南街14-1西，经营面积200余平方米，由个体经营，主要提供少儿舞蹈、少儿口才培训。2020年，有员工6人，学员150人，营业收入40万元。

兰亭画室　位于永联北街永琪园7幢，经营面积78平方米，由个体经营，主要为学生提供美术培训，2020年有员工4人，学员80人，营业收入15万元。

【文艺队伍】 2020年年末，永联区域内共有锣鼓队、龙狮队、舞蹈队、合唱队、腰鼓队、"合之韵"艺术团、永联荷风管弦乐团7支文艺队伍，共有队员733人。其中，龙狮队有6支、队员110人，舞蹈队有队员97人，合唱队有队员90人，锣鼓队有队员122人，隶属永钢集团办公室组织科管理。腰鼓队有队员12人，"合之韵"艺术团有队员16人。永联荷风管弦乐团有队员286人，隶属南丰小学管理。年内，"合之韵"艺术团编排舞蹈《春风十万里》、舞蹈《映日荷花别样红》、广场舞《跟党走》3个节目，参加"献礼一百年·繁花耀港城"2021年张家港市群众文艺团队定级赛暨庆祝中国共产党成立100周年百团展演活动，南丰镇第28届全民运动会–广场舞《跟党走》大展示，张家港市广场舞大赛3场。永联荷风管弦乐团参加2020年中国农民丰收节暨永联村建村50周年开幕式和晚上文艺演出、2020年南丰镇文明创建十年成果展演2场。

【宣传载体】 2020年，永联区域内媒体宣传载体主要有《永联村讯》、永联村门户网、永钢集团门户网、永联村微信公众平台、永钢微信公众平台、永联一点通App等。

《永联村讯》 由中共南丰镇永联村股份经济合作社主办，像形文化传媒公司承办，对开4版双面彩色印刷。2020年，设有综合报道、议事厅、文学天地、生活服务、风情小镇等常规栏目，共出版34期，每期发行5600份，共发行19.04万份。

永联村门户网 网址为www.yong-lian.cn，首页设有永联村、永合社区、永钢集团、永联农业、永联旅游、为民基金6个栏目。其中，永联村设有永联概况、永联动态、永联社务、永联文娱、永联民生、社员专区6个子栏目；永合社区设有社区概况、新闻动态、社区服务、居情公开、文体教育、邻里互助6个子栏目；永联农业设有企业概况、动态信息、推广服务、产品展示、人才招聘、农业信息、永联菜篮7个子栏目；为民基金设有简介、组织机构、规章制度、财务公示、动态信息、基金项目、捐赠物品义卖、爱心展示、理事长信箱、下载专区10个子栏目。2020年，日均访问量4500次。

永钢集团门户网 该网站域名为http：//www.yong-gang.com/，主要向社会各界传递企业发展动态、宣介产品服务，是展现企业形象、加强品牌建设的重要平台和窗口。2020年，网站进行整体改版和升级，12月8日上线。改版后的门户网站，界面宽、简约美观，共设置"关于永钢、产业板块、产品服务、媒体中心、社会责任、加入永钢、公告信息"7个一级栏目。其中，产业板块子栏目设钢铁、金融贸易、建筑建材、装备制造、新能源、循环经济6类；媒体中心子栏目呈现企业动态、媒体报道和企业宣传片，展示企业发展情况。新版网站专门设立社会责任板块，展现企业可持续发展、绿色发展、安全发展、创新发展以及共建共享的生动实践；开辟"加入永钢"板块，便利企业和求职人员作双向选择。是年，日均访问量3000次。

永钢内部门户网 该网站供永钢集团内部职工浏览，主要发挥企业内宣的主阵地、文件发布的主平台、辅助办公的主窗口等功能作用，网址为http：//192.168.2.102/，设有公司动态、公司文件、公司制度、服务之窗、办公平台5个一级栏目，结构清晰、浏览便捷。是年，日均访问量8550次。

魅力永联微信公众平台 该平台设置永联概况、永联生活、E阳光3个菜单选项。其中，永联概况下设永联简介、管理机构、形象视频、鸟瞰永联、办事指南5个子栏目，永联生活下设吃、住、行、游、购5个子栏目。2020年，累计推送信息305条，关注人数9572人。

永钢集团微信公众平台 该平台设置企业概况、产品导购、服务指南3个栏目，企业概况下设企业简介、企业文化、产业结构、荣誉资质、形象视频5个子栏目，产品导购下设钢材、房产、土特产、旅游景点、宾馆酒店5个子栏目，服务指南下设交通指南、客户服务、员工服务、周边生活、联系我们5个子栏目。2020年，累计推送信息434条，关注人数17 589人。

永联一点通App 该App分新闻资讯、服务台、议事厅、账号登录等版块，其中新闻资讯版块主要通过图片、视频和文字，为居民游客提供各类新闻信息；服务台版块以服务内容为主，包括永联地图、热线电话、社区活动、生活缴费、在线点餐、饭卡充值以及各部门通知公告；议事厅版块是社区、居民在网上反映诉求，增强沟通交流的重要渠道。该App便于居民、游客全方位了解永联，获悉永联资讯，参与网上互动。2020年，累计推送信息736条，注册人数10 913人。

【文化活动】 2020年1月25日至30日（正月初一至初六），苏州江南农耕文化园举办永联新春游园会，设有寻宝活动，开展魔术、杂技、高跷、面人、腰鼓、舞狮等表演。9月22日，“丰收颂”江苏省书画名家作品展在永联村农耕文化园商贸楼一楼举办，活动由江苏省书法家协会指导，张家港市委宣传部、市文学艺术界联合会、张家港市南丰镇永联村主办，以“欢乐庆丰收、奋进现代化”为主题，共展出52幅书法作品、48幅国画作品，展示新农村、描绘新生活、讴歌新时代，展览持续至10月末。9月20日，永联荷风管弦乐团参加2020年中国农民丰收节暨永联村建村50周年开幕式和晚上文艺演出。12月17日，永联荷风管弦乐团参加2020年南丰镇文明创建十年成果展演。

中国农民丰收节主题晚会

【公益电影驿站】 2020年3月，永联村党委推进公益电影室内放映点建设，对永联展示馆影厅及永琪园七幢一楼原公益电影驿站进行改造，改建室内公益电影驿站，更新激光投影机、5.1声道音响系统，提高观影舒适性。项目由永联为民基金会负责统筹，总投资85万元。至6月末完成改造。改造完成后，公益电影驿站可容纳200人观影，集公益慈善、志愿服务、文明实践为一体，旨在丰富社区居民精神文化需求。

卫　生

【概况】 2020年，永合社区、南丰镇社区卫生服务中心永联分中心、永钢健康服务中心开展疾病预防、治疗、人员体检、职业病防治、健康教育等工作以及组织健康教育讲座、免费义诊、食品安全宣传等50余场活动。至年末，永联村、永钢集团共有环卫人员500余人。4月，永钢集团在职工服务中心成立心理咨询室，与专业心理咨询中心合作，聘请心理咨询师团队为职工提供心理健康宣教、咨询和辅导等服务。是月，永钢以工会分会为依托，组建一支心理气象员队伍，指定工会各分会主席或车间安全生产管理人员为兼职心理气象员，负责观察和报告职工的心理状况，加强职工心理健康服务。是月，永钢员工职业健康专项体检和职工健康体检工作启动，至11月末结束，共有8500余人参加免费体检。6月23日，永钢邀请国家二级心理咨询师、国家中级体验式培训师王海侠在文化活动中心为心理气象员队伍开展“异常心理识别技术和处理”专项培训。永钢集团工会分会主席、各分厂安全主管（心理气象员）等60余人参加。培训从“什么是心理健康”“如何识别和应对三种异常心理”“危机干预和总结”等方面，结合具体案例进行解读，增强心理气象员对心理健康的辨识及对不同类别心理问题的识别等知识的了解。7月3日，永钢集团在永联议事厅举办2020年永钢集团体检报告专家解读会，邀请张家港市第一人民医院的专业医师到现场给予一对一讲解，帮助职工“读懂”体检报告，深入了解体检结果，掌握疾病的预防措施。7月4日，

永钢集团体检报告专家解读会

永钢集团在职工服务中心举办防治心脑血管疾病健康知识讲座，邀请张家港市中医院内科副主任医师，介绍日常如何预防心脑血管疾病以及突发心脑疾病时如何快速有效应对，45岁以上年龄段职工200余人参加。12月9日，由永联村股份经济合作社工会联合会主办、张家港市惠邻社会工作服务中心承办的健康从心出发——女职工健康讲座在永联村新时代文明实践站公益电影驿站开展，共吸引81名工会女职工参加。活动旨在提高女职工的健康意识。

车间巡诊

【南丰镇社区卫生服务中心永联分中心】 南丰镇社区卫生服务中心永联分中心设有全科（一）、全科（二）、放射科、心电图室、B超室、手术室、注射室、护理室、化验室、药房等，有X光机、B超机、心电图机、生化分析仪、尿常规分析仪、血常规分析仪、微波治疗仪、手提式高压消毒器等设备。2020年，有医务人员16人，其中医师1人，助理医师1人，乡村医生3人，护士4人，药剂师4人。有病床15张。年内，接诊病员6万余人次，营业收入500万元。

【非传染疾病防治】 2020年，永联村高血压、糖尿病、冠心病、肿瘤、脑卒中等村民慢性病患者2408人，其中高血压患者1010人、糖尿病患者528人、冠心病患者201人、肿瘤患者247人、脑卒中患者422人。南丰镇社区卫生服务中心永联分中心通过面对面随访、年度体检等方式加强非传染疾病防治。永钢集团对患有高血压、心脏病等影响安全生产的人群进行定期跟踪随访，根据高血压患者的实际情况，每月进行一次血压测量。

【永钢健康服务中心】 永钢健康服务中心位于颐和公寓6幢，业务用房600平方米。有心电图机、B超机、血球计数仪、尿常规分析仪、生化分析仪、血糖仪、X光拍片机等辅助检查设备以及常用诊疗、预防保健和健康教育设备。2020年，有医务人员5人，主要为永钢集团职工进行职业病预防、健康体检、心理健康服务、工伤管理、劳保用品发放等工作。有救护车1辆，驾驶员1人，24小时值班，负责医疗保障及与医院沟通协调，全年完成医疗保障160次。开展高温巡诊26次。完成职工健康体检9469人次。提供心理健康服务，以钢轧事业部、特钢事业部为试点单位，组织线上心理健康宣传教育和压力与情绪管理的微视频学习；对钢轧3320名在职在岗员工开展心理服务需求调查问卷。年内，接待各类心理咨询121人次，危机干预1人，多途径帮助员工缓解压力。完成186名新员工入职心理测评，助力人员类别筛选。更新永钢职工健康数据库，每年将检查结果同步录入职工的个人健康档案，并对健康状况异常的职工进行随访、督导等健康跟踪管理。

【职业病防治】 永钢集团每年开展职业健康体检、职业环境监测等项工作，加强职业病防治工作，保障员工身体健康，同时邀请专家解读体检报告，建立职工健康数据库，持续进行随访、督导等健康跟踪管理。2020年，完成新入职职工体检1320人（外协单位1045人、永钢集团275人），在岗职工身体健康体检2117人，职业健康专项体检6032人；开展职业危害因素监测，抽样监测厂区范围2968个作业点。

入职体检　永钢集团每年组织新职工到永钢卫生室开展岗前入职体检，主要体检项目包括：X光胸片、电测听、血液生化、血常规、心电图、内外科检查。2020年，新职工体检2436人，体检项目不合格291人，主要包括听力损伤、肺部异常、肝功能异常、高血压、血常规异常、先天性心脏疾病等。

身体健康专项体检　永钢集团每年组织在岗

职工到永钢卫生室开展身体健康专项体检，主要项目有彩超、生化十五项、心电图、血糖、血脂等10余项检查。2020年，参与体检人数2117人。

职业健康专项体检　永钢集团每年组织对职业危害岗位员工进行专项体检，以保障公司职工的身体健康与合法权益。2020年，与张家港市中心医院合作，为公司高温岗位、粉尘岗位、噪声岗位、化学类岗位、放射人员等岗位职工共6032人进行职业健康体检，未发现职业病，对存在职业禁忌人员进行及时换岗。检查项目主要包括内科、心电图、电测听、肺活量测试、高千伏胸片、B超（肝胆胰脾双肾+门静脉血流）、血常规、血糖、肝功能、肾功能、尿常规等10余项。

职业危害因素监测　永钢集团每年定期对全公司存在职业病危害因素的工作场所进行检测。2020年，永钢集团对联峰实业、精筑集团等存在职业危害因素的工作场所进行检测，共设2968个点位。其中，联峰实业范围内由苏州大学卫生与环境技术研究所和江苏中泰检测检验有限公司进行检测，第三方机构对现场勘查并出具检测方案后，再到现场根据检测方案进行检测，由各单位指派人员陪同检测。是年，联峰实业范围化学物质检测392个点位，无超标点位，合格率100%；粉尘监测264个点位，无超标点位，合格率100%；物理因素检测1517个点位，超标117个点位，合格率92.28%；噪声检测662个点位，超标80个点位，合格率87.9%；射源检测117个点位，无超标点位，合格率100%。

永联一站式健康小屋

【永联一站式健康小屋】　位于永联爱心互助街邻里服务中心，有20平方米，内设自助体检机、骨密度检测仪、肺功能检测仪、心血管诊断仪等医疗设备，为居民免费提供测量身高、体重、血压、血糖、骨密度、心电心率等体检项目，提供康复理疗、营养膳食、健康管理、外伤处理等多种服务，针对情况特殊的居民提供上门服务。同时设有“专家诊疗室”，聘请三甲医院的心理、骨伤科、呼吸科、中医理疗等方面专家，定期到社区为居民开展医疗服务，建有永联医疗专家库，社区提前一周将专家简介、值班表上墙，居民提前排队问诊。2020年，受新冠肺炎疫情影响，场馆未常态化对外开放，服务次数10余次。

【优生优育】　2020年，永合社区计划生育协会有81个小组，会员899人。至年末，永合社区共有育龄妇女2382人，其中放心对象1589人，一般管理对象675人，重点管理对象16人（每季度跟踪个人婚姻及孕情），挂靠对象36人，外出对象60人（要求每半年做1次B超并及时上报孕情），失踪对象6人。年内，发放避孕节育宣传资料95份。办理独生子女父母光荣证7本，发放独生子女奖励441人次，共13 230元。加强国家计划生育政策宣传，与张家港市镇计生部门对接，为社区育龄夫妇提供免费体检服务。年内发放免费孕前优生健康检查体检单53张，完成体检33对。办理生育登记94对，其中一胎49对，二胎45对。完成计生四项手术费用的登记报销发放工作，年内共登记办理24人。办理城保退休独生子女一次性退休奖励金156人。是年，永钢集团加强计生服务及政策宣传，做好女职工人流手术费用报销、生育假办理、生育津贴发放以及孕期女工岗位调剂等工作，由妇联分会小组长向员工传达《永钢集团计划生育管理规定（修订）》等政策。

【妇幼保健】　围产期保健　永联村区域妇女怀孕3个月均建卡作早孕登记，由南丰镇社区卫生服务中心永联分中心保健门诊发放孕产妇健康管理手册，孕产妇建册后按时到张家港市二级及以下医疗机构、张家港市社区卫生服务机构进行孕期保健和产后42天检查，可凭服务券免费享受相关检查和随访服务。2020年，永联村区域有105名孕产妇建卡，建卡率100%。有产妇105名，新生婴儿106人，定期进行产后访查105人次。

妇女保健　永联村区域育龄妇女每年可免费享受常规B超随访。2020年，应B超随访人数165人，实际完成165人，常规随访率100%。5月起，永钢集团开展女职工专项体检，至8月末结束，共有2200余名女性职工参加免费体检。体检项目有内科、血常规、尿常规、生化全套、癌胚抗原、心电图、X光拍片、肝胆脾双肾+门静脉血流B超、子宫附件彩超、妇科专项化验检查。

儿童保健　永联村协助南丰镇计生条线，做好儿童保健知识宣传、通知传达等工作，加强对儿童健康的关爱和保护。新生儿出生30天后即列入儿童保健范围，建立跟踪服务卡片，实施系统管理。要求实行计划免疫，接种乙肝、卡介苗、脊灰、百白破（百日咳、白喉、破伤风三联苗）、麻风等疫苗，加强儿童健康体检。是年，全村儿童30天建卡率100%，0岁至6岁儿童系统管理率100%。开展科学育儿工程，年内发放科学育儿书籍106份；开展科学育儿活动2场，居民参加人数60人次。

【健康教育】 2020年，南丰镇社区卫生服务中心永联分中心累计发放各类健康教育资料12种，1万余份。设置宣传栏1个，内容更新每月1次。开展健康知识讲座4次，受教育200人次。永联村、永钢集团通过微信公众平台、宣传栏等阵地，宣传健康教育知识；永合社区利用爱心互助街健康小屋场馆，组织开展免费义诊活动，普及健康知识，为村民职工提出健康建议。南丰小学永联校区加强学生食堂管理、预防近视、健康体检等卫生保健工作，做好学生免费体检、打疫苗等通知、核查工作。定期开展宣传卫生健康知识，引导学生养成良好的卫生习惯和健康文明的生活方式。组织全体学生每天做眼保健操，开展科学用眼护眼健康教育。南丰幼儿园永联园区加强幼儿园卫生保健工作。每日进行晨检，检查儿童的口腔、指甲等卫生情况。定期组织开展儿童视力、蛀牙体检；做好儿童接受疫苗接种的通知、核查工作，确保儿童接种疫苗率100%。

【环境卫生】 2020年，永联区域内公共环境卫生主要由南丰镇环卫所、张家港市联峰物业经营管理有限公司（简称联峰物业公司）、中海物业苏州分公司、永联村劳务公司、浙江联运公司管理。其中，永联村劳务公司所管理的永钢区域内的环卫设施有工业垃圾卡车4辆、清粪车1辆、压缩车3辆、抽污水车2辆，有垃圾箱11只、垃箱桶359只、化粪池120座、集油池7座、公共厕所727座。有环卫人员280人。联峰物业公司所管理的永联小镇的环卫设施有吊车1台、冲洗车1辆、吸树叶机1台，有三轮车6辆、洗地机2台、升降机1台、清扫车5台、疏通机1台、卡车1辆、高压清水机2台、汽油机式水泵2台、公共厕所11个、垃圾箱96只、垃圾桶192只、集油池6只、垃圾池1只。有环卫工人99人。浙江联运公司在永联小镇内分别投放二分类智能分类箱96台，四分类智能可回收箱10台，积分兑换机8台，厨余、其他垃圾清运车6辆，大件车1辆，可回收厢式货车1辆。2020年，有环卫人员共33人，累计清运厨余垃圾643.42吨，其他垃圾607.31吨，可回收物134.73吨。

【食品安全】 2020年，永联区域内食品安全主要由永联景区管理办公室市场监管部门管理，疫情期间开展餐饮店疫情防控知识、使用公勺公筷、文明就餐、拒食野味等宣传。开展落实元旦、春节期间食品安全专项整治、学校食堂食品安全专项整治、中秋及国庆期间食品安全专项整治及食品安全“守护行动”等整治行动4项。开展食品安全宣传3次。完成“丰收节”重大活动期间的食品安全保障工作。是年，为响应国家号召，落实“长江大保护”基本国策，根据长江生态环境优化关于禁止捕捞的相关要求，永联区域内拆除所有含“长江鲜”“江鲜”字样的标志建筑、指示牌、广告牌、店招、海报、菜单等。是年，永联辖区内有食品生产经营单位217家，食品经营许可证领证率100%，从业人员1000余人，全年开展食品安全知识培训、体检的合格率均为100%。

【新冠肺炎疫情防控】 2020年1月，湖北武汉暴发新冠肺炎传染疾病。永联村、永钢集团面临疫情防控和发展壮大的双重挑战，积极响应上级要求，展开新冠肺炎疫情攻坚战，加强管控隔离，完善应急预案，织密防控网络体系。永钢集团延长职工复工时间至2月10日，取消除夕、春节慰问及新春系列活动；通过微信群发《新型冠状病毒肺炎预防手册》，利用自媒体、折页发布防疫告示，制作横幅和户外展板500余个，加大疫情防控宣传力度。针对春节返乡探亲的湖北籍员工，采取专项政策，给予正常享受薪酬福利待遇。1月31日，苏州市人大常委会副主任、张家港市委书记沈国芳，张家港市委副书记王亚方，市委常委、宣传部部长杨芳，副市长陈卫兵等领导到永联、永钢检查指导新冠肺炎疫情防控工作。2月，经南丰镇疫情防控工作领导小组同意，凡经过永联村或永钢集团厂区的车辆实施临时交通管制，设置疫情检测点。2月5日，永钢集团开始实行水路交通运输疫情防控。2月10日，永钢集团通过视频会议召开董事局、总裁班子会，研究部署新冠肺炎疫情防控和企业生产经营工作。2月11日，永钢集团捐赠善款、物资仪式在张家港市慈善总会举行。永钢集团董事局主席吴耀芳代表公司举牌捐款2000万元，副总裁陈华斌举牌捐赠1.4万只口罩和9105套化学防护服，市委副书记、市长潘国强接收捐赠牌。2月17日，永联村组织永联区域控股子公司、商户、职工、居民进行“湖北抗击新冠肺炎”专项捐赠活动。通过线上、线下捐款，共筹集善款160.7万元。是月，永钢集团开发“永钢提货一点通App”，实现手机线上排队提货，门卫系统自动验证放行车辆，无须人工干预。是月，永钢集团响应市红十字血站发出的《献血倡议书》，号召在岗员工报名参加无偿献血活动。2月，永钢集团采购13 500只适用于10周岁以内儿童佩戴的防护口罩，发放给在张家港就读和生活的员工子女。3月，永钢集团捐赠190万元建造巩留县人民医院核酸检测PCR实验室，并为医院购买转运新冠肺炎患者的负压救护车，提升巩留县疫情防控能力。3月18日起，先后组织三批湖北籍返岗。3月24日，张家港市委、市政府在永联田园居酒店举行永钢集团湖北籍低风险地区员工返岗仪式。永钢集团有114名湖北籍员工返岗。是年，永联区域通过设置防疫卡口、宣传防疫知识等方式，加强新冠肺炎疫情防控。永联村社会组织成立疫情防控小组，同时整合资源，形成联防联控的强大合力。其中志愿者联合会开展防控志愿服务，组织参与卡口值班、防疫宣传、复工复产等志愿服务269场，参与志愿者5313人次，志愿服务时长25 790小时。社会文明建设联合会完成永合社区防疫卡口电子道闸门禁系统车辆信息导入，开展评价口罩爱心义卖50余场，审查人脸识别系统信息2万余人次。橄榄绿退役军人工作室筹集善款6.6万元，驰援武汉一线疫情防控军队人员生活物资。惠民颐养在疫情期间组织工作人员51人参与永联村卡口执勤，为老年人提供代买食品、口罩、生活用品等服务。惠民社工、惠邻社工创新服务方式，开发线上抗疫项目，宣传科学防疫知识，缓解居民心理压力，帮助老人注册苏城码、苏康码；组织策划开展线上宣传活动三大主题，征集作品百余幅。社会文明志愿者联合会发布防疫宣传短信14万余条，及时更新电子屏滚动播放疫情宣传内容，确保群众知晓，遵守各项规定；制定《社区社工服务指引》《老年社工服务指引》《永联疫情防控志愿服务指引》。永联村党委成立疫情防控指挥小组。农旅公司天天鲜为全市100个社区提供配送服务，为张家港市援鄂医疗队家属配送“暖心菜”，并将田园居、度假酒店作为政府集中观察点。保安公司落实外来人员登记、体温测量、日常消毒等工作。苏州像形文化传媒有限公司拍摄专题片、短视频，刊发防疫知识，发挥正面宣传引导作用。经济合作

村企防疫

田园居酒店第一批隔离人员解除隔离

社免除永联小镇三条街商户2个月租金，推动永联村区域的经济复苏。永联区域捐款总额2000余万元。2月17日至24日，永联为民基金会在永联区域内组织开展新冠肺炎疫情防疫专项募捐活动。永联区域单位、商户、职工、居民积极参与，共筹集资金310.51万元，参加募捐单位23家、商户109家，参与募捐人数11 937人。其中，单位捐款121万元，商户捐款8.25万元，永钢集团、子公司、永联村各单位员工捐款166.74万元，参与人数10 060人，其中党员693人，占比6.89%；永合社区居民（非永钢集团、永联村相关单位在职人员）捐款14.52万元，参与人数1877人，其中党员226人，占比12.04%。27日，为民基金会对接张家港市慈善总会，完成310.51万元专项捐款的定向捐赠，签署捐赠协议，定向用于武汉黄石、援疆等地的疫情防控工作。为民基金会在专项募捐期间陆续收到部分爱心企业、热心村民以及爱心人士捐赠的防疫物资和生活物资，所有物资定向用于永联区域各防疫点位。12月21日，全国工商联在第十二届第四次执委会议上，对抗击新冠肺炎疫情做出优异成绩的先进民营企业予以通报表扬。永钢集团获评全国工商联抗击新冠肺炎疫情先进民营企业。

体　育

【概况】 2020年，永联村颐和公寓室外健身场所设有扭腰器、仰卧架、蹬力训练器、秋千架等运动器材，年内增设篮球场1个。永钢职工健身俱乐部内设乒乓球室、跑步健身室、台球室，配置有台球桌、乒乓球桌、跑步机、健步器等运动器材。永联村各居民小区设有扭腰器、仰卧架、俯卧器、蹬力训练器等运动器材，方便居民日常锻炼。永联爱心互助街健身娱乐中心设置桌球、康乐球、乒乓球、腹背训练器、老年综合训练拉伸器、平衡杠、腰椎治疗仪、哑铃架等运动、康复设备。永联文化活动中心设有篮球场。南丰小学永联校区配套建有300米标准塑胶跑道1个、小学生室外篮球场2个、成人室外篮球场1个、排球场1个、体育馆1个、羽毛球场1个、教师健身房1个，各类器材配备齐全。7月12日，张家港市篮球协会第九次代表大会暨第九届第一次委员会会议在永联议事厅召开。会议宣读关于聘请吴耀芳为张家港市篮球协会第九届委员会名誉主席的决定。张家港市体育总会授予吴耀芳“张家港市篮球运动突出贡献奖”。永钢集团获2020年度市篮球协会先进集体，张迁获2020年度市篮球协会先进个人。

【学校体育】 南丰小学永联校区围绕两个“百分之百”的目标（百分之百的中小学生实施国家学生体质健康标准，百分之百的中小学生每天锻炼一小时）开展体育运动，利用课间操时间、课外文体活动时间开展阳光体育运动。2020年，由于新冠肺炎疫情防控，运动会、运动赛事等集体性活动暂停。

【职工体育】 2020年，永钢拔河队组建。永钢集团体育协会设有篮球队、足球队、拔河队、羽毛球队、网球队、跑吧7支队伍，有会员500余人，黄均时担任主席，张迁、黄剑担任副主席，谢章建任秘书长，有体协委员8人。是年，永钢集团加强体育队伍建设，开展篮球、乒乓球、羽毛球等体育协会常规训练，组建永钢集团拔河队，开展日常训练，并参加江苏省第八届全民健身运动会、第二十一届全国拔河锦标赛。10月11日，江苏省第八届全民健身运动会拔河比赛在连云港开赛。南京、徐州、苏州、南通、宿迁、连云港6个市代表队参加。其中，永钢拔河队代表苏州市参加女子500公斤级、女子540公斤级、男子600公斤级、男子640公斤级、混合600公斤级5个组别比赛。经过角逐，永钢代表队获女子540公斤级亚军，获男子600公斤级、男子640公斤级、女子500公斤级、男女混合600公斤级季军。10月20日，“全民健身·活力中国”2020年中国拔河俱乐部公开赛暨长三角拔河交流赛在上海举行，永钢拔河队参加男子640公斤级比赛，获第八名。10月31日，由永钢集团赞助的“永钢杯”2020三人篮球俱乐部精英赛在张家港购物公园举行。永钢集团与政府、市场、社会合作，旨在使联赛成为当地篮球的顶尖赛事，打造张家港市篮球“嘉年华”赛事。11月6日，由经济合作社工会联合会主办、惠邻社工承办的乘风破浪谱新篇项目启动仪式暨健步行活动举行。经济合作社工会联合会会员、永联跑吧成员以及社区居民200余人参加。活动旨在丰富职工文化生活，倡导健康生活理念。11月28日至29日，第二十一届全国拔河锦标赛在福建省龙岩市举行。全国各地有21支队伍参赛，永钢拔河队参加女子500公斤级、540公斤级，男子640公斤级、680公斤级、混合600公斤级5个组别比赛，最终获女子540公斤级全国第三名、男子640公斤级全国第四名、男子680公斤级全国第五名，并获评第二十一届全国拔河锦标赛“道德风尚奖”。

张家港市拔河协会成立大会

【老年人体育】 永联村老年人遵循“运动增强体质”理念，加强锻炼身体，倡导文明健康生活方式，常规健身项目主要有太极拳、功夫扇、柔力球、广场舞等。组建有“五老”协会健身队，有队员35人。11月10日，张家港市第七届全民健身大展示（健身气功八段锦）暨市第七届镇级健身气功比赛在南丰镇举行，南丰镇永合社区健身气功队获最佳表演奖。老年体育队参加张家港市第八届全民健身大展示之健身气功八段锦比赛、柔力球比赛、太极功夫扇比赛3场，老年体育队编排节目柔力球《复兴的力量》1个。

【永联跑吧运动俱乐部】 永联跑吧运动俱乐部以“我运动我健康我快乐”为口号，坚持科学慢跑的健身理念，积极动员永钢职工、永联村居民及周边地区居民参加每周例跑、LSD拉练、户外徒步、马拉松赛事等体育运动，加强身体锻炼，丰富居民职工业余生活。2020年，有队员150余人，参加人员中年龄最小的8岁，最大的73岁。开展“中秋国庆喜相逢·健康跑步在永联”环永联菜园520千米接力跑、第33个世界无烟日、庆祝建党99周年、关爱孤独症儿童、美丽乡村永联站等公益活动68期，参与人数1973人次。

【张家港市拔河运动协会成立】 9月1日，张家港市拔河运动协会成立大会暨第一届第一次会议在永联议事厅召开。会议听取张家港市拔河运动协会筹备工作报告，表决通过《张家港市拔河运动协会章程（草案）》《张家港市拔河运动协会会费收缴、使用管理办法（草案）》。选举产生张家港市拔河运动协会第一届委员会理事会成员、监事会成员、理事会负责人以及办事机构负责人。吴耀芳当选张家港市拔河运动协会荣誉会长，陈华斌当选张家港市拔河运动协会会长。该协会的成立标志张家港市拔河运动向规范化、制度化和专业化方向发展迈步。

社会生活

Social Life

爱心互助街

永联年鉴 2021

居民生活

居住环境

公用事业

便民服务

新市民服务

老龄工作

关心下一代工作

残疾人工作

社会保险

福利事业

居民生活

【概况】 2020年，永联村共有永润园、永锦园、永瑞园、永馨园、永颐园、永秀园、永琪园、永谐园、永祥园、永丰园10个居民居住园区和颐和公寓1个职工居住区。永联村有在册户籍居民人数11 218人。其中男性5240人，女性5978人，男女性别比为1∶1.14。0周岁至17周岁的1524人，占13.59%；18周岁至59周岁的6516人，占58.09%；60周岁及以上的3178人，占28.33%。是年，永联村有享受永联村待遇的社员人数10 874人。其中男性5103人，女性5771人。0周岁至17周岁的1406人；18周岁至59周岁的6389人；60周岁以上的3079人。有大学（专科）以上文化程度人口2022人，占18.59%；有高中（中专）文化程度人口1803人，占16.58%；有初中文化程度人口3288人，占30.24%；有小学文化及以下程度人口3167人，占29.12%；学龄前儿童594人，占5.46%。有在业人口4644人，其中，国家党政机关、社会团体217人；永钢集团1588人；永联村股份经济合作社184人；其他单位1767人；私营企业主68人；个体工商户237人；自由职业583人。

【农村居民补贴收入】 2020年，永联村居民人均享受文明基金、老年人尊老金、生活补助费、拆迁慰问金、助残金、老年生活补助费、灵活就业补助、居家养老补贴共8项补贴7842.03万元，占总收入的75.43%。其他收入（二次分配、土地流转费、合作医疗、租金收入等）2554.77万元，占总收入的24.57%。

【永钢集团职工收入】 2020年，永钢集团员工薪酬机制不断完善，生产一线工人采取基本工资加生产成数的方法发放，二三线保障部门采取基本工资加绩效工资加部门年度绩效节余的方式发放。是年，永钢集团职工人数11 582人（含精筑集团、昆仑重工、乐欣科技、联峰金盾等下属子公司），年人均收入10.54万元，其中工资薪金人均收入9.23万元，占总收入的87.57%；其他人均收入（奖金、福利）1.31万元，占总收入的12.43%。

【农村居民消费】 对永联村100户居民进行抽样调查显示：2020年，永联村居民年人均消费支出35 170元，其中食品消费13 392元，占总支出的38.08%；衣着消费4683元，占总支出的13.31%；居住消费3598元，占总支出的10.23%；用品及服务消费13 497元（其中家庭耐用品消费2835元，医疗保健2764元，交通通信4311元，文教娱乐消费3587元），占总支出的38.38%。

【永钢集团职工消费】 对永钢集团100名职工进行抽样调查显示：2020年，永钢集团职工年人均消费支出32 245元，其中食品消费13 956元，占总支出的42.28%；衣着消费3021元，占总支出的9.37%；居住消费9302元，占总支出的28.85%；用品及服务消费5966元，占总支出的18.50%。

居住环境

【概况】 永联村村民集中居住于永联小镇——位于永钢大道与妙丰公路交界处的西南侧，占地53.33公顷。永联小镇按现代城市社区的标准设计建造，集居住饮食、娱乐休闲、文教卫生等功能于一体的综合性、现代化、高标准的人文居住区。建筑物富有江南水乡特色，同时配套建设有小学、幼儿园、地下人通、商业街、农贸市场、污水处理厂、喜事厅、敬孝堂等城镇化的公共设施，以及图书馆、永联议事厅、永联展示馆等城镇化的文化设施，并建设有占地面积46.73万平方米的苏州江南农耕文化园。2020年，永联小镇建设项目主要有西扩工程四期工程，永联社区卫生服务中心重建项目，永联小镇围挡设置项目，东街酒店群9号楼及室外连廊、景观改造项目，永丰园西侧景观桥项目共5个。其中永联小镇围挡设置项目于5月施工、9月完工，总投资100万元，为应对紧急性、突发性事件的快速处置提供条件。东街酒店群9号楼及室外连廊、景观改造项目于11月竣工投用，改造后酒店群设施设备齐全，集住宿、休闲会所、商旅为一体。

【西扩工程四期工程】 永联小镇西扩工程分四期建设，预计总投资10.3亿元，总占地面积18万平方米。其中四期工程即永丰园拆迁安置房项目，位于南丰镇永联小镇，东至文教路、南至永祥园、西至景观河延伸段YL-001、北至空地（钢村路南侧）范围内，总投资2.97亿元，占地面积4.94万平方米，总建筑面积12.4万平方米，绿化率33.16%，绿地面积1.65万平方米，基础配套设施地下车库1.18万平方米。项目共建有高层住宅楼7幢698户（套）。其中项目一期2017年开工、2019年竣工；项目二期2018年9月开工，至2020年年末竣工。

【永联社区卫生服务中心重建项目】 项目位于永联村永钢大道南侧、永联路东侧，占地面积5667平方米，总投资1800万元。旨在完善医疗卫生服务体系，为居民提供常见病诊治、妇幼保健、健康管理等医疗卫生服务，缓解永联居民就医供需矛盾。建设单体有卫生服务中心主楼、食堂、污水处理房、门卫等，总建筑面积2800平方米，主楼约2400平方米，建设内容包含房屋土建、安装、室内装修、室外配套等。2020年完成主体建设、装修进场，室外配套建设基本完成，计划2021年年末竣工。

公用事业

【供电】 2020年，永联小镇居民用电主要由南丰变电所、塘桥变电所、兆丰变电所、永钢集团变电所、永联村变电所供电。年内，永联小镇公共设施用电，共缴电费102.19万元。

【供水】 2020年，永联区域内（包括永联小镇、永联集镇）居民生活用水全年完成供水量79.34万立方米，共收缴水费251.04万元。

【供气】 永联小镇供气主要由港华燃气提供。港华燃气永联客户中心位于永联小镇南街17幢3号，门面房面积150平方米，业务范围包括燃气使用咨询，缴付燃气费，申请燃气安装、维修、保养以及燃气具出售等。2020年，永联小镇居民供气配套用户4953户。

【污水处理】 永联小镇有污水提升泵站1个，总建筑面积226.4平方米。永联小镇生活污水经永联污水提升泵站初步处理后，经管道集中送至常阴沙现代农业示范园污水处理厂处理。2020年，共处理污水793 022立方米。

【居民拆迁安置】 2020年，全年永联村村域内共拆迁居民住房20套、3906平方米，补偿734万元。完成年度分房工作，安置套房347套，老年公寓出租16套。1月，完成20户拆迁工作，拆除永泰园5幢、永顺园31幢、永兴园12幢和13幢四栋安置套房。与永联渔业队13户船户和7户居民协商签订集体仓库清障协议，配合政府做好上岸渔民就业安置工作。10日，永联村2019年度分房大会在永联文化活动中心举行，此批抽签房源总数453套，313名社员分获新房。

便民服务

【概况】 2020年，永联村设有新时代文明实践站、橄榄绿驿站等服务群众新阵地，依托永联爱心互助志愿者联合会、永联惠民服务中心、张家港市惠邻社会工作服务中心，开展亲子家庭教育、垃圾分类宣传、楼道长议事会等各类公益服务活动，为永联区域内群众工作生活提供便利。

【保安物业管理】 2020年，永联村保安、物业管理主要由江苏永联保安服务有限公司（简称保安公司）负责。全年完成经营收入10 030.61万元；净利润939.86万元；重伤及以上安全事故、火灾事故、环保事故均为0。累计查获厂内违章1002起；完成警卫任务498次；累计办理业主诉求15 000余起。年内，认真履行门卫守卫、园区巡防、物业服务、劳务派遣工作。同时加强疫情防控，成立保安物业劳务防疫指挥所，经过三种防控级别的四次转换，累计投入1.2万余人次参加疫情防控工作，确保人员安全有序流动，经营管理有序开展。是年，邀请中海物业公司进驻颐和公寓，依托中海物业的专业化平台，建立健全物业成本管理体系、客户服务体系、设备标准化管理体系等，打造精细化、专业化的物业服务。

【永联惠民服务中心】 张家港市永联惠民服务中心是一家专业的社会工作服务机构，秉承“助人自助、增能赋权”的服务宗旨，坚持以服务对象需求为导向，采用“社区+社会组织+社工”三社联动的模式，在居家养老服务、青少年服务、残障康复服务、家庭（妇女）服务等领域承接政府购买服务、企业服务等多项服务。2020年，有员工197人。承接南丰、杨舍、乐余、常阴沙、锦丰、凤凰、金港、双山岛等区域服务137个。是年，惠民社工获评张家港市养老服务时间银行试点工作先进单位、张家港市优秀社会助残组织、张家港市第二期“双星奖”优秀社会救助关爱援助项目。

【惠邻社会工作服务中心】 张家港市惠邻社会工作服务中心是一家非营利性公益组织，由张家港市永联为民基金会和深圳阳光家庭综合服务中心共同出资注册。专注于以专业化社会工作方法服务社区，承接政府购买的公共文化服务、人口计生服务、网格化信息采集等社区公共管理与服务。2020年，有员工71人，志愿者214人，共开展党建、社区治理等方面项目144个。年内，惠邻社工获评2019年度百强社会工作服务机构、苏州市4A级社会组织、2020年社区教育优秀团队、2019年度苏州高新区优秀社工案例——最佳案例奖。

【永联村股份经济合作社便民社员卡】 便民社员卡是中国农业银行为永联村股份经济合作社社员量身定制的集金融理财与社会管理功能于一体的联名借记卡，具有存取现金、转账结算、刷卡消费、投资理财、代缴费以及租借自行车等功能，联线作业、不允许透支。2020年，新增109张社员卡，至年末，共发放社员卡11 595张。

【公共自行车系统服务】 该项服务由永钢集团与苏州东大金点物联科技有限公司签订协议，在永联区域内投放公共自行车400辆。年龄16周岁以上、65周岁以下的员工和社区居民可使用市民卡、员工卡、金手指卡、永联一点通App中任一方式，实现公共自行车系统的通借通还。2020年，永联社区设有21个租借点，其中永联小镇7个，永钢集团厂区14个，装有桩位502个。较上年无变化。

【快乐阅读·护航行动】 该项目由永联志愿者联合会负责，组织志愿者参与永联图书馆管理，志愿服务活动定于白天8时30分至16时30分、晚间18时30分至20时30分时间段，由志愿者在图书馆开展读者引导、秩序维护、整理书籍等，以维护图书馆馆内秩序，减少不文明现象。2020年，参加活动志愿者800余人次。

【健身娱乐中心】 位于爱心互助街4号楼，内设综合健身室（含动感单车、跑步机、推肩器、划船机等）、跳操室、棋艺室、体育活动区（乒乓球、台球、康乐球）及休闲区。2020年，参加运动人数1.68万人次。

【社会关怀】 1月20日，永联村党委组织开展年度困难家庭年终慰问活动。吴惠芳、陈华斌、秦欢等村党委领导，为永联村大病支出家庭、困难家庭送温暖。8月11日，永钢集团董事局主席吴耀芳，董事局副主席、常务副总裁吴惠芳，党委书记、总裁吴毅分别带队，慰问高温下坚守岗位的员工，并送上防暑降温用品。8月21日，永钢集团董事局主席吴耀芳，党委副书记、副总裁张刘瑜，副总裁黄跟平，总裁助理钱毅群等到昆仑重工，慰问高温下坚守岗位的员工。是年，为民基金会组织开展2020年度永合社区困难家庭慰问走访活动，永联村党委、永合社区党委及为民基金会主要领导，慰问154户困难家庭，慰问资金35.96万元。活动旨在缓解永合社区居民因疾病、残障、遭受天灾人祸等困难家庭的经济压力。

新市民服务

【概况】 2020年，永联村登记流动人口（新市民）8382人，其中就业人数5531人。发放居住证231张，新增登记2500人，年审9235人，变更3156人，注销1849人。367名新市民子女加入居民基本医疗保险，1773名新市民子女续交居民基本医疗保险，412名新市民子女凭积分入读公办学校。新市民子女积分入学入医统一由南丰镇新市民服务中心组织办理。永联村、永钢集团工会利用宣传栏、微信公众号等平台，加强宣传《张家港市新市民积分管理办法》等与新市民有关的政策。7月15日至8月24日，永钢集团举办永钢职工子女暑期夏令营。该项目主要帮助永钢集团新市民职工解决子女假期及放学后无监护人看管的问题，共240名职工子女参加。

【"故事妈妈义工团"新市民阅读项目】 该项目由故事妈妈义工团队组成，团队成员共有10人，主要为新市民子女提供阅读指导服务。7月11日，永合社区联合惠邻社工在永联图书馆开展"书香润童心"绘本阅读第一期活动，邀请南沙幼儿园老师王泓丽做绘本阅读指导。社区3周岁至7周岁儿童及其家长以及妈妈团成员共有25人次参与。7月18日，永合社区联合惠邻社工组织开展"书香润童心"绘本阅读第二期活动，邀请金宝宝早教中心创始人季冬琰上课，共有12位社区妈妈参与。活动主要聚焦幼儿的早期阅读，分享阅读与幼儿成长的关系、绘本的奥秘、开展阅读活动的要素以及范例。8月11日，惠邻社工联合永合社区在永联图书馆开展"六个帐篷"绘本阅读活动，旨在激发青少年儿童早期阅读的兴趣，培养良好的阅读习惯，共吸引9对亲子家庭参与。9月19日，由惠邻社工联合永合社区在永联图书馆开展"书香润童心"绘本阅读第六期活动，旨在挖掘儿童的阅读潜能，帮助儿童自觉主动阅读。共有9组亲子参与。2020年，该项目共开展活动10场，参与人数150人次。

老龄工作

【概况】 2020年，永联村在册户籍居民中，有60周岁以上老人3178人，较上年减少39人。其中，60周岁至69周岁老年人1437人，较上年减少205人。70周岁至79周岁老年人1141人，比上年增加83人。80周岁至89周岁老年人507人，较上年增加70人。90周岁至99周岁以上老年人93人，较上年增加13人。无百岁以上老人。是年，永联村有日间照料中心、颐养中心、健身俱乐部等功能室，为老年群体提供生活照料、医疗保健、娱乐休闲等服务。开展腊八送粥、退休干部新春团拜会、金秋重阳话健康等系列关爱老年人活动20余次。

【关爱老年人系列活动】 2020年1月2日，永联开展"浓情腊八粥，温暖邻里情"腊八送粥活动，为老年公寓80周岁以上的长者送腊八粥。1月8日，永联开展为社区长者贴春联的活动，给老年人送上春节问候和祝福。1月16日，永钢集团2020年退休干部新春团拜会在联峰宾馆举行。永钢集团董事局名誉主席吴栋材，董事局主席吴耀芳，董事局副主席、常务副总裁吴惠芳，党委书记、总裁吴毅等公司领导与公司退休老干部71人共庆新春佳节。9月25日，永钢集团组织退休干部党员20余人，参观江南农耕文化园"丰收颂"江苏省书画名家作品展。活动旨在丰富永钢退休干部们的业余文化生活。10月20日，永钢集团在联峰宾馆举办退休干部重阳节茶话会。永钢集团董事局名誉主席吴栋材，董事局主席吴耀芳，党委书记、总裁吴毅等公司领导与退休干部代表相聚，共话企业发展。是日，惠邻社工联合永合社区在新时代文明实践站开展"金秋重阳话健康"外展活动，向社区老年人普及养生健康知识以及提供免费义诊。12月8日，惠民颐养社工在老年公寓开展"步入思维殿堂，开启智慧之窗"活动，带领老年人参加逻辑推理活动，提升老年人的专注力和认知能力。

【永合社区老年公寓适老化服务项目】 该项目由张家港市惠民颐养服务有限公司托管，以永合社区7幢老年公寓为服务阵地，整合社区养老服务资源，倡导"低龄助高龄，邻里助邻里"的互助关爱氛围，通过一站式驻点管理与即时性上门服务相结合的方式，为社区老人提供生活照料、贴心管家、健康护理、心理疏导、应急救护、文娱关怀、信息咨询、便民服务等方面的服务，打造永联特色的居家型颐养服务社区。2020年，累计开展特色服务28次，助餐服务6995人次，康复理疗服务1161人次，养生锻炼29 398人次，血压血糖测量服务3625人次，为老年人提供入户服务1860次。

【"五老"志愿者协会】 永合社区"五老"志愿者协会由具有丰富群众工作经验、工作能力强、有一定特长的老干部、老党员、老教师、老文体爱好者组成。协会以"六个老有"（老有所为、老有所乐、老有所依、老有所养、老有所教、老有所学）为目标，以"以老养老、以老助老"为抓手，积极开展志愿服务活动，为社区和谐发展发挥作用。

2020年，协会重新优化整合老年人志愿服务队，设有义务调解队、家教队、环保队、文艺队、体育健身队、民乐队、书画队、读报队、银巢常乐联盟、银巢联盟志愿服务队共10支队伍，有会员80人，其中党员50人。年内，开展“红雁”行动，每日组织党员志愿者到老年人健身场馆，开展场所管理、文明监督、烧开水、发报纸等服务，全年共服务1.5万余人次。1月10日，南丰镇永合社区“五老”志愿者协会第八次会员大会在永联议事厅举行，会上向10支志愿服务队负责人颁发聘书。

【老年公寓】 永联村实施集体养老政策，永联村退休老人缴纳2.4万元押金，可终身免费居住老年公寓（每户80平方米）。老人去世后，押金退还子女，房子由村里回收，滚动使用。2020年，永联村共有老年公寓7幢共882套，至年末，入住779套。

关心下一代工作

【概况】 2020年，永联村以社会主义核心价值观引领青少年，关心、帮扶弱势青少年。依托南丰小学、永合社区、永联景区办、永联村股份经济合作社以及社会团体，开展社会实践、课后辅导、心理健康教育、暑期夏令营等活动，寓教于乐，寓学于乐，形成“家庭、学校、社区”三位一体的教育模式。永钢集团帮扶职工子女入学68人次。推进员工爱心托管班运营。策划组织外地双职工子女“欢乐假期”活动，参加人数240人。年内被苏州总工会授予苏州市首批“职工亲子工作室”。8月13日，永钢集团工会、团委、妇联班子成员到暑期夏令营看望职工子女，给予礼物和关爱。公司工会、团委、妇联班子成员为暑期夏令营志愿者发放夏日“清凉”礼包。是年，开展“教师进社区”暑期安全教育及课业辅导活动2场，共计150名青少年参与。

【思想道德教育】 7月13日，永合社区联合惠邻社工组织红领巾志愿队成员共12人到永颐园开展读报活动。活动旨在提升社区青少年志愿服务意识，传承爱老敬老的传统美德。7月19日，惠邻社工组织社区儿童开展防骗防拐知识教育活动，通过知识普及、故事讲读帮助儿童认识防骗防拐的重要性，提升防骗防拐安全意识，共有社区儿童21人参加。是日，惠邻社工邀请红十字会老师王泓丽针对青少年志愿者开展无偿献血专业知识培训，引导青少年了解献血常识，共有25人参加。8月11日，惠邻社工联合永合社区在永联小学组织开展“铭记历史·珍爱和平”抗战胜利纪念日教育活动，共有33名青少年参加。活动旨在纪念中国人民抗日战争胜利75周年，推进社区青少年爱国主义教育，弘扬革命传统精神。

【关爱青少年活动】 2020年，永联爱心互助志愿者联合会组织志愿者向南丰小学永联校区学生进行垃圾分类宣传教育活动，采取游戏和有奖问答的方式，加深学生对垃圾分类知识的理解和掌握。至年末，开展活动10余次，参与学生540人次。7月16日，永合社区联合惠邻社工组织社区26名青少年在爱心互助街开展认识科学、了解科技知识活动。7月21日，永合社区联合惠邻社工在新时代文明实践站开展“欢乐暑假”教师进校区活动，吸引社区近30名青少年参与。8月5日，永合社区联合南丰中学老师在新时代文明实践站开展暑期安全及写作方法教育讲座。吸引近120名青少年参与。8月14日，惠邻社工联合永合社区在爱心互助街组织开展“我的情绪小怪兽”心理健康讲座，邀请张家港市葵芝家青少年服务社许致华授课，旨在提高社区青少年心理素质，树立正确的心理健康意识，共吸引20名青少年积极参与。9月19日，惠邻社工联合永合社区在爱心互助街开展“我和我的赛先生”科普主题活动，通过前期科普征文收集，活动过程中观看预防雷电科普小视频、科普知识问答以及电路盒小实验等形式，引导青少年学习科学知识，增强青少年的动手能力。共有20余人参加。

【“爱魔方·伴成长”亲子家庭教育项目】 7月18日，永合社区联合惠邻社工在“壹+空间”开展“爱在身边”亲职教育活动，吸引社区10余对亲子家庭参与。活动旨在提高青年家长的育儿理念和技能，增进亲子之间互动、促进孩子健康成长。9月19日，惠邻社工联合永合社区在永琪园开展“爱魔方·伴成长”亲子家庭教育项目总结活动，共有9对亲子家庭参加。活动旨在改善亲子家庭教育环境，提升亲子家庭教育水平，关心青少年心灵成长。

【益智区·童梦工坊】 位于爱心互助街1号楼，设有益智区、涂鸦区、绘本区、多媒体教室四个区域。采用社会组织“全托管”的新型办馆模式，向读者提供优质阅读服务；同时联动多方资源，开展科普实践和青少年成长的主题性服务。2020年，共开展服务60场，服务2.1万人次。

【永钢职工子女暑期夏令营】 该项目主要帮助永钢集团双职工解决子女假期及放学后无监护人看管的问题，同时由专业社工帮助儿童疏导心理问题，提升学习兴趣，提高其动手能力及合作交往能力。2020年7月22日夏令营开营，至8月24日结业。受新冠肺炎疫情影响，此次夏令营仅招收在张家港市当地就读的永钢集团职工子女240人，同时取消亲子游、集体生日和汇报演出等活动，侧重课堂学习和校内活动，设有阅读训练、思维训练、趣味英语、舞蹈、绘画、书法等课程，开展有课业辅导、艺术培训、知识讲座、亲子服务及活动展示等活动。根据每个学生特点制定学科分析报告，采取“专科专补”的方式，对薄弱科目给予一对一辅导，更好提升学生的学习能力。

残疾人工作

【概况】 2020年，永联村有持证残疾人308人，其中视力残疾28人、听力残疾22人、言语残疾2人、肢体残疾168人，智力残疾29人、精神残疾40人、多重残疾19人。年内，关爱残疾人身心健康，关注残疾人的物质和精神生活。

【爱心蔬菜配送服务】 永联为民基金会向永合社区低保户、低保边缘户、困难重残家庭发放爱心蔬菜，发放标准为每户每月30元蔬菜基金，定于每月15日、30日到永联爱心互助街爱心超市领取；对于行动不便的发放对象，组织志愿者开展爱心蔬菜上门配送服务。2020年，开展爱心蔬菜配送服务24次，有1794位村民受益。

【爱心包裹配送服务】 永联为民基金会按照每户每季度200元的标准给困难重残户、低保户、低保边缘户等弱势群体发放爱心包裹（主要是日常生活用品），由发放对象到永联爱心互助街爱心超市领取；对于行动不便的发放对象，组织志愿者开展爱心包裹上门配送服务。2020年，共发放爱心包裹299份，有299位村民受益。

社会保险

【概况】 2020年，永联村及永钢集团建立健全社会保障体系，推进城乡居民社会养老保险、医疗保险、城镇职工养老保险、工伤保险、失业保险及生育保险。年内，永联村有20名村民参加城乡居民基本养老保险，4184名村民参加城镇职工养老保险。有3751名村民参加城乡居民医疗保险，有4184名村民参加城镇职工医疗保险。永钢集团有9374名员工参加城镇职工养老保险、医疗保险、工伤保险、生育保险及失业保险。

【养老保险】 居民基本养老保险 2020年，永联村城乡居民基本养老保险根据张家港市相关政策执行。7月1日起，调整城乡居民基本养老保险待遇相关标准，调整对象为6月30日在册的城乡居民基本养老保险待遇领取人员。基础养老金按每人每月30元标准增加。调整后基础养老金标准分别为：6月30日年满65周岁以下每月370元，年满65周岁不满70周岁每月375元，年满70周岁不满75周岁每月380元，年满75周岁不满80周岁每月385元，80周岁及以上每月420元。年内，永联村共有20名村民参加城乡居民基本养老保险。

城镇职工养老保险 2020年，永钢集团城镇职工养老保险根据张家港市相关政策执行。根据省人力资源和社会保障部、省财政部《关于2020年调整退休人员基本养老金的通知》精神，启动2020年度基本养老金调整工作。调整对象包括：参加企业职工基本养老保险、机关事业单位工作人员基本养老保险并在上年12月31日前办理退休、退职或领取定期生活费手续的人员，从2020年1月1日起调整基本养老金。普遍调整：退休、退职或领取定期生活费人员每人每月增加34元；

退休、退职或领取定期生活费人员本人缴费年限15年及15年以下的部分，缴费年限每满1年，每月增加2元；本人缴费年限15年以上至25年以下（含25年）的部分，缴费年限每满1年，每月增加3元；本人缴费年限25年以上部分，缴费年限每满1年，每月增加5元。按缴费年限月增加额不足30元的，按30元增加；退休、退职或领取定期生活费人员按本次调整前本人基本养老金的1.4%增加。适当倾斜：2019年12月31日年满70周岁不足75周岁、年满75周岁不足80周岁以及年满80周岁以上的退休人员，每人每月分别增发25元、35元和45元；年满70周岁不足75周岁、年满75周岁不足80周岁以及年满80周岁以上的退职及领取定期生活费人员，每人每月分别增发15元、25元和35元；对基本养老金偏低的企业退休军转干部，根据国家2020年调整退休人员基本养老金的统一部署，继续按照国家和省有关规定执行。年内，永联村有4184名村民参加城镇职工养老保险，永钢集团有9374名员工参加城镇职工养老保险。

【医疗保险】 居民基本医疗保险 城乡居民基本医疗保险实行跨年度预交保费，一年一保、先交后保制度，病后不补交，中途不退保。参保对象为本市在籍居民中未参加城镇职工基本医疗保险且无工作单位的（含灵活就业人员）人员；持1年以上暂住证并在本市从事农副业生产的非本市籍居民；在本市高校就读的在校大学生；纳入新市民积分管理符合参保条件的新市民子女；中途参保者；新生儿（出生后）、退伍军人（到地方后）、外地迁入人员（户口迁入后）等。2020年，城乡居民基本医疗保险人均财政补助标准新增30元，达到每人每年不低于580元；同时提高个人缴费标准，原则上个人缴费标准同步提高不低于30元，达到每人每年不低于280元。永联村3751名村民缴纳城乡居民基本医疗保险。

城镇职工医疗保险 2020年，根据《关于张家港市2020年度社会基本医疗保险政策调整的通知》，调整参保范围、缴费比例、地方补充医疗保险筹资政策、在职职工个人账户计入标准、退休人员个人账户计入标准、职工医保门诊待遇及医保住院统筹基金封顶线。其中，调整职工医保门诊待遇方面，对于参保人员个人账户用完后发生的符合规定的门诊医疗费用，在职职工在二级医院就医的，结付比例由60%提高至75%，在一级医院就医的，结付比例由60%提高至80%，退休人员在二级医院就医的，结付比例由70%提高至85%，在一级医院就医的，结付比例由70%提高至90%。年内，永联村4184名村民缴纳城镇职工医疗保险，永钢集团有9374名员工缴纳城镇职工医疗保险。

【职工工伤保险】 2020年，永钢集团职工工伤保险基准费率为职工工资总额的2%，集体负担，员工个人不缴纳工伤保险。年内，有9374名员工缴纳职工工伤保险，补偿55人次，共支付保险金412万元。

【生育保险】 2020年，根据苏州市政府印发《关于调整苏州市职工生育保险缴费比例的通知》，苏州市职工生育保险缴费比例为用人单位职工工资总额的0.8%。年内，永钢集团有9374名员工缴纳职工生育保险，参保率100%。有223名员工享受生育保险，报销费用90.93万元。

福利事业

【概况】 2020年，永联村和永钢集团持续发展各项福利事业，增强村民、职工获得感和幸福感。年内，为民基金会共出资1372.32万元用于各类社会福利事业，为162户困难居民发放慰问金51.46万元，开展村级医疗互助福村宝惠民计划，年度累计受益1325人次，医疗补助金额298.37万元。是年，永联村根据张家港市民政局、张家港市财政局文件，向拥军优属人员、退役士兵发放各类补贴。年内，有23名拥军优属人员（包括复员军人、伤残军人、老复员军人遗属、义务兵等）享受相关补贴。

【动迁补助金】 2020年，永联村动迁补助金根据2013年8月永联村民代表大会修订的《永联村集体经济分配实施办法》实施，发放对象为在永联村拆迁的村经济合作社社员（男60周岁以下、女50周岁以下），并按照永联村拆迁安置标准进行拆迁安置的现有人员（包括整组完成拆迁的村集体经济成员中没有拆到房屋的单列户家庭成员）。

是年，永联村动迁补助金为每人每月400元，较上年增加100元，有享受该补助的社员6553人，共发放动迁补助3168.12万元。

【养老金】 2020年，永联村老年人养老金按照男年满60周岁、女年满50周岁及以上的社员享受每人每月900元的标准发放。年内，共有4217名老人享受该项补助，共发放补助金4482.14万元。

【尊老金】 2020年，永联村对80周岁以上的老年人每人每年发放1000元的尊老金，另给予90周岁至94周岁的老人每人每年增发2000元，95周岁至99周岁的老人每人每年增发5000元，100周岁及以上的老人每人每年增发10 000元。针对90周岁以上老人，生日当天赠送生日蛋糕，10月起另赠送永联小镇同香斋面券5张。至年末，全村有80周岁以上老人514人，发放尊老金51.4万元，有90周岁以上老人90人，发放尊老金20.7万元。

【助残金】 永联村关怀残疾人社员，每年针对生活不能自理，并持有肢体、视力、智力、精神一级或二级残疾证的社员，给予发放1000元至2000元不等的助残金。2020年，永联村有一级残疾人35人，发放助残金7万元，有二级残疾人79人，发放助残金7.9万元。

【奖学金】 2020年，永联村股份经济合作社对考取高校的学生发放奖学金。对获得毕业证及学位证的本一、本二院校的永联籍毕业生每人奖励5000元，"985"高校毕业生每人奖励10 000元。年内，有23名学生享受奖学金，共发放奖学金13.5万元。

【农村合作医疗补助】 2020年，永联村对参加农村合作医疗的社员给予等额于农村合作医疗保险费自费部分的补助，每人270元。年内，享受农村合作医疗补助的社员有3338人，发放补助金117.88万元。

【灵活就业补助】 2020年，永联村自费缴纳城镇职工养老保险的人员享受每年650元补助，自费缴纳医疗八年的人员可享受每年350元的补助。年内，享受灵活就业补助的人员有884人，发放补助金71.29万元。

【福村宝惠民项目】 该项目由永联为民基金设立，每年筹集专项资金帮扶患疾病家庭，旨在减轻因自费产生的医疗压力，逐步实现对大病人群的精准帮扶。福村宝按照每人每年200元（个人承担50元、为民基金会补贴150元）进行筹资，所筹资金存入永联为民基金会账户。参加对象为在永联工作和居住的所有人。补助条件以国家发布的病种名录为准，单次住院医疗全自费大于或等于6000元、农保报销后自费部分大于或等于3000元、城保报销后自费部分大于或等于2000元即可向永联为民基金会申请医疗费用补助，可与农保或社保叠加使用。2020年，永联区域参加福村宝项目的人数17 797人。至年末，共补助298.37万元，资金使用率83.82%，受益人数1325人次，其中单笔最高补助4.36万元，最低补助410元，个人最高累计补助6.53万元。

【职工福利】 年休假　2020年，永钢集团共有5171名员工休年假，累计享受年休假21 900天，占享受该项福利待遇职工总数的69.33%。

伙食补贴　2020年，永钢集团伙食标准按照每人每天12元的标准向员工发放伙食补贴，伙食补贴按照出勤天数于每月20日至25日之间发放至员工卡，员工刷卡用餐。年内，累计发放伙食补贴3382.32万元。

年终奖　2020年，永钢集团根据企业效益情况向员工发放年终奖，年内，累计发放年终奖2781.76万元。

高温补贴　2020年，永钢集团沿用2013年印发的《关于明确高温费发放岗位及标准的通知》发放高温费。年内，共发放高温费1288.65万元。

过节费　2020年，永钢集团职工全年可享受过节费为每人每年500元，分别为元旦1天（1月1日）100元、五一国际劳动节1天（5月1日）100元、国庆节3天（10月1日、2日、3日）100元、春节3天（正月初一、初二、初三）200元。年内，共向员工发放过节费477.6万元。

其他福利　2020年，永钢集团向员工发放水果、大米、蔬菜等福利，共计1341.05万元。

荣誉 Honour

“爱满港城”张家港市新年慈善晚会上，永钢获评“第六届张家港慈善奖”最具爱心慈善捐赠企业

先进个人

表15　　2020年永联村获国家级和国家条线表彰的先进个人一览表

姓　名	性别	荣誉称号	授予时间	授予单位	授予时工作单位及职务
吴栋材	男	“中国人民志愿军抗美援朝出国作战70周年”纪念章	2020年10月	中共中央、国务院、中央军委	原永联村党委书记
吴　毅	男	2020中国长三角青商领袖	2020年9月	上海市青年企业家协会、江苏省青年商会、浙江省青年企业家协会、安徽省青年企业家协会	永钢集团党委书记、总裁
陈怡荣	男	中国安防工程建设突出贡献奖	2020年11月	中国安防服务商大会专家委员会	联峰金盾总经理
周毅海	男	全国优秀农民工	2020年	国务院农民工工作领导小组	江苏永钢集团有限公司轧钢工

表16　　2020年永联村获省条线表彰的先进个人一览表

姓　名	性别	荣誉称号	授予时间	授予单位	授予时工作单位及职务
吴　毅	男	江苏青商“2019年度人物”	2020年1月	江苏省青年商会	永钢集团党委书记、总裁
		第十五届“江苏青年五四奖章”	2020年5月	共青团江苏省委江苏省青年联合会	
吴耀芳	男	2020年度苏商最具社会责任大奖	2020年9月	江苏省苏商发展促进会	永钢集团董事局主席
卢文良	男	抗击新冠肺炎疫情先进个人	2020年9月	江苏省市政工程协会	精筑集团总经理
王　胜	男	第五届江苏技能状元大赛职工组焊接项目三等奖	2020年11月	江苏省职业技能竞赛组委会	永钢集团员工

永钢集团周毅海、张晓燕、张刘瑜、陈楠被张家港市总工会授予劳动奖章和证书

表 17　　2020 年永联村获苏州市级和市条线表彰的先进个人一览表

姓　名	性别	荣誉称号	授予时间	授予单位	授予时工作单位及职务
吴惠芳	男	苏州市乡风文明建设先进个人	2020年3月	中共苏州市委办公室 苏州市人民政府办公室	永联村党委书记
秦　欢	男	苏州市乡村社会治理先进个人	2020年3月	中共苏州市委办公室 苏州市人民政府办公室	张家港市永合社区党委书记、网格长
吴　毅	男	2019年度经济贡献奖产出效益突出贡献奖	2020年9月	苏州市人民政府	永钢集团党委书记、总裁
曹　宇	男	苏州“最美劳动者”	2020年10月	苏州市“最美劳动者”遴选宣传工作委员会	永钢集团员工
薛佳星	男	苏州“最美劳动者”	2020年10月	苏州市“最美劳动者”遴选宣传工作委员会	永钢集团员工
崔晓盟	女	苏州“最美劳动者”	2020年10月	苏州市“最美劳动者”遴选宣传工作委员会	永钢集团员工
陈　辉	男	苏州“最美劳动者”	2020年10月	苏州市“最美劳动者”遴选宣传工作委员会	永钢集团员工
芮　明	男	苏州“最美劳动者”	2020年10月	苏州市“最美劳动者”遴选宣传工作委员会	永钢集团员工

续表17

姓 名	性别	荣誉称号	授予时间	授予单位	授予时工作单位及职务
张邢蓓	男	苏州“最美劳动者”	2020年10月	苏州市“最美劳动者”遴选宣传工作委员会	永钢集团员工
钱 历	男	苏州“最美劳动者”	2020年10月	苏州市“最美劳动者”遴选宣传工作委员会	永钢集团员工
马晓卫	男	苏州“最美劳动者”	2020年10月	苏州市“最美劳动者”遴选宣传工作委员会	永钢集团员工
王 胜	男	苏州“最美劳动者”	2020年10月	苏州市“最美劳动者”遴选宣传工作委员会	永钢集团员工
李 波	男	苏州“最美劳动者”	2020年10月	苏州市“最美劳动者”遴选宣传工作委员会	永钢集团员工

先进集体

表18 2020年永联村获国家条线表彰的先进集体一览表

获奖单位	荣誉称号	授予单位	授予时间
永钢集团	2019年全国企业员工全面质量管理知识竞赛优秀组织奖	中国质量协会	2020年1月
	2020年度环境社会责任企业	中国环境报社	2020年6月
	中国民营企业500强中排名第93位	中华全国工商业联合会	2020年9月
	中国制造业民营企业500强中排名第48位	中华全国工商业联合会	2020年9月
	抗击新冠肺炎疫情贡献突出单位	全联冶金商会	2020年11月
	抗击新冠肺炎疫情先进民营企业	中华全国工商业联合会	2020年12月
	绿色发展标杆企业	中国冶金报社	2020年11月
	2020绿色发展领军企业	环境保护杂志社	2020年12月
	第十一届“中华慈善奖”	民政部	2020年12月
	钢筋品牌计划重大工程建设榜样单位	冶金工业信息标准研究院	2020年12月

续表18

获奖单位	荣誉称号	授予单位	授予时间
永联村	全国文明村（复评）	中央精神文明建设指导委员会	2020年11月
苏州江南农耕文化园	2019年第二批全国休闲农业与乡村旅游星级企业（园区）	中国旅游协会 休闲农业与乡村旅游分会	2020年1月
精筑集团	QC成果《提高SMA沥青路面外观一次验收合格率》获2020年度全国市政工程建设优秀质量管理小组一等奖	中国市政工程协会	2020年1月
宏泰物流	全国AAA级物流企业	中国物流与采购联合会	2020年9月
联峰金盾	2020—2021年度中国安防优质工程商100强	中国安防服务商大会专家委员会	2020年11月
张家港市惠邻社会工作服务中心	2019年度百强社会工作服务机构	公益时报社	2020年5月
永联社区综合服务中心	文化和旅游公共服务机构功能融合试点单位	文化和旅游部公共服务司	2020年4月

表19　　2020年永联村获省级和省条线表彰的先进集体一览表

获奖单位	荣誉称号	授予单位	授予时间
永钢集团	2019江苏省省长质量奖	江苏省人民政府	2020年7月
	第五届“江苏慈善奖”最具爱心慈善捐赠单位	江苏省人民政府	2020年8月
	江苏省民营企业文化建设示范单位	中共江苏省委统一战线工作部 江苏省工商业联合会	2020年9月
	江苏省安全生产标准化二级企业	江苏省安全生产科学研究院	2020年12月
	江苏省示范智能车间（电炉大棒智能车间）	江苏省工业和信息化厅	2020年1月
	2020江苏百强企业（第19名）	江苏省企业联合会	2020年11月
	2020江苏制造业百强企业（第14名）	江苏省企业联合会	2020年11月
	2020江苏民营企业200强中排名第14位	江苏省工商业联合会	2020年9月
	2020江苏民营企业制造业100强中排名第10位	江苏省工商业联合会	2020年9月
	全省非公有制企业党建带工建“三创争两提升”活动省级示范单位	江苏省委组织部办公室 江苏省总工会办公室	2020年12月

续表19

获奖单位	荣誉称号	授予单位	授予时间
精筑集团	2019年度江苏建筑业百强企业（基础设施类）	江苏省住房和城乡建设厅 江苏省统计局	2020年7月
	2019年度市政工程协会优秀会员企业	江苏省市政工程协会	2020年6月
	抗击新冠肺炎疫情先进集体	江苏省市政工程协会	2020年9月
	2018—2020年度全省厂务公开民主管理先进单位	江苏省厂务公开协调小组	2020年12月
永联干部学院	江苏省农业农村现代化实训基地	中共江苏省农村工作领导小组办公室江苏省农业农村厅	2020年9月
宏泰物流	江苏省三星级绿色港口	江苏省综合交通运输学会	2020年12月
张家港市永联为民基金会	第五届“江苏慈善奖”最具影响力慈善组织	江苏省人民政府	2020年8月
张家港市永联菜篮农业专业合作社	江苏省巾帼示范专业合作组织	江苏省妇女联合会江苏省妇女“双学双比”竞赛活动领导小组	2020年11月

表20　　2020年永联村获苏州市级和市条线表彰的先进集体一览表

获奖单位	荣誉称号	授予单位	授予时间
永钢集团	第四届“苏州慈善奖”最具爱心慈善捐赠企业	苏州市人民政府	2020年9月
	苏州市自主品牌大企业和领军企业先进技术研究院	苏州市人民政府	2020年12月
	非公企业先锋党组织	中共苏州市委员会	2020年6月
	职工亲子工作室	苏州市总工会	2020年4月
	2020年苏州民营企业100强中排名第6位	苏州市工商业联合会	2020年7月
	2020中国民营企业500强	中共苏州市委 苏州市人民政府	2020年11月
	集体协商三星企业	苏州市总工会	2020年7月
永钢集团工会委员会	苏州市模范职工之家	苏州市总工会	2020年10月

续表20

获奖单位	荣誉称号	授予单位	授予时间
永联村	苏州市一二三产业融合发展先进集体	中共苏州市委办公室 苏州市人民政府办公室	2020年3月
精筑集团	2020年苏州市质量奖	苏州市质量奖评定委员会	2020年10月
苏州永联农旅发展有限公司	第九届中国苏州文化创意设计产业交易博览会参展企业	中国苏州文化创意设计产业交易博览会组委会	2020年8月

表21　　2020年永联村获张家港市级表彰的先进集体一览表

获奖单位	荣誉称号	授予单位	授予时间
永联村	2019年度张家港市文明村	张家港市精神文明建设指导委员会	2020年1月
永钢集团	2019年度文明单位标兵	张家港市精神文明建设指导委员会	2020年1月
	张家港市百强企业	中共张家港市委员会张家港市人民政府	2020年2月
	环保诚信先进企业	中共张家港市委员会张家港市人民政府	2020年2月
	2019年度制造先锋企业	中共张家港市委员会张家港市人民政府	2020年2月
	“小包裹、大爱心、圆梦2019” 爱心包裹项目中被评为 “爱心单位”	张家港市精神文明建设指导委员会办公室	2020年9月
	张家港冶金新材料产业链链主企业	张家港市人民政府	2020年10月
	张家港市先进制造业和现代服务业深度融合试点企业	张家港市人民政府	2020年10月
	2019年度张家港市科技研发标兵企业	张家港市人民政府	2020年7月
	智能制造投入十强企业	张家港市人民政府	2020年6月
永合社区	2019年度文明社区标兵	张家港市精神文明建设指导委员会	2020年1月
精筑集团	2019年度文明单位	张家港市精神文明建设指导委员会	2020年1月
	2019年度张家港市质量管理优秀奖	张家港市人民政府	2020年9月

附录

Appendix

永联小镇一景

永联年鉴 2021

媒体聚焦

文件选录

媒体聚焦

产业兴旺，托起乡村振兴的“脊梁”

小桥、流水、人家，粉墙、青砖、黛瓦，石阶、倒影、扶栏……这里有高层、小高层、多层公寓楼宇；这里有商业街、公园、农贸市场；这里有学校、医院、图书馆；这里有景观河、水幕电影、音乐喷泉……居住在这里的村民，无论是居住条件还是生活环境，与城市居民相比都毫不逊色。这里就是全国乡村振兴工作“先行者”——永联村。

“乡村振兴看永联。”永联村党委书记、永钢集团董事局副主席吴惠芳说，产业兴旺是解决农村一切问题的前提。没有产业，就没有乡村振兴。只有把产业做大做强，乡村振兴才能全面发展。永联村的成功实践也充分说明——产业兴旺是托起乡村振兴的“脊梁”。

工业化筑牢强村富民之基

无农不稳、无工不富、无商不活。工业是国民经济的支柱，也是一个国家、一个地区兴旺发达的根基。工业不发达、不强盛、不先进，就富不起来、强不起来。

永联村于1970年在长江边上围垦建村，当初只有254户人家、700多口人、近800亩地。由于地势低洼，十涝九灾，村民们过着“吃粮靠返销，生产靠贷款，生活靠救济”的苦日子。建村后虽然连续换了几任工作组和党支部班子，但都未能摘掉贫困的“帽子”，直到1978年，村民人均收入68元，仍是全县最小、最穷的一个村。

如今，永联村面积达12平方千米，77个村民小组，11 000个经济合作社社员。2019年，全村实现营业收入750亿元，利税56亿元，村级可用财力1.61亿元，被誉为“华夏第一钢村”。永联村何以发生翻天覆地的变化？吴惠芳说，永联几十年的发展，离不开工业化的助推。

1978年，吴栋材老书记来到永联村后，突破“以粮为纲”的禁锢，带领村民挖塘养鱼，掘到了“第一桶金”。1979年至1983年，永联村聚拢能工巧匠，陆续创办了枕套厂、花砖厂、玉石厂等8个小工厂。20世纪80年代，“楼上楼下，电灯电话”开始在苏南农村变为现实，农民盖楼房需要大量钢材。1984年，永联村筹资30万元创办轧钢厂。第二年，轧钢厂产值突破1000万元。随后，永联村抓大放小，关停了其他8个小工厂，集中精力办轧钢厂，从此永联村走上了以工兴村的发展之路。

进入新世纪，永联村连续克服亚洲金融风暴、非典疫情、国际金融危机等不利因素影响，实现企业产能从400万吨提升到900万吨，炼钢强村迈出跨越式发展步伐。

“党的十八大以后，面对经济新常态，永钢集团开始全面转型升级。”吴惠芳说，永钢集团加快产品提档升级，目前企业优特钢比例已超70%。

除钢铁主板块以外，还有金融投资、物流、建筑、旅游等产业，未来两年非钢产业比重将达到50%以上。

三产融合催生乡村新业态

在永联小镇美食街上，小镇的餐饮商家各自拿出当家菜，给游客以“食”惠；在永联花海的农夫集市，可购买时令、新鲜的天天鲜有机农产品；在农耕文化园，还有一系列好玩互动活动……这是永联村美食节的一幕，也是永联村三产融合发展的一个缩影。

在工业化、城镇化道路发展的过程中，对农业现代化提出了必然要求。2009年，永联村村民将手中的8000亩耕地的承包经营权统一流转到村集体。永联村以每年每亩1500元的标准，在村民自愿的前提下，将土地集中流转到村集体，经过村经济合作社的统一规划，建设了4000亩苗木基地、3000亩粮食基地、400亩蔬菜基地、100亩特种水产养殖基地、500亩农耕文化园。通过种植养殖基地化、加工制作工厂化、餐饮美食特色化、销售配送标准化、观光体验产品化，大力推进一二三产业融合发展。种植养殖基地化，形成以蔬菜供应、采摘观光为主的天天鲜蔬菜基地，以永联大米种植、供应为主的粮食基地以及永丰水果种植基地。加工制作工厂化，投资建设腌腊制品厂、谷物加工作坊及酿酒、榨油等现代作坊。餐饮美食特色化，通过改造升级永联美食街，进一步打响了永联农家菜品牌。销售配送标准化，完善永联天天鲜销售、物流体系，实现产品质量安全可追溯。观光体验产品化，整合永联区域景点及张家港市东部区域的农业旅游资源，打造长三角市民喜爱的乡村旅游产品。

通过大力发展生态农业、高效农业、设施农业、休闲农业等，永联村已构建出多元化的现代农业体系。10多年来，永联村积极推进农业结构调整，由“生产导向”向“消费导向”转变，把运营资本化、生产智能化、产业融合化、营销网络化等现代产业组织方式引入农业，形成多个农业新业态。2019年，永联村接待游客超100万人次，农业销售收入和旅游营业收入近3亿元。

（《张家港日报》2020年9月17日 A01版）

以典型引路带动乡村振兴全面跃升

乡村振兴战略，是党中央对“三农”工作作出的重大决策部署，全面擘画了中国乡村发展的美好未来。9月17日召开的全市农村发展大会，进一步吹响了学习“永联经验”、推动新时代农村发展的号角，也释放出以典型引路带动乡村振兴全面跃升的强烈信号，要求全市上下通过学有榜样、行有示范、干有目标，在整体上推动港城全面实现乡村振兴，争当率先基本实现农业农村现代化的排头兵。

永联村的发展史，是一部生动的农村社会变迁史。自1970年建村以来，永联村乘着改革开放的东风，历经以工兴村、轧钢富村、并队扩村、炼钢强村，闯出了乡村振兴的康庄大道，成为我市农村发展的“样板村”、城乡一体的“先行者”、乡村振兴的“领头雁”。永联村的发展，为中国特色社会主义乡村振兴探究了可行路径，也为我市争当率先基本实现农业农村现代化排头兵提供了宝贵经验。

学习“永联经验”，就是要在干事创业中扛起使命担当。回顾近年从中央到地方对“三农”工作提出的一系列新要求、新任务，以及永联村实施乡村振兴的实践与启示，涵盖农业、农村、农民问题的方方面面，既在大方向上定了路子，也在具体短板上开了“药方”，为实施好乡村振兴战略做出了新的科学指导。我们要积极响应市委、市政府的号召，不辱使命、奋发有为，敢闯新路、走在前列，坚定扛起乡村振兴的使命担当。

永联小镇农田风光

学习“永联经验”，就是要在狠抓落实中补短板增优势。当前，如何有效缩小城乡差距、推进农业现代化进程？乡村振兴难点在哪里？怎样通过创新增优势、补短板？在永联村的发展路径中，挖掘自身潜在资源、抢抓发展机遇、坚持五湖四海用人等举措，都提供了参考答案。我们要以更加清醒、更加坚定、更加有为的态度，巩固发扬原有的优势，精准发力补短板，为实现乡村振兴助力扬帆。

学习“永联经验”，就是要在“比学赶超”中走出新路。永联的发展模式很难被模仿，但永联在实施乡村振兴战略中形成的经验、做法和理念值得借鉴推广。我们要用好身边的生动教材，认认真真去对比、仔仔细细找差距、实实在在寻不足，加大工作力度，加强情感投入，实现“外为我用、借船出海”，奋力加快速度赶超，培育打造更多乡村振兴的典型。

典型是有形的标杆，榜样是无穷的力量。我们坚信，随着全市上下把“永联经验”学深悟透，以勇于担当、攀高比强的奋斗姿态，坚定投身港城乡村振兴的火热实践，“永联经验”必将在港城大地开花结果，我市也必能实现农业更强、农村更美、农民更富。

（《张家港日报》2020年9月18日A01版）

永联：精彩演绎发展辩证法

——50年，穷村变富村、小村变大村、传统乡村发展成为现代化农村

张家港永联村，又一次站到了时代的聚光灯下。

9月21日至22日，中国农民丰收节江苏省主场活动暨永联村建村50周年庆祝活动将在永联村举行。活动的举办，将多角度、全方位、全维度展示永联村生态宜居、乡村文明、生活富裕的新画卷。

50年，在历史的长河中不过是沧海一粟，却使永联村产生了前所未有的深刻变化。纵观50年发展历程，可以说，永联以一个村庄的努力融入波澜壮阔的时代大潮中。

50年来，永联村由穷变富、由小变大，发生了翻天覆地的变化，走出了一条“以工业化牵引，带动城镇化建设，进而实现农业农村基本现代化”的发展道路。

50年来，永联村坚持在共建中共享，在共享中共建，以此来团结群众、凝聚人心、谋求发展，不断探索共同富裕的实现形式和发展路径。

50年来，永联村持续创新乡村治理机制，破解农村社会形态和农民生活方式变化带来的治理难题，让村民们过上了幸福的城市生活。

50年来，永联村坚持“既要富口袋，也要富脑袋”，成功处理物质文明与精神文明两者的关系，实现人的素质全面提升。

创新与坚守相得益彰，发展方式的变与价值追求的不变相辅相成。永联村精彩演绎的发展辩证法，既是对过去发展经验的高度总结，也是未来挺进基本现代化的生动启示。有理由相信，永联村将继续为中国农村发展提供更多的鲜活经验。

工业化牵引城镇化 城镇化支撑工业化

驱车驶入“中国民营企业500强”永钢集团，就为其巨大的规模而震撼。一幢幢崭新的蓝色厂房整齐排列在道路两侧，掩映在碧树芳草间，各类运输管道、阶梯盘折连接，如巨龙般横卧在天空；步入智能炼钢车间转炉主控室，一位工人坐在干净的办公室内敲击电脑键盘、轻点鼠标，智能设备快速响应、配合作业，呈现出一派热火朝天的建设景象。

永钢集团是在永联村的土地上“生长”出的一个工业巨人，代表着永联人逐梦工业化的巨大成就。1978年，老书记吴栋材来到永联村后，突破“以粮为纲”的禁锢，带领村民挖塘养鱼，掘到了“第一桶金”。1979年至1983年，永联村聚拢能工巧匠，陆续创办了枕套厂、花砖厂、玉石厂等8个小工厂。20世纪80年代，“楼上楼下，电灯电话”开始在苏南农村变为现实，农民盖楼房需要大量钢材，永联村大胆作为，筹资30万元创办轧钢厂。次年，轧钢厂产值就突破1000万元，并以永联轧钢厂为核心组建成立永钢集团。进入新世纪，永联再度自筹资金10亿元，用341天上马百万吨炼钢项目，一举将永钢发展成为大型钢铁联合型企业。

永钢集团的崛起，带来了集体经济的腾飞，加快了城镇化的进程。2006年起，永联村决定投入10多亿元，把散居在田间地头的3000多户村民全部实行集中居住。经过努力，一座现代化小镇拔地而起，此举不仅实现农村城镇化，又为永钢集团的更大发展腾挪空间。

“当时大家都说永钢的待遇不错，我把土地流转到村里后，就来参加了永钢的招聘。”永钢集团炼铁总厂烧结项目部职工陈伟说，刚来永钢的时候，也有很多不懂、不适应的地方，但是经过不断的培训学习，掌握了知识和技能，成长为一名合格的现代化工人。在永联村，像陈伟这样从一名农民转变为一名工人的例子比比皆是。

工业化与城镇化相辅相成，驱动着永联村精彩蝶变，一举跃升为全国农村前三名。现在永联村有钢铁、重工、物流、金融、建设、旅游、现代农业等7个产业板块。2019年，全村实现营业收入750亿元，利税56亿元，村级可用财力1.61亿元。

“农村工业化、产业化是城镇化的基础和条件，永联坚持以工业化、产业化带动牵引农村的城镇化，进而实现农业农村现代化，事实也证明这条道路是可行的。”永联村党委书记吴惠芳认为，永联把握处理好工业化和城镇化的关系，探索实践出一条两者互动良性发展的路径，让农民就地城镇化，过上幸福生活。

“感觉比以前上班还要忙，生活充实而幸福，看着广场上一道道亮丽的风景，尤其看着队员们认真练舞的样子，我发自内心地觉得高兴。”永联村村民朱玉兰还有一个身份：合之韵艺术团团长。她领着村民一起组建了舞蹈队，如今在张家港已小有名气，还在市里组织的比赛获奖。

共建富裕村庄　共享发展成果

每天早上5点多，“赶鸭人”陆志强就挥着长长的鸭杆，赶着1200多只鸭子来到永联现代粮食基地。在他的“指挥”下，鸭群迈着摇摇摆摆的步伐，“扑通、扑通”地跳进稻田里，欢腾地游动起来。陆志强说，虽然今年已经退休，但自己的身体还可以，继续做些力所能及的事情，既能充实生活，也能为村里贡献一份力量。

在永联村，每个人都是奋斗者。他们宜工则工、宜农则农、宜商则商，找到适合自己的工作，凭借自己的努力贡献力量，同时公平享受发展成果，实现共同富裕。

永联村2000多名村民在永钢集团实现就业。但是，还有许多因为学历低、年龄大、身体弱，被挡在了企业大门外。于是，永联村成立了劳务公司、保安物业公司，与周边企业签订保洁、保绿、保安服务协议，为那些低技能劳动力提供就业岗位。现在，共吸纳了近1500名低技能劳动力。永联村还建成了农耕文化园，为100来个村民提供就业岗位，虽然每年亏本在300万元左右，被人质疑搞旅游还倒贴钱，但村里很坚定，“经济账是亏本的，但民生账是盈利的”。

永联村还投资1500万元建设了农民创业园，共有8幢近1万平方米的厂房，村里把水、电、气通到厂房门口，按每年每平方米43元的价格，租赁给有能力创业的村民。现在，农民创业园内共有23家小企业，平均每家企业每年盈利达50万元，同时，以创业带动就业，农民创业园共吸收劳动力600余人。永联小镇上，还有72个永联村民开店经营，平均年收入在30万元以上。

永联村实施农民集中居住，并没有采用常规的拆迁安置方式，而是制定了拆归拆、分归分的办法。“拆归拆”，就是拆的时候按市场价格一次性货币化赔偿补偿到位，尊重和维护农民家庭的存量资产。“分归分”，就是安置的时候按一户一套，每套145平方米，每平方米500元的价格，办理大产权红本子，一张结婚证为一户。这个做法实际是把货币形态的集体资产，公平地转化为家家户户的实物房产，让村民们共享经济发展成果。

“集体主义没有过时，过时的只是集体主义的实现方式。共建共享是集体主义的升级版，只有把握好共建与共享的关系，才能凝聚起人心，让永联村能够始终保持着活力。”吴惠芳表示，永联既要坚持激发农民的积极性，鼓励农民用双手建设富裕的村庄，同时也不断发展壮大集体经济，确保让全体村民共享发展成果，最终实现共同富裕。

永联小镇的广场上，永联村标志性雕塑“金手指”在阳光下闪闪发光。这只寓为“创造”的金手指，象征着永联村上下一心，合力创造美好生活，并共享发展成果。

创新乡村治理　融入城市生活

走进永联小镇，一排排、一幢幢高楼整齐有序地坐落在小镇一隅，楼房旁河流环绕，将小镇拥入怀中，一推开窗便能嗅到江南水乡的雅致和风韵。再往里走，拐到商业街上，各类商铺饭馆敞开大门，招朋引客，处处透着繁华与热闹。

眼前的场景，与城市社区并无差别，但背后却历经曲折。让村民过上城里人的生活，一直是永联村致力于缩小城乡差别的目标。村里先后建起了农贸市场、小学、幼儿园、医院、商业街等城镇基础设施，甚至在村里安装了8个红绿灯和5个卡口，村民在家门口就可以上学、买菜、看病等。但是，由此引发的矛盾和烦恼，也逐渐多了起来。比如，农贸市场里蔬菜上农药残留物超标，小镇上的车辆超速闯红灯，这些事，村里管不了也管不好。于是，永联村向上积极争取支持，把公安、交警、工商、卫生、城管、消防等公共管理机构和人员派驻到永联村，担负起那些管不了也管不好的事务，永联小镇变得秩序井然。

永联村的美，不仅在于建得好，还在于管得好。实际上，在永联村的发展过程中，不断创新乡村治理，提升村民获得感幸福感，始终贯穿其中。

发展初期，村企合一是永联村集体经济迅速发展壮大的重要法宝。但是，随着市场经济的不断深入，由村企合一引发的矛盾问题也变得突出起来。为此，永联村先后两次对永钢集团清资核产，把永钢集团从永联村的集体资产中剥离出来，进行股份制改造，永联村经济合作社持有永钢集团25%的股权。从此，永钢集团按现代企业制度自我运行，永联村按乡规民约充分自治。

村企关系理顺后，永钢集团进入了发展的快车道，永联村经济合作社依靠25%的股权收益，集体资产也得到了快速增长。这时，处在政经合一状态的村民委员会，对集体资产经营管理的任务越来越重。同时，村民委员会面临的社会治理任务也越来越复杂。这时，村民委员会管资产能力不足、抓治理精力不够的问题越来越突出。为此，永联村从2012年开始，着手实施政经分离，把集体资产经营管理职能从村民委员会中剥离出来，充分发挥村经济合作社的经营管理功能。永联村经济合作社党总支书记陈建新介绍，经济合作社按照公司化、专业化运行，确保村集体经济健康运行。

经济功能有着落了，治理矛盾却凸显出来。政经分离后，永联村民委员会虽然职能任务比较单一，精力也比较集中，但是，村民自治的体制方式与城镇化的社区治理要求明显不相适应。为此，2013年，经过上级审批同意，永联村不再举行村民委员会选举，全体村民参加永合社区选举，产生永合社区居民委员会。永合社区党总支书记秦欢介绍，现在，永联村的社会治理由村民委员会体制下的村民自治转变为居民委员会体制下的居民自治。永联村村民的身份转化为永合社区居民和永联村经济合作社社员。

现在的永联村，党组织领导的乡村治理体系更加完善。永联先后成立了张家港惠邻社工、永联为民基金会、惠民服务中心、志愿者联合会等社会组织，作为乡村治理体系的有益补充。今年初，中央农村工作领导小组办公室、农业农村部等部门公布新认定的全国乡村治理示范乡镇、全国乡村治理示范村名单，永联村成功入选全国乡村治理示范村。

既要生活富裕　也要乡风文明

走在永联村，你可以发现，这个全国知名的富裕村庄，对文化的崇尚以及对文明的敬畏，已经渗透到每个角落。

为了让孩子们享受到城里孩子一样的高雅艺术学习培训机会，永联村与北京荷风艺术基金会合作，在永联小学成立管弦乐团，从上海请来一流的老师进行教学。孩子们先后到上海大剧院、北京天桥大剧院演出过。

永联村投资了近1亿元建设了永联文化活动中心和永联戏楼，经常邀请各类文艺团体前来演出，对永联村民实施常态化的艺术熏陶。

在永联小镇的爱心街上，还建了一个智力加油站，花了近百万元购买各类玩具，供孩子们训练智力，不让永联的孩子因为家庭经济上的差异，在智力训练条件上不平等。

永联村深知，在提高村民物质生活水平，实现仓廪实、衣食足的同时，也要关注居民精神文化生活，提升其文化素养和文明素质，实现人人知礼节、明荣辱。

“乡村的精神文明建设一定要有能让老百姓在乎的抓手，避免形式主义和效率不高情况的出现。”吴惠芳说，永联村的精神文明建设不是“喊口号”，与居民的生产生活相结合，在经历用经济奖励的手段后，转变为精神激励的手段为主。

2004年，永联设立“文明家庭奖”，将社会公德、家庭美德、职业道德、个人品德等要求，制定成百分制考核条款，以家庭为单位进行年度考核，将考核结果与村民的年终分配相挂钩，并给予一定的奖励。随着生活水平的提高，老百姓在乎的不再是那些经济奖励，而是“面子”。对此，永联做出改变，自去年开始，不再将文明家庭奖考核与年终分配相挂钩，而是根据考核积分进行排名，授予家庭不同的“奖牌”，挂在家门口，作为家风良好的标志。如今，尽管没有了经济奖励，但大家争当文明户的劲头却更足了。

永联村的村民，不仅习惯于管好自家事，还会关心大家的事。“村民议事厅”里，百姓矛盾问题大家议，百姓利益诉求民主谈。永联村现已形成了“议事平台议大事、议事团议难事、楼道小组议琐事”的三级议事平台，不断激发公民意识。

永联村入口处立着一个户外大屏，播放的内容很有意思，往往是村民们围绕一个话题进行辩论，正反两方观点对立，讨论得十分热烈。永联村把与日常生活息息相关的政策和规定交由村民们讨论，不设前提，自由讨论，并将讨论的观点制作成短视频播放，至今已就文明养犬、公厕文明、垃圾分类等议题进行了辩论。在村民们的“唇枪舌剑”中，国家的有关政策和规定得到了认同。这些议题都是村里用“智慧永联”互联网平台收集而来，潜移默化间提升了村民的人文素养和精神境界。

基本实现现代化，人的现代化至关重要。作为农村发展的排头兵，永联村持之以恒提升人的素质，不仅有着现实需要，也必将为全国乡村振兴提供更具价值的启示和思考。

乡村振兴看永联。9月18日，张家港市召开全市农村发展大会，充分发挥永联村先进典型的示范引领作用，动员全市上下深入实施乡村振兴战略，扎实做好新时代“三农”工作，努力探索一条具有港城特色的农业农村现代化发展之路，争当苏州乃至全省率先基本实现农业农村现代化的排头兵。

（《新华日报》2020年9月20日第8版）

“新木桶理论”看永联

“木桶理论”告诉我们，一只木桶能够装多少水，取决于最短的木板，也叫“短板效应”，解决的是全面发展或协调发展问题。“新木桶理论”则揭示这样的原理：当发展基点或水平到达一定程度及高度后，把木桶倾斜，这时候决定盛水量的是长板，拉长长板，优势凸显，直面的是更高发展目标和阶段。

苏州“三农”发展走在全省全国前列，到2022年“率先基本实现农业农村现代化”，是中央、省委为苏州实施乡村振兴战略划定的“时间表”“路线图”

率先，关键看长板。

张家港市永联村建村50年来，由穷变富、由小变大，走出了一条“以工业化牵引，带动城镇化建设，进而实现农业农村基本现代化”的发展道路。“永联50年来建设发展的过程，就是一步步朝着农业农村现代化目标奋斗奋进的历程。”永联村党委书记吴惠芳说。

剖析“永联样本”，不难发现，正是依托集体经济发展、共建共享、乡村治理等方面的优势创造和先行探路，这片12平方千米的土地上，呈现出一幅由小镇水乡、绿色工厂、现代农庄、文明风尚构成的美丽画卷。

另解农村“空心化”，用“硬核”经济夯实农业农村现代化发展之根

近日，记者赴永联村采访，村里正忙着筹备今年中国农民丰收节江苏主场活动暨永联村建村50周年庆祝活动。吴惠芳开门见山两句话：第一句是“奋斗五十年，奔向现代化”，永联村用50年的奋斗，从一个长江滩涂上建起来的最小、最穷的农村，建成了基本现代化的农村；第二句是“改革开放四十年，乡村振兴看永联”，永联是党的农村改革开放政策的忠诚实践者，也是最大的获益者，是中国乡村振兴的一个缩影。

两句话彰显出永联的豪气，更有“硬核”底气，以及永联在实施乡村振兴、推进农业农村现代化的经验价值。

永联经验之一，用发展壮大集体经济，为实现农业农村现代化提供基础支撑。

强大的农村集体经济，是苏州“三农”发展的重要特征之一，永联村，更是走在苏州农村集体经济发展的最前列。

吴惠芳说，一个村庄要发展，没有经济一切都是空谈。永联村的发展，正是始终把握这一条，才有了持续健康发展的基础。“农村工业化、产业化是城镇化的基础和条件，城镇化是农村工业化、产业化的必然产物和要求，这是我们几十年来得出的结果。”

永联几十年的发展，便是工业化的过程。1978年挖塘养鱼，获得第一桶金。1984年办钢厂以钢兴村、轧钢兴村。2002年自筹资金10多亿元，用341天打造了一个大型钢铁企业。积累资金之后，抓住当时国土资源部的城乡建设用地增减挂钩指标，2006年一举把全村散落在田间地头的3600多户人家全部动迁，实现农民集中居住，让农民过上城镇化的生活，进而把8000亩耕地重新流转到村里的经济合作社，实行规模化、集约化、市场化经营的管理，农业实现现代化。

采访中，吴惠芳特别谈到了农村“空心化”的话题。他认为，空心化其实是两种现象，第一种是农民背井离乡离开了自己的耕地到大城市打工，农村只留下房子、老人和儿童；第二种就是让更少的农民种更多的地，让更多的农民从土地上解放出来，走向城镇，实现生活城镇化，“这样的‘空心化’运作，我们认为是实现农业强、农民富、农村美的一条路径”。永联探索了几十年，致力于这方面的实践，也走出了这么一条以工业化、产业化带动牵引农村的城镇化，进而实现农业农村的现代化的道路，并证明这条道路是可行的。

吴惠芳说，永联不是空心化，永联村在宅基地上的农民是没有了，但是集聚到了村庄里面的小镇——永联小镇，就像麻球一样，里边的内核是永钢集团，农民就像芝麻一样包裹在上面，农民离土不离乡，就地城镇化，过上了现代、文明、富裕的生活。

精准“导航”共富路，用“走心”共享激发农业农村现代化动力之源

“这个化，那个化，核心是人的现代化。”吴惠芳说，提升农民的就业能力和创业能力，是实现农业农村现代化的关键之举。

永联村在集中居住前，有很多老百姓在自家的房子里办小工厂，集中居住后，为了让这群村民能够继续创业，永联村投资建设了农民创业园，共有8幢标准化厂房，按照每年每平方米43元的廉价租金租赁给村民创业。现在创业园里已经有二十几家小企业了，以创业带动就业。这是永联村率先实践并不断创新共建共享方式的一个缩影。

永联经验之二，就是用共建共享共同富裕，为实现农业农村现代化提供动力源泉。

吴惠芳说，农村建设发展的主体始终是农民，共建共享、共同富裕是带动群众、凝聚民心的最有效旗帜，也是农民最根本的动力源泉。50年来，永联村在不同阶段采取了不同的共享方式和共享内容。

共享发展成果——

20世纪80年代初，以工促农，永联轧钢厂发展以后，把企业的利润公平地转到家家户户。1995年前后，永联轧钢厂每年利润在2000万元左右，但周边几个村庄还十分贫困，先富带后富，永联村党委决定合并周边四个行政村，带领大家共同致富。1998年、2000年企业股份制改造，让村民共同持有25%的股权。永联小镇建设，把货币形态的集体资产公平地转化为家家户户的实物房产。村里依托永钢集团分红、店面租金收入、实体公司经营收入，建立了多项福利保障制度，每人每年分配现金约1万元，让所有永联人都共享这片土地上的发展成果。

共享就业机会——

永联村有1万多名集体经济组织成员，永钢集团规定同等条件下永联人优先考虑，2000多名年纪轻、有学历、有技能的村民被录用到企业上班。

永联还成立劳务公司、保安物业公司，把村里年纪大、学历低的人群都吸纳进来，并进行技能培训，然后以公司的名义到永钢集团以及周边企业承接保洁、保安、保绿等工作，解决了1500多名村民的就业。永联又对农业和旅游进行融合发展，不仅取得了良好的经济效益，就业人数也达到800多。

共享创业平台——

除农民创业园外，2006年，永联村在建设永联小镇时，规划了南街、北街、东街三条商业街，共320个门面店，产权归村集体所有，村里规定永联人优先租赁。现在，乡村旅游发展起来后，三条商业街的生意红火，村民经营收入不断增加，村集体每年的租金收入超1200万元。

共享文化资源——

不仅要“富口袋”，还要“富脑袋”，为提升村民的文化素质和文明素养，永联村集体经济的共享有些是采取提供文化资源的形式。如，1995年、

2005年、2014年先后三次对永联小学进行新建、扩建，为孩子们提供更好的学习环境。永联戏楼每天下午会邀请不同戏剧种类的演出团队来演出，一年的费用是200万元。“这笔钱如果平分的话每人只有200元，但是通过这样的方式，为村民提供了更为丰富的精神生活。”吴惠芳说，共建共享是集体主义的升级版，只有共建共享，才能最有效地凝聚人心，团结力量，共谋发展。

“四个转变”巧破题，用乡村治理的“破与立”撑起农业农村现代化制度之本

随着工业化、城镇化的不断推进，永联的乡村形态、农民面貌、生产生活方式都发生了重大变化，永联也较其他地区较早地遇到了乡村治理的新问题、新挑战。

永联经验之三，创新乡村治理机制，为实现农业农村现代化提供制度保障。

永联村乡村治理机制的变革，是敢闯敢试、敢破敢立、主动作为的勇气，更是因地制宜、与时俱进、主动校准的智慧，主要体现为“四个转变”：理顺村企关系，由村企合一向村企合作转变；理顺政经关系，由村委会一元主体向居民社区化治理、集体资产股份合作化经营转变；理顺村镇关系，由物的城镇化向人的城镇化转变；创新文明建设方式，由奖励金钱向奖励荣誉转变。

永联村将村企合一的模式转化为村企分离、村企合作，正是顺应改革、破解问题的“金钥匙”。村企分离是指村企之间是投资关系，管理、薪酬、财务实行分离，包括干部使用，去年底，永联村的干部将永钢集团的股份全部退出，在村里拿绩效工资。村企合作则是指村和企业之间，资产归资产、管理归管理，比如永联议事厅的土建归村里，装修归企业，经营由村旅游公司负责，旅游公司向企业和村里支付租金，村企使用时要向旅游公司付费。

政经关系怎么理？永联村民委员会分化为永合社区居委会和永联村经济合作社两个主体，永合社区居委会是全体居民的生活共同体，不分本地人、外地人。永联村经济合作社是所有集体经济组织成员的经济联合体，无论社员在哪里生活，享受集体经济组织的分配权益都不会变。

吴惠芳说，乡村振兴治理的现代化，要实现村庄居民的社区化治理和集体资产的股份合作化经营，这是发达地区农村发展的必然趋势和必由之路。

理清村镇关系，是城乡公共服务均等化的重中之重。2009年，南丰镇在永联成立了社会管理服务中心永联分中心，将城管、卫生、交警、派出所等执法人员派驻到永联。此后，该由村里管的事情村里管，该由镇上管的事情镇上管。

“乡村的精神文明建设一定要有能让老百姓在乎的抓手。”这是永联创新精神文明建设的关键一招。

2004年起，永联每年拿出1000万元设立文明家庭奖，对每个村民进行分数考核。随着永联村福利待遇及工作收入的提高，1000元在老百姓心目中已经不是很重要。去年开始，永联改变考核方式，1000元变成福利直接发给村民，但继续进行文明考核，有加分项、减分项，分数排名前10名的家庭颁发文明家庭标兵奖，11至100名的家庭颁发金质文明家庭奖，100名以后的颁发银质文明家庭奖，并由社区统一制作牌子挂在居民家门口，凡是被扣分的不挂任何牌子。“老百姓不在乎钞票，在乎脸面，这块牌子成了家风的标志。”吴惠芳说。

走过半个世纪的永联，正集聚新优势，站在更高的起点上迈步新征程：产业更加兴旺，力争2022年实现营收1000亿元；村庄更加宜居，打造5A级全域旅游景区，让居民生活在景区、工作在景区；乡村治理更加智慧，构建高效、智能的治理体系。

（《苏州日报》2020年9月20日 A01版）

永联小镇

文件选录

在永钢集团2020年度年终总结大会上的讲话

永钢集团董事局主席 吴耀芳

（2021年1月8日）

同志们：

2020年对我们每个人都是难忘的一年，猝不及防的新冠肺炎疫情带来的冲击让我们始料未及，既定的工作节奏被打破，年初制定经营目标变得不确定。外部发展环境恶化，国际贸易摩擦、一些国家封锁，让外贸业务大滑坡。铁矿石、煤炭等原材料价格飞涨，让钢企利润大幅收窄。在一切都面对着不确定性的时候，下半年企业的发展又迎来了转机，尤其是四季度，钢铁价格出乎意料地上涨。对于2020年的发展，我认为有几个方面的工作值得肯定。

一、2020年经营目标完成超出预期

2020年，集团公司实现了营业收入1010亿元，超出2020年预算目标900亿元12%。回顾“十三五”之初，永钢集团营业收入为310亿元，到今年翻了两倍多，圆满实现“千亿营收”的目标，营业收入创历史纪录。财务报表显示，所有产业板块和子公司都实现盈利，非常不容易。这样的经营成绩得益于几个方面：

一是产业结构优化的结果。过去我们产业板块是钢铁一枝独秀，非钢产业由于自身所处行业的原因，起步晚、尚处在探索阶段，企业规模增长缓慢，利润空间有限。但经过近两年产业结构的调整和优化，建设、金融、投资、贸易等板块的加入，发展的规模快速增长，对集团公司实现“千亿营收”起到了重要的支撑作用。例如江苏象石在短短1年多的时间里，营业收入就达到了266亿元，占到整个集团营收的四分之一；精筑集团和永骁发展营业收入突破了20亿元大关，成为集团公司非钢板块增长的主力军。在企业的发展过程中，产业的选择尤为重要，成长性好的优质产业就能够为企业发展带来持续的增长，产业结构的优化是未来集团公司要专心研究的重点工作。

二是经营班子都在谋思路、想办法。今年，总裁班子经过调整后，呈现出一幅全新的气象和精神面貌，他们学历高、专业知识扎实，年轻干劲足，经营思路清晰，管理方法得当。各子公司经营班子也表现得很好，联峰实业在停掉一台转炉的情况下，全年产钢材960万吨。昆仑重工把握住风电“抢装潮”，净利润超过4000万元，达到年初预算目标的4倍。在所有子公司中，受疫情影响比较大的就是联峰金属制品公司，海外疫情使得其外贸出口遭受巨大冲击，公司在向外拓宽市场的同时，眼睛向内挖潜，从物流发货、产品包装上下功夫，降本节支。还有其他子公司的经营班子，我就不一一点了。年初，受疫情的影响，大家对完成今年的目标任务信心不足，但我们所有经营班子都在想办法，齐心协力克服困难，使得集团公司实现逆势增长。在此，我要为你们点赞。

三是全体干部员工共同努力的结果。今年，永钢集团科学谋划、主动作为，在复工复产、产业经营、体制优化、基础管理等方面表现优良。永钢集团取得的所有成绩，都离不开我们全体干部职工的共同努力。在此，我代表永钢集团向大家表示衷心的感谢！在企业经营发展中，也涌现了很多优秀的干部和员工，今天下午我们要隆重表彰他们。

二、体制机制得到调整和优化

永钢集团取得今天的成绩，体制机制的创新是我们成功的经验之一，体制机制的优化伴随着永钢集团成长壮大，回顾“十三五”期间，我们在两个方面的体制机制优化取得成效。

（一）董事局领导下的总裁班子负责制逐步形

成。主要经历了三个发展阶段：

一是一体化运营阶段（1984年至2017年）。1984年，永钢集团建厂以来，钢铁一直占据绝对的比重，企业所有的精力都放在钢铁板块上，非钢板块的发展无论是规模还是盈利，都无法和钢铁板块相比。由此也形成了以钢铁为主导的经营管理体系，钢铁和非钢统筹管理，经营班子和管理部门也是一体化运营，人才队伍专业和经营也主要集中在生产上。

二是专业化分工阶段（2018年至2019年）。2018年，永钢集团构建起董事局管理体制，形成了董事局、总裁班子和总经理班子的三级管理体系，完成了非钢板块从钢铁板块的剥离。同时，集团公司承担综合管理职能，以及供销、物流、建设等统筹性职能，生产管理部门分离到联峰实业。

三是集团化管控阶段（2020年至今）。今年，我们对总裁班子进行了调整，董事局成员除了张刘瑜，全部从总裁班子中退出，总裁班子形成年轻化、专业化的10人团队，按照专业分工对集团公司进行管控。同时，集团公司和联峰实业进行了切分，集团公司成立6个综合职能部门，对集团公司和所有子公司进行统筹管控，实现职能全覆盖。重构了联峰实业的运转机制，配强联峰实业总经理班子，成立联峰实业办公室、财务管理科、销售处、运输处等机构，使得联峰实业成为独立运转的子公司。

（二）子公司经营体制机制优化。今天，永钢集团的产业板块是通过三个方面的努力而来的。

一是转制经营。为激活、调动子公司经营活力和班子经营积极性，集团公司努力推进内部承包经营和转制力度。2018年，营销中心转制经营，成立乐欣科技。2019年，制钉厂推行产供销一体化运行，成立联峰金属制品公司。今年，我们又推动宏泰物流和循环经济产业园转制，2021年开始，这两家公司按照子公司模式进行市场化运营。

二是与永联村的专业化分工。为支持永联村集体经济做大做强，提升永联村自身的造血能力，也是为了让永钢集团把更多的精力放在钢铁及相关产业链发展上，2019年，农旅公司、保安公司产权划归永联村经济合作社。

三是外部收购与合作。通过股份制和合伙制等灵活经营机制，推动了这些产业板块和子公司做大做强。例如2008年，永钢收购张家港市政工程公司，组建精筑建设集团，企业连续多年跻身江苏省建筑业百强企业。2011年，收购昆仑重工。2017年开始，我们陆续引进秋晟资产、象石实业、永谐投资等金融贸易团队，和他们合作经营，永钢金融贸易板块开始加速发展。

三、集团化管控水平得到提升

（一）科学的管理工具被应用到企业管理。我们逐步摆脱过去经验化的管理，开始积极利用外智外脑，通过他们为我们带来新的管理理念，用科学的管理工具帮我们诊断，发现问题和解决问题。例如今年引进的麦肯锡咨询公司和美世咨询公司，帮我们解决实际问题。

（二）构建起集团化管控的平台。为推进集团化管控，集团公司上线了一些信息化管控平台。包括：业财一体化项目。为加强财务在集团管控中的作用，从2018年开始实施以财务共享管控为核心的业财一体计划，今年底所有子公司全面上线。业财一体化的推进，大力推动业务流程再造，大大提升财务数据的及时性、准确性，使得集团公司能实时掌控集团内外的财务状况，科学决策，规避风险。

预算管理。2018年开始，集团公司开始在联峰实业试点预算管理，2020年开始在整个集团全面推行预算管理。预算管理的实施，有效地将各方面的力量汇聚到永钢集团的大目标下，预算管理的跟踪有效防止了各单位经营行为与预算目标的偏离。

阳光采购平台。2019年6月，集团公司推行阳光采购，集中采购平台上线。截至2020年12月，所有子公司80.2%的物资采购实现平台线上采购。阳光采购平台的推行，不仅降低了采购成本，优化了采购模式，更规范了采购流程，堵住了腐败产生的漏洞。

人力资源信息化共享平台。以金蝶SHR信息化系统为基础，2019年系统上线运行，实现集团与分公司、子公司人事、招聘、培训、薪酬等业务互联共享，为集团及分公司、子公司提供人力资源共享服务的同时，实现人力资源集团化管控。

（三）集团化管控的手段在提升。

强化了董事局的指导。2020年，在董事局领导的带领下，对联峰金盾、联峰科技、联峰金属进行了调研、分析和指导，为子公司经营发展制定方案，并派驻整改小组帮助子公司改善经营和管理。

强化了监督审计。2018年，集团公司成立监督审计部。通过管理审计，对各单位制度建设、经济业务管理、流程优化加强监督，对成本实行精细化管控。通过财务审计，使得子公司在资产管理、应收账款、成本结转、税收缴纳等财务核算方面的准确性、规范性等方面大大提高。

安全环保监管常态化。建立纵向分级管理、横向分工负责的安全生产网格化管理体系，常态化开展查违章活动和各类培训活动，将监控系统接进公司安全管理平台。消防检查和环保巡查常态化，实现消防安全管理和环保监管全覆盖。

四、企业各方面工作得到了社会各界的认可

今年，集团公司喜获很多奖项，例如省长质量奖，我们是全市第一家获此奖项的企业。“中华慈善奖”，钢铁行业中也只有宝武集团和我们永钢两家。还荣获全国工商联“抗击新冠肺炎疫情先进民营企业”称号，江苏省二级安全生产标准化达标企业、江苏省民营企业文化建设示范单位等荣誉。

此外，很多子公司也荣获了较多荣誉，例如精筑集团荣获苏州市长质量奖、联峰科技入选张家港小巨人等等，荣誉的获得既是工作干得好，更是企业社会影响力、市场竞争力、文化软实力综合提升的结果。这些荣誉的获得，充分说明了我们企业和子公司在发展壮大。

今年我们取得了很好的成绩，但也还存在着一些问题。

第一，产业研究不够。一些子公司的发展规划迟迟没有制定，发展的定位也模糊不清。这是集团公司对子公司发展规划的研究、指导不足的表现，把子公司发展规划的责任落到职业经理人身上的表现。子公司作为集团公司投资的实体，其经营发展直接影响着集团公司投资的回报率，影响着“千亿营收、百亿利税”目标的实现，集团公司职能部门要肩负起帮助子公司谋规划、想办法的责任。子公司的发展定位、经营目标、产业往哪个方向发展，产品和市场怎么开拓，都需要进行谋划。

第二，职业经理人的责任担当不够。作为子公司的负责人，第一责任就是把企业做大做强，我一直强调的就是，一个企业家，你的贡献不在于你赚多少钱，而是你给社会留下了什么。你把一个企业做大做强了，当你退休的时候，你给社会留下的是能持续养活数百、数千人的企业，这才是一个企业家最大的社会价值。然而我们一些企业负责人，在企业经营中缺乏担当和责任，企业盈利好了，舍不得投入，小富即安的心态还比较多。

第三，职能部门对集团化管控的支撑不够。集团公司实施集团化管控的核心主体就是职能部门，经过今年体制机制的调整，集团公司形成了六个综合职能部门，但从目前六个职能部门的实际情况来看，对集团化管控的支撑能力显得较为薄弱。主要体现在人才队伍数量和能力素养上的不足，信息化、人力资源、产业运营等方面的人才紧缺；人才专业和工作经历多集中在钢铁板块，能够适应非钢产业发展的经营性人才不足。

第四，子公司的经营机制还需持续优化。很多子公司的管理还不规范，具体表现在：一是不能够按照现代法人治理的要求推进管理，董事长和总经理的职责界限不清，集体决策落实不到位，决策时董事长、总经理“一言堂”的情况也不少。二是内部经营机制不灵活，分配不公平、吃大锅饭的情况还存在，人才的积极性没有得到充分调动。三是制度建设还是缺胳膊少腿。一些子公司照搬照抄集团公司制度，对制度执行也缺乏评估和审计，管理流程不按制度执行，随意性较强。

这些问题，需要集团公司总裁班子和总经理班子在“十四五”期间加以解决。

今年是“十三五”的收官之年，成绩喜人，“千亿营收”的目标已经达成。2021年是“十四五”开局之年，也是即将宣布第一个百年目标实现、迈向第二个百年目标的奋进之年。我们应该看到，2021年的疫情变化和外部环境仍然存在诸多不确定性，但挑战和机遇永远是并存的。

从全球形势来看，2017年，习近平总书记作出“放眼世界，我们面对的是百年未有之大变局”的论断，今年的疫情更加速了这种大变局的来临，全球政治和经济格局都将迎来大洗牌。展望2021年，新冠疫情仍在全球扩散蔓延，结束时间无法准确预测，世界经济复苏前景不确定。美国经济社会发展深受疫情失控、大选洗牌、贸易摩擦等因素影响，而中国是全球经济唯一实现正增长的主要经济体，中国势头向好，带领全球经济前行，美国是容忍不了中国主导全球的，中美两国在众多领域博弈进一步加剧。

从国内形势来看，十九届五中全会提出到2035年的远期目标，中央经济工作会议部署了2021年的八大重点任务。总体来看，2021年，宏观政策将保持连续性、稳定性和可持续性，这将预示着中国经济不会大起大落，“稳中求进”的总基调没有变。在双循环格局中，国内大循环是主体，意味着要着力打通国内生产、分配、流通、消费的各个环节，不断满足消费升级需求。同时，国内国际双循环相互促进，将使国内市场和国际市场更好地联通，为我国发展带来历史性机遇。

从钢铁行业来看，我国经济的发展和内需的挖掘，需要钢铁行业的支撑，高需求的态势仍将持续。但产能扩张冲动时隐时现、生态环境约束越来越紧、资源对外依存度高、行业产业集中度低仍将是今后一段时间钢铁行业面临的挑战。尤其是资源的对外依存问题，铁矿石、煤炭价格呈上涨趋势，钢铁利润将收窄。

当前，国内外对钢铁行业都集中关注两个问题，一是产能过剩问题，二是碳排放和碳税政策问题。十九届五中全会和中央经济工作会议都提到了碳排放问题，超低排放的要求只会越来越严。由于中国没有碳税，国外企业认为不公平，可以预计钢铁贸易环境和投资环境越来越复杂。

外部形势我们决定不了，那就改变我们自己适应形势，专心做好自己的事，2021年，我想要重点做好以下几个方面的工作：

一、解放思想，朝着百亿利税的目标迈进

首先，我明确一下2021年各单位的经营目标。

永钢集团实现营业收入1200亿元，净利润35亿元。联峰实业要实现营业收入超414亿元，净利润28亿元。精筑集团要实现营业收入32亿元，净利润2亿元。永骁发展要实现营业收入71亿元，净利润超1900万元。江苏象石要实现营业收入超400亿元，净利润超2亿元。昆仑重工要实现营业收入超2.5亿元，净利润超2400万元。联峰科技要实现营业收入超5亿元，净利润超3100万元。联峰金盾要实现营业收入超1亿元，净利润超800万元。小贷公司要实现营业收入超6600万元，净利润超5300万元。乐欣科技要实现营业收入超1.3亿元，净利润超1000万元。联峰金属要实现营业收入超1.6亿元，净利润超650万元。

集团公司“千亿营收”的目标已经达成，“十四五”重点推进“百亿利税”目标的实现。

坚定发展信心。永钢集团建厂的时候，年产100万吨的目标，很多干部都觉得不可思议，今天的永钢钢铁板块产量快接近1000万吨。2008年收购市政工程公司的时候，企业经营班子对发展也缺乏信心，但今天的精筑集团已经是当年的十几倍规模了，连续多年跻身江苏省建筑行业百强企业。今年集团公司超额完成预定目标，这就是很好的例证，所以大家对发展要有信心。

二、多措并举，朝着做大做强的道路迈进

永钢集团和所有子公司要把一切工作聚焦到“做大做强”的要求上来，在此，我提四点要求：

（一）谋好规划。集团公司和所有子公司，都要科学做好“十四五”规划的编制工作，包括发展目标、产业布局、发展举措、人才队伍、内部管理等等。

首先，要分析好“十四五”面临的形势和发展环境，尤其是自身所处的行业环境和政策环境，要把企业的发展和国家的要求融为一体。其次，要明确自身发展定位和发展目标，我要成为一家什么样的企业，要达成什么样的目标。第三，要做好目标的分解，目标定好了，就要把目标分解到每一年，每年实现目标需要采取哪些措施、调配哪些资源，都要搞清楚。

（二）转型升级。

产业升级。生产型企业要把智能化作为转型升级的重要抓手。联峰实业要在产能置换项目实施的过程中，依托永联慧科，提升智能化水平。其他子公司也要借助集团公司信息化力量，朝着智能化方向努力。

结构调整。推进产业结构转型升级，围绕主业推进产业结构调整，要有所取舍，不要什么都想干，什么都干不好。一些不挣钱、徒耗精力的产业该放弃就要放弃；对于成长性、趋势性较好的产业要投放更多的资源和精力。

推进客户与市场的多元化。不要把鸡蛋放在一个篮子里。一些企业把自身的身家性命都托付在一家大客户身上，一旦大客户发生情况，就会给自己带来万劫不复的影响。昆仑重工、联峰金属都吃过这种亏，所以要推进上下游供应商和客户的多元化，提升自身的抗风险能力。

管理升级。转型升级不仅仅是产业、产品和市场，还要配套跟上管理，今天我们的子公司很多营收已经突破亿元大关，都是规模化企业，再按照过去的小作坊式的经验管理，已经无法适应大企业的要求了，管理上也要转型升级，强化规范管理、制度管理。

（三）靠大联强。一些企业靠自身的力量和资源条件，很难实现跨越式发展和突破性增长，要合理借助外部力量和资源，实现借力发展，精筑集团就是“靠大联强”发展思路的受益者。要在靠大联强中开拓市场，要在靠大联强中学习先进经验，更要在靠大联强中发展成长。

（四）产业集群化。集团公司已经制定了“一核五擎”的产业布局，就是要推动产业集群化发展，所有的子公司都要主动融入产业集群中来。

第一，要推动集群内的产业链延伸。产业集群要围绕一个核心产业，推进核心产业向上下游的产业链进行延伸，既可以避免集群内企业同质化竞争，又可以强化供应链的自主可控。例如我们的LNG项目，未来完全可以成为一个产业集群，2021年要全力以赴推进，争取能够开工。

第二，要推动集群内的子公司相互协作。今年，精筑集团和联峰科技合作成立建筑设备租赁公司，这就是子公司之间合作的典范。很多子公司之间是有条件进行合作的，例如精筑集团和联峰金盾，一个从事建筑施工，一个从事小区安防，资源可以共享。子公司之间未来要相互协作、抱团取暖。

第三，要按照集群化的思路进行管理。共性工作可以进行整合和资源共享，例如人事业务、财务核算等。集团公司要帮助搭建产业集群内的子公司之间合作的平台，要促进子公司之间协作，促进上下游协作配套。

三、抓好队伍，朝着精干高效的要求迈进

（一）推进人才队伍体制机制优化。

要搭建人才招聘平台。由于永钢自身地理位置的因素，人才招聘比较难，我们接下来要在上海、苏州等重点城市搭建人才招聘平台，把大城市的人才吸引到永钢来工作。

要创新人才运用的机制。过去，我们的股份制、合伙制、年薪制都发挥了巨大的作用，有些机制随着时代在发展，也存在一些弊端，需要再创新，要扬长避短。只有良好的机制和制度才能招得来才、留得住人。

（二）强化职能部门管控职能发挥。现在永钢集团已经涉及了六个产业门类，既有生产型的第二产业，也有金融贸易等第三产业，不同的产业和子公司的管控要求也不一样，这就对集团职能部门提出了更高的要求。职能部门更要重视人才队伍的建设，要引进更多的复合型人才，要培养现有人才的集团化视野，以精干高效的人才队伍支撑集团化管控要求。

（三）强化子公司经营班子建设。

第一，推动经营班子梯队建设。集团公司总裁班子为大家带了一个好头，已经实现了年轻化、专业化、梯队化。接下来各子公司的经营班子也要推动梯队建设，要推进优化。

第二，经营班子要加强学习。作为企业经营管理的核心群体，你们的视野、能力和素养就决定了一个企业能否做大做强。现在社会发展和技术更新都非常快，不学习就会被淘汰。要学习基本理论，提升企业家的境界；要主动学习党和国家的大政方针，把企业发展融入国家政策范畴；要开阔视野，要看到行业的发展情况，要到行业领先企业对标交流。

第三，子公司经营班子跟上集团化管控要求的步伐。企业做大了，管理就要规范；产业多了，管控就要科学。近几年，集团化管控水平在提升，对子公司的监督、指导和服务就会增加，所有子公司经营班子要适应这种管控要求，内部管理也要进行规范，跟上集团发展的步伐。

四、抓好安全，确保度过一个安定祥和的节假日

（一）强化疫情防控。国内多个省份新增确诊新冠肺炎，新冠疫情散点式病例还在不断出现，虽然我们江苏还没有发生反复，但疫情防控还不能松懈。假日期间的疫情防控不能放松，取消集体团拜和大型慰问等集体活动，员工春节放假要分批次落实，各单位要提醒员工，非必要不出省，过年要减少大规模聚会，尽量减少外出。

（二）抓好安全生产。今年是寒冬，各部门要切实做好防寒防冻工作和安全隐患排查整改，确保企业生产运行安全稳定。

（三）做好安全宣传。节假日是生命财产安全事故高发期，各单位要提醒员工注意出行安全，还有家里用气用水用火的安全，防止金融诈骗，确保财产安全。

此外，还要做好两个方面的工作。

第一，永钢集团党委要紧紧围绕企业转型升级中心工作，切实履行宣传贯彻党的路线方针政策、团结凝聚职工群众、建设先进企业文化、促进企业健康发展、加强班子自身建设等主要职责，切实加强和改进企业党建工作。2021年是建党100周年，要重点办好系列庆祝活动，以优异的经营成绩向建党100周年献礼。

第二，要办好建村50周年系列活动，办出永联、永钢的气魄。永钢集团要坚定不移地支持永联村发展，帮助永联村在2022年率先实现农业农村基本现代化。

最后，春节即将临近，我代表永钢集团董事局，向全体干部员工及家属致以节日的问候，祝大家身体健康，家庭和睦，万事如意。

一心为民谋发展　聚力奋进现代化

——永联村实施乡村振兴的实践与启示

永联村党委书记　吴惠芳

（2020年9月17日）

各位领导、同志们：

今年，是永联村建村50周年。今天，在我们永联村隆重召开全市农业农村发展大会，这是对我们永联村建设发展的充分肯定和鼓励。对此，我代表永联村11 000名父老乡亲，向长期以来关心和支持我们建设发展的各级组织、领导、各界人士、各位朋友，表示衷心的感谢！

我们永联村，也叫七〇圩，50年前，这里还是一片白沙滩，40年前，这里还是全县最小最穷的一个村，直到1978年，吴栋材书记被派到永联任职，加上当年十一届三中全会的召开，给永联村带来了生机和活力，从此走上了工业化牵引带动城镇化建设，进而实现农业农村现代化的发展道路。今天的永联村，已经成为农业农村基本现代化的样本。永联村由穷村变富村、小村变大村、传统乡村发展成为现代化农村，整整奋斗了40年。40年来，我们一心为民谋发展，全力奋进现代化。在乡村振兴道路上，我们始终坚持做到以下四点：

一、发展壮大集体经济，为农业农村现代化提供坚实基础

吴栋材书记常说：村里没有经济，其他都是空谈。但是，作为一个村庄，基础、条件、资源都很有限，发展经济的难度很大、困难重重，我们只有自力更生、攻坚克难，才能谋得发展。

一是挖掘自身潜在资源。1978年，吴栋材书记来到永联时，面对永联村地势低洼、十涝九灾的现状，组织全体村民肩挑手推，奋战一个冬天，开挖了50亩鱼塘，同时填高了周围200来亩土地，第二年鱼塘里的鱼和地里的粮食喜获双丰收，低洼的土地变成了优势资源。借助当时水产品可以自由交易的政策优势，村里掘到了第一桶金。苏南农村人多地少，光靠农业难以走出困境，但苏南农村能工巧匠多。于是，村里组织了30来个会绣花的妇女，办起了枕头套厂；组织了20来个木匠，办起了人造革沙发厂。吴栋材书记曾经当过兵，也在无锡打过工，有一些朋友和熟人，这是人脉资源。他就找到当时在无锡市建设局工作的老领导帮忙，组织50来个青壮年村民到无锡的工地上打工，后来还在无锡办起了水泥预制板厂，给无锡工地上供应水泥预制板。这些年来，到永联村来参观考察的人慢慢多了起来，我们觉得，名气和人流也是资源，于是我们注册成立了培训中心，后来又升级为干部学院，把培训经济做了起来，去年共培训5万人次，营业收入达1000万元，今年在疫情影响下全年营收预计达到1600万元。

二是抢抓发展机遇。机遇稍纵即逝，发展的机遇，只有抢到手抓住了，才能成为发展的现实。1984年初，有人到镇上来推销一台淘汰的轧机，但没人接手。吴栋材书记得知后，立即赶到那个厂家，要求买下这台轧机。那时，很多农民开始建造楼房，需要大量的钢筋，吴栋材书记认为办轧钢厂前景广阔。于是，村里自筹资金买下了这台轧机，开启了永联村以钢兴村的发展道路。2002年是亚洲金融风暴的后期，市场出现面粉比面包还贵的现象，永联轧钢厂作为加工型企业，被倒挂的价格逼到了死亡的边缘。有人说，永钢继续靠买钢坯过日子，那是等死，如果上炼钢，由于资金、人才、政策等因素，那可能是找死。在这样的情况下，党委一班人做出决一死战，上炼钢项目的决定。于是，自筹10多亿元资金，寻求宝钢和马钢等大企业的支持，克服2003年初非典疫情干扰，用了341天时间，把永钢变身为大型联合型钢铁企业，创造了中国冶金建设史上的奇迹，从此，永联村的集体经济发展进入了快车道。2006年，国土资源部在我们张家港市进行“城乡建设用地增减指标挂钩试点”，共有挂钩指标600亩。我们感到，农民集中居住，既能实现农村城镇化，又能为永钢发展腾挪空间，因此决定投入10多亿元，把散居在田间地头的3000多户村民全部实行集中居住。经过努力，一座现代化小镇拔地而起，也为永钢的发展扫清了地面障碍。2008年，面对金融危机的影响，国家实施4万亿投资拉动计划，永钢集团乘势叫响“三年再造一个新永钢”的口号，大干快上，钢铁产能从450万吨扩大到了900万吨。

三是坚持五湖四海用人。人才是第一资源，发展壮大集体经济，更加需要人才支撑。但是，村里的人才资源是极其有限的，我们就敞开大门、眼睛向外、五湖四海用人。永联轧钢厂开办之初，缺少各类人才，村里就从镇上的机关、供销社、农机厂、周边村，招聘了一大批人到厂里当厂长、会计、技术员、销售员等等，但还是缺少具有专业技术的专家型人才。一天，黑龙江一家钢厂的厂长李廷夫来到永联轧钢厂考察，与我们生产现场的干部交流时提出了几条改进意见，之后就赶往了无锡火车站。这件事让吴栋材老书记知道后，立马派了两名副厂长追到无锡火车站，恳请李廷夫到永联来工作。李廷夫被吴栋材书记的真诚所打动，来到了永联工作，轧钢厂的工艺技术水平得到了快速提升。2006年开始，我们每年从全国各大院校招收300名以上大学生，充实到各类岗位。为了从大城市招收高端人才，我们专门在上海、苏州等地注册开办公司，为这些人才解决社保和落户问题。随着来自五湖四海的人才不断增多，我们先后投入近7亿元，建设6幢2300套公租房，配以良好的服务设施，为人才队伍提供生活保障。为了五湖四海用人，我们坚持阶段性优化人员，为各路人才腾出岗位。近五年来，每年结合年终考核，进行一次人员优化，先后140多名专业不对口的干部和已经落后的技术人员被降职或免职，400多名来自五湖四海的干部和技术人员通过竞聘得到晋升使用。永钢集团虽然是民营企业，主要领导在企业内任职可以不受年龄限制，但我们感到，当今社会知识技术迭代更新的速度越来越快，现有总裁班子多数成员因年龄原因，知识结构难以跟上时代步伐，因此决定，从总裁开始，班子成员年满60周岁必须辞去行政职务，对少数学历低的班子成员提前调整了职务，现在永钢集团班子成员都是专业对口的70后、80后。

四是按市场规则办事。经济是有规律的，市场是有规则的。发展壮大集体经济，就是要把握规律、遵守规则。比如，效率优先，是重要的经济法则。80年代初，轧钢厂还是永联村的全资集体企业，为了调动销售人员积极性，采取了绩效提成的办法，并且上不封顶，有的销售员一年能拿十多万元的收入，比当时吴栋材书记的全年收入高出五六倍。为了开发高端产品，我们招聘人才开出了300万元年薪的待遇，事实证明，高年薪能够引来高级人才，高级人才能够带来高额效益。在企业，个人的收益与单位的效益捆绑得越紧，管理就越有效。因此，我们对永钢集团旗下的分公司、子公司进行股份制改造，对管理干部和主要技术人员实施股权激励，这一招使大家与企业之间形成了利益共同体，极大地调动了大家的积极性和创造性。

二、共建共享共同富裕，为农业农村现代化提供发展动力

共建共享、共同富裕，既是实现农业农村现代化的目的，也是建设农业农村现代化的动力。几十年来，我们坚持用共建共享、共同富裕，来团结群众、凝聚人心、谋求发展。

一是共享经济成果。永联轧钢厂办起来之后，一部分人在厂里上班，有了工资收入，但更多的人还在土地上摸爬滚打，于是村里建立了奖农补副的标准体系，把企业的利润公平地转化为家家户户来自种植养殖上的二次收入，这一下，让永联的农业、副业也兴旺了起来。2006年，全村实施农民集中居住，我们并没有采用常规的拆迁安置方式，而是制定了拆归拆、分归分的办法。“拆归拆”，就是拆的时候按市场价格一次性货币化赔偿补偿到位，尊重和维护农民家庭的存量资产。“分归分”，就是安置的时候按一户一套，每套145平方米，每平方米500元的价格，办理大产权红本子，一张结婚证为一户。我们认为，城镇化建设，农民的最大贡献是宅基地，而农民家庭拥有宅基地指标的权利是均等的。城镇化建设，资金的主要来源是集体经济，而集体经济组织成员的权利是均等的。这两个“均等”，决定了住房安置应该一户一套。我们的做法，实际是以城镇化为契机，把货币形态的集体资产，公平地转化为家家户户的实物房产，让村民们共享经济发展成果，这样的拆迁安置办法得到了村民们的积极拥护，全村很快完成了拆迁。

二是共享就业机会。就业，是民生之本，也是共同致富的根本途径。我们发挥永钢大企业优势，录用员工同等条件下永联人优先，共有2000多名永联人到永钢上班。但是，还有许多因为学历低、年龄大、身体弱，被挡在了企业大门外。于是，我们成立了劳务公司、保安物业公司，与周边企业签订保洁、保绿、保安服务协议，为那些低技能劳动力提供就业岗位。一天，一位40多岁的村民找到村里，要求给她安排一份工作。她恳求着说，她的癌症手术很成功，身体也基本恢复了，但是公公婆婆还在住院，丈夫身体也不大好，女儿正在读高中，希望自己能有一份工作，拿点工资贴补家庭开支。村里根据她的情况，在永钢大道上划了300米长的保洁和保绿任务，作为她的就业岗位，至于谁来做、什么时候做，由她自己决定，劳务公司定期检查，按月发放工资。现在，我们的劳务公司和安保物业公司共吸纳了近1500名低技能劳动力。农耕文化园，自从2010年7月开园以来，每年亏本在300万元左右，不少人质疑永联村搞旅游还倒贴钱，但我们很坚定，因为农耕文化园能为100来个村民提供就业岗位，实际上这300万元变成了村民们的劳动收入，虽然经济账是亏本的，但民生账是盈利的。

三是共享创业平台。集体经济壮大之后，共享创业平台是效率最高的共同致富方式。2006年，我们投资1500万元建设了农民创业园，共有8幢近1万平方米的厂房，村里把水、电、气通到厂房门口，村里按每年每平方米43元的价格，租赁给有能力创业的村民。现在，农民创业园内共有23家小企业，平均每家企业每年盈利达50万元，同时，以创业带动就业，农民创业园共吸收劳动力600余人。2006年开始我们在永联小镇上建了三条街，共320个门面店，当时的门面房还很紧俏，但我们并没有一卖了之，而是把这些门面房的产权留在村里，由经济合作社统一经营开发，出租时同等条件下永联人优先。现在，三条街上生意红火，共有72个永联村民开店经营，平均每个店家的年收入在30万元以上。同时，村集体每年的门面房租金收入达1200万元以上。

四是共享文化资源。共建共享、共同富裕，帮助村民实现脑袋富才是最根本的。我们村先后于1995年、2005年、2014年投入巨资，支持政府对永联小学实施新建、改建、扩建，把村里的经济优势转化为孩子们读书学习的环境条件优势。为了让孩子们享受到城里孩子一样的高雅艺术学习培训机会，我们与北京荷风艺术基金会合作，在永联小学成立管弦乐团，从上海请来一流的老师进行教学。孩子们先后到上海大剧院、北京天桥大剧院演出过。我们投资了近1亿元建设了永联文化活动中心和永联戏楼，经常邀请各类文艺团体前来演出，对永联村民实施常态化的艺术熏陶。在永联小镇的爱心街上，建有一个藏书达4万多册的农家书屋，并且24小时无人值守、对外开放，供村民职工自由阅读。还建了一个智力加油站，花了近百万元购买各类玩具，供孩子们训练智力，不让永联的孩子因为家庭经济上的差异，在智力训练条件上不平等。

三、创新乡村治理机制，为农业农村现代化提供可靠保障

永联村随着工业化发展和城镇化推进，农村的人口结构、社会形态、农民的生活方式、精神诉求、农业的环境条件、生产方式等等，也随之发生深刻变化。这些变化迫使我们必须以变制变，及时改革创新治理机制。

一是理顺村企关系。村企合一，在集体经济发展壮大的初期，有利于统一使用人才、资金、土地，实施统一领导和管理，曾是集体经济迅速发展壮大的重要法宝。但是，随着市场经济的不断深入，由村企合一引发的矛盾问题也变得突出起来。比如企业经营决策机制与村民自治制度之间的矛盾，村民分配愿望与企业分配原则之间的矛盾，企业薪酬激励要求与集体所有制规定之间的矛盾，这些矛盾问题成了村与企业发展的障碍。为此，我们先后两次对永钢集团清资核产，把永钢集团从永联村的集体资产中剥离出来，进行股份制改造，永联村经济合作社持有永钢集团25%的股权，永钢集团中高层管理人员持有75%的股权，永联村成了永钢集团的投资人。同时，我们把村里的干部和财务从永钢集团中剥离出来，建立独立的运行体系和机制。从此，永钢集团按现代企业制度自我运行，永联村按乡规民约充分自治。

二是实行政经分离。村企关系理顺后，永钢集团进入了发展的快车道，永联村经济合作社依靠25%的股权收益，集体资产也得到了快速增长。这时，处在政经合一状态的村民委员会，对集体资产经营管理的任务越来越重。同时，随着永联城镇化的快速发展，村民委员会面临的社会治理任务也越来越复杂。这时，村民委员会管资产能力不足、抓治理精力不够的问题越来越突出。为此，我们从2012年开始，着手实施政经分离，把集体资产经营管理职能从村民委员会中剥离出来，充分发挥村经济合作社的经营管理功能。我们用了一年半时间研究制定了《经济合作社社员资格确权办法》，确定了10 676名经济合作社社员，选举产生了239名社员代表。研究制定了《经济合作社章程》，召开了社员代表大会，选举产生了理事会成员和理事长，监事会成员和监事长。组建了经济合作社管理机构，聘任了经济合作社社长、副社长、部门经理等等。从此，集体经济的经营管理职能从村民委员会中剥离了出来，由经济合作社公司化运行。村民委员会集中精力履行社会治理的职能。

三是调整自治体制。随着永联小镇建设的逐步到位，永联村民全部安置入住到了小镇上。同时，永钢集团的快速扩张，使小镇上的外来人口急剧上升。永联村民委员会虽然职能任务比较单一，精力也比较集中，但是，村民自治的体制方式与城镇化的社区治理要求明显不相适应。为此，我们在2013年的基层两委换届选举中，经过上级审批同意，永联村不再举行村民委员会选举，全体村民参加永合社区选举，产生永合社区居民委员会。从此，永联村的社会治理由村民委员会体制下的村民自治转变为居民委员会体制下的居民自治。永联村村民的身份转化为永合社区居民和永联村经济合作社社员。实践告诉我们，在农村城镇化、城乡均等化条件下，农村居民治理的社区化、集体资产管理的股份合作化，是农业农村发展的必然趋势和要求。

四是推动公共管理均等化。永联村长期以来把“城里人有的我们也要有”作为缩小城乡差别的目标来追求，先后建起了农贸市场、小学、幼儿园、医院、商业街等城镇基础设施，甚至在村里安装了8个红绿灯和5个卡口，这些物质上的城镇化，给永联人带了喜悦和方便，比如，在家门口就可以上学、买菜、看病，等等。但是，由此引发的矛盾和烦恼也逐渐多了起来，甚至有的成了损害村民利益的因素。比如，农贸市场里蔬菜上农药残留物超标，小镇上的车辆超速闯红灯，这些事，村里管不了也管不好。永联村绝大多数村民交纳的是城镇医保，但到永联医院看病，医生是“赤脚医生”的水平，报销是农村合作医疗的标准，村民的利益直接受到了损害。这让我们意识到，“城里人有的我们也要有”仍然是我们的追求，但追求的内容应该升级为城里人拥有的公共管理和公共服务，实现城乡公共管理和公共服务的均等化。于是，我们就向市、镇两级党委政府主动反映情况，积极争取支持。很快，上级政府在我们村设立了社会事务管理协调领导小组，一名副镇长任组长，把公安、交警、工商、卫生、城管、消防等公共管理机构和人员派驻到永联村，把我们从那些管不了也管不好的事务中解放了出来，永联小镇变得秩序井然。

五是实施文明创建。随着市场经济的不断深入，村民们的自我意识、利益意识增强，价值取向多元复杂，加上农业税的取消，在减轻农民负担的同时，也削弱了村对农民的约束力，一时间，吵嘴、打架、赌博等不良行为多了起来。现实告诉我们，村庄同样需要“两手抓两手硬”。因此，我们在村里成立了精神文明建设办公室，发挥村集体经济厚实的优势，把精神文明创建与物质利益挂钩，按每人每年1000元的标准，对村民们进行文明行为的考核。这一招还真管用，村民们一下子变得很自觉、很服管，永联村也成了首批全国文明村。但是，随着村民们经济收入的增加，这1000元的拉动作用在减弱。有的村民直截了当地说“我拿村里1000元，村里管我一整年，我一把牌就能赢2000”。我们知道，在农村搞文明创建，必须要有让农民在乎的抓手。于是，我们干脆把每人每年1000元的奖励转变为村民的福利，文明创建还是用精神激励来拉动，建立了村民行为奖惩办法，凡是村民做了禁止或反对的事就扣分，凡是做了提倡或鼓励的事就加分。到年底，凡是没有被扣过分的家庭，按获得加分多少进行排序，给前10名家庭颁发精神文明标兵奖，给前100名家庭颁发金色文明家庭奖，给其余没有被扣过分的家庭颁发银色文明家庭奖，并把奖牌挂在每家的大门口，这块奖牌就成了社区居民家风的标志。有的人不在乎钞票，但每个人都很在乎面子，一块小小的奖牌，变成了一股引人向上向善的强大力量。现在，村里只要有号召，村民就会自觉响应。比如：我们要求小汽车停放时车头朝外，永联小镇上停放着的车辆95%以上车头朝外。村里提倡移风易俗，办丧事由习俗上的5天改为3天，自从2018年5月1号做出这个规定以来，全村共有243 户人家办过丧事，但没有一家违反规定的。

四、加强班子队伍建设，为农业农村现代化提供根本保证

在乡村振兴的道路上，工作千头万绪，矛盾层出不穷，但一切事在人为。人的智慧和力量是无穷的，但人是要靠人来领导的。长期以来我们十分重视班子队伍建设，培养和造就班子队伍引领发展的能力、公道正派的作风、淡泊名利的品格，较好地发挥了班子队伍在乡村振兴道路上的领头雁作用。

一是引领发展的能力。1984年村里把一台轧钢机买回来之后，在申办永联轧钢厂时冶金工业局批了“无米之炊、不予办理”八个大字。这时，班子队伍是否具有破解难题、攻克难关的能力，直接决定着事业能否成功。面对这个情况，吴栋材书记采取与镇上供销社合资办厂的办法，取名金属压延厂，避开冶金工业局，请县供销合作总社办理了审批手续。轧钢厂办起来了，但村里的枕套厂、沙发厂、水泥预制板厂等八个小厂在运行中与轧钢厂争资金、要人手，给刚刚起步的轧钢厂增加了困难。面对这种情况，村党支部审时度势谋大局，认为轧钢厂前景广阔，应该突出重点保发展，因此果断决定采取抓大放小的战略，一举关掉了这八个还在赚钱的小厂。党的十六届五中全会发出新农村建设的号召，村党委经过认真学习，结合村里的实际，研究制定了永联村五年发展规划，提出生产方式工业化、居住方式城镇化、就业方式多样化、生活方式市民化、管理方式规范化、收入方式多元化的目标，并于2006年9月5日组织召开村民代表大会，讨论通过了《关于建设社会主义现代化永联村的决议》。蓝图好绘，落地难。比如，城镇化建设首先需要解决规划定位问题，规划定位是否科学合理，关键取决于班子队伍的站位和见识。村党委经过一番考察和研究，决定把农民集中居住区建设成为华夏第一钢村的幸福家园，简称为钢村嘉园，配套建设现代化的城镇设施，整体定名为永联小镇，用现代手法彰显青砖黛瓦、小桥流水、江南人家的风貌特色，努力打造百年之后永联的周庄。永联小镇建成后，获得了住建部颁发的全国人居景点规划、建筑双金奖。2014年，经济处在寒冷的冬天，永钢正在建设的焦化项目和节能减排项目面临资金困境，逼使我们做出决定，停掉其中一个项目。当时，焦化项目已经投入近10个亿，节能减排项目已经投入了3个多亿，这时的决策，既要看经济损失的大与小，更要看党的政策取向和国家的发展趋势。集团公司班子经过激烈的讨论，最后决定暂停焦化项目，加快推进节能减排项目。果然，之后环保能力成了企业生存的门槛，我们高标准的节能减排水平成了企业生存发展的软实力。

二是公道正派的作风。1985年的一天，吴栋材书记让轧钢厂的工人用钢筋头子做了一个自己家里老灶头上用的炉垫，还特意让工人称了炉垫的重量，到财务上按钢材的成品价结了账。这件事让很多人不理解：厂里到处都是被剪切下来的钢筋头子，又不值钱，没必要这么做。吴栋材书记可不这么认为，他说，我当书记的贪一个炉垫，工人就不能拿一根钢筋？厂里钢筋头子再多，也经不起大家拿。干部公私不分，员工就会偷鸡摸狗，工厂就会亏本垮掉。有一次，吴栋材书记发现当供销员的妹夫拿了客户的回扣，他二话没说，就按规定把自己的妹夫给开除了。他说，在农村，谁都有七大姑八大姨，各种关系盘根错节，干部失去了公平就失去了群众的信任，发号施令就会缺少底气和力量。吴栋材书记是一个公道正派、疾恶如仇的人，这样的例子可以举出很多很多。吴栋材书记经常讲，风气建设关键靠做。他的行为就是无声的命令，激励和鞭策着大家，同时我们也建立了一系列规章制度，约束和规范着大家，确保班子队伍公道正派。比如，我们私人在宾馆请客，私家车在加油站加油，都自觉地自掏腰包，做到公私分明。永钢集团有大量的商务商机，但我们极少有人为自己的亲属朋友找关系、赚便宜的。我们村和企业的干部晋升，都采取公开竞聘的办法，没有一个干部为了自己的晋升而找领导说情的。永联小镇建设时间长达10来年，建设资金达30多亿元，至今没有发生一起工程管理中违纪违规的事。

三是淡泊名利的品格。1978年吴栋材书记一到村里，就向全村老百姓承诺，“我不是飞鸽牌的，我会做永久牌的书记”。1986年时，永联村已经是全市十个富裕村之一，市里领导想让吴栋材书记到镇上当领导，吴栋材书记说，我哪里也不去，就在村里干，这一干这是37年。吴栋材书记常常讲，做官大小无所谓，关键要为老百姓做实事。他还说，追名逐利是工作不扎实、班子不团结的总根子。吴栋材书记的这些思想和行为，教育和影响着我们班子队伍。2000年，永钢集团进行股份制改造，班子成员个个让出一半股份，给全村老百姓保留了25%的股权。2014年，班子队伍带头，全体干部表决，把历年来的14.94亿元未分配利润，全部捐赠给集体。这些年来，班子成员之间，在研究讨论工作时，会争得面红耳赤，但从来没有为了私利、权力、荣誉，互相闹别扭和不愉快。几十年来的实践告诉我们，有了一心为民的好书记，才会有一个团结拼搏的好班子，好班子才能带出心齐劲足的好风气、建设发展的好形势。

各位领导，同志们，我们永联村也存在着许多不足，特别是发展中的新情况新问题，需要我们破解克服。今天的发展大会，既为我们增添了发展动力，更为我们指明了发展方向。我们以建村50周年这个时点为新的起点，把今天的发展大会作为我们新征程的号令，朝着工业高质量发展，农业深度融合，环境生态美丽，乡风文明和谐，治理井然有序，生活幸福富裕，而努力奋斗！

在永钢集团主要职员大会上的讲话

党委书记、总裁　吴毅

（2020年10月19日）

同志们：

刚刚，吴书记宣布了集团公司组织机构，以及总裁班子、联峰实业总经理班子的调整情况。此次调整，是顺应企业发展要求，立足长远，积极应变，主动求变，而作出的重大部署。这次调整以后，两个班子队伍更加知识化、专业化、年轻化，既契合了企业这几年一贯坚持的用人导向和用人原则；同时，把我们放在这么重要的岗位上，也凸显了董事局对我们的高度信任和殷切期望。在此，我谨代表总裁班子、联峰实业总经理班子，向董事局领导长期以来的关心培养和支持信任，表示衷心的感谢！

这次调整以后，集团公司董事局管理体制更加清晰。董事局，是企业发展方向的指挥者，企业战略决策的制定者。总裁班子、总经理班子，是企业战略决策的执行者，企业经营目标的实现者。习近平总书记近期在中央党校中青年干部培训班开班式上强调，干部特别是年轻干部要提高政治能力、调查研究能力、科学决策能力、改革攻坚能力、应急处突能力、群众工作能力、抓落实能力等“七种能力”，勇于直面问题，想干事、能干事、干成事，不断解决问题、破解难题。这些话语，对我们总裁班子、总经理班子成员也是鞭策和教导。加强总裁班子、总经理班子队伍自身建设，要作为一项基础性、关键性、长期性的工作，来抓紧抓细抓实。从我开始，每一位班子成员，都要不断自我净化、自我完善、自我革新、自我提高。只有大家带头转变作风、身体力行、以上率下，才能形成头雁效应，我们这个班子，才能成为董事局放心的班子，才能赢得广大干部职工的拥护和支持，才能成为企业发展的主心骨和顶梁柱。

今年是“十三五”的收官之年，到年底，我们就将开启“十四五”的新征程。作为新的班子、新的团队，我想，我们要把展现出新的面貌、新的气象作为价值追求，把带领企业取得新的成果、新的业绩作为使命担当，起而行之、勇挑重担，展现作为、不辱使命。

近些年来，在广大干部职工的共同努力下，我们加快推进企业的转型升级，取得了显著成效。主要表现在：

产业结构更加科学。围绕钢铁上下游做产业链延伸，金融、贸易、建设、装备制造等板块逐步做大做强，非钢板块在集团公司营收中的占比已经接近50%，盈利能力也稳步提升，对消除钢铁行业周期性不利影响，提升企业发展后劲和竞争实力，起到了重要的支撑作用。

产品结构更加优化。大力实施钢铁产品“普转优、优转特、特转精”，形成了建筑、交通、能源三类产品用钢集群。“P91焊丝钢”“贝氏体非调质钢”两项产品，填补了国内空白。“直接切削用非调质钢”“以轧代锻大棒产品”，具备了往“单打冠军”方向发展的潜质和条件。

市场渠道更加宽广。供应端，随着山东恒信、陕西府谷、联耐新材料等项目的推进，企业的供应链更趋稳定。销售端，坚持国内市场和国外市场“两条腿”走路，产品国内覆盖28个省区市，国外覆盖111个国家和地区，其中“一带一路”沿线国家和地区32个，叫响了“永钢国际”的口号。

绿色发展行业领跑。成为钢铁行业内第一家同时获国家工信部“绿色工厂”“绿色供应链管理示范企业”认定的企业，还获评国际能源基金会“气候领袖企业”称号。随着张家港市大宗固废综合利用基地的运营，3D打印、转底炉、建筑垃圾综合利用等项目的建设，企业“绿色发展”的底色更加鲜明。

上述成绩，来之不易，也十分可贵。但与同行业先进企业来对比，与企业加快发展的要求来对比，我们可以得出结论：企业的“转型”有成效、有突破，但是在“升级”方面，进展还不够快，成果还不突出。接下来，我们要把目光更多地聚焦在企业的“升级”上。

今年1至9月份，集团公司实现营业收入680亿元，较2019年增长21%。随着非钢板块的快速发展，我们的营业收入突破1000亿元指日可待。对照先前确立的“千亿营收，百亿利税”的目标，我们完成了前半句话，接下来，就要朝着“百亿利税”的目标而努力奋进。但要实现这样的目标，难度系数是更大的。

纵观当前的经济形势，极其复杂多变，充满了各种不确定性。世界经济持续低迷、增长乏力。经济全球化遭遇逆流，保护主义、单边主义上升。受政治影响，全球产业链脱钩的迹象加重。叠加今年新冠疫情的深度影响，全球经济发展都进入了不明朗时期。放眼国内，疫情基本接近尾声，经济复苏形势向好，市场回暖明显，但在全球经济疲软的局面下，国内经济何时走上“高质量发展”的轨道，也存在着不确定性。在这样的形势下，我们既要“抬头看路”，更要“埋头拉车”，找差距、补短板、强弱项，做好企业“升级”这篇文章。根据企业实际情况，我们要重点实现“产业”“管理”“人才”和“品牌形象”这四个方面的“升级”。

抢抓机遇，应对挑战，在推动产业升级，谋求高质量发展上取得新突破。

“十四五”期间，我们要一如既往地紧扣“做精做优钢铁主业”“做大做强非钢产业”这两大导向，构建和夯实“一核五擎”的产业布局，构建钢铁高质量发展生态圈。“一核”为钢铁；“五擎”为金融贸易、新能源、建筑建材、高端装备制造、循环经济，着力把永钢集团打造成一家跨领域、跨区域、具有全球一流竞争力的综合性企业集团。

*一要持续做精做优钢铁主业。*从2021年起，把钢材产量1000万吨作为基础目标，通过优化生产组织、改进工艺工序，进一步释放产能潜力，提升钢坯产量，缺口部分，可以通过购坯轧材的方式来实现。

要以产能置换为契机，进一步提升装备水平、智能制造水平和节能降耗水平。通过深化和科技公司的合作，在5年甚至更短时间内，把联峰实业打造成为一流的数字化、信息化、智能化现代钢铁企业。与科大智能正在推进的10个智能改造项目，要尽快成型并成熟化应用3至4个，尤其要加快智能物流服务平台、高炉智能化控制系统、烧结智能配料等项目的推进及应用速度，持续跟进业务流程优化、“3D岗位”机器人替代、数据价值挖掘等工作，在建设智能车间的基础上，整体打造江苏省智能工厂。

要持续推进产品“普转优、优转特、特转精”发展战略，进一步深化产品结构调整，加快产品提档升级步伐。基于企业的传统和产线现状，我们永钢集团就立足于长材领域，深耕长材领域，以利润为导向，着力在产品的差异化、高端化、高新化、系列化上下功夫。建筑用钢，要始终保持竞争力居于行业第一方阵。稳定高强钢筋、预应力钢筋等优势类产品的质量，提升产品竞争力和市场占有率，开发耐蚀钢筋、耐低温钢筋等产品，实现零的突破。优钢线材，要确立帘线钢、超高强度钢绞线与桥梁缆索用钢、工程机械及汽车用冷镦钢等产品的市场领先地位，打造专业化精品线材生产基地。特钢坯材，要积极开发适销对路的高附加值新钢种，重点发展风电、油服管道、轨道交通、工程机械等钢种，实现成本竞争力强、生产效率高、服务有特色。

要持续做好钢铁板块的降本增效工作。在盈利收窄的大环境下，钢铁板块要持续深挖降本增效潜力，在控制成本、提高效率、增加效益上下苦功夫，在装备节能、技术节能、管理节能上做到应节尽节。要努力强化全流程降本，通过内外对标，各分厂、各工序、各专业都要积极寻求降本增效的空间。当前正在开展2021年度的预算工作，要把降本增效任务和预算管控结合起来，做好分解工作，做到“人人头上有指标”。

*二要走好“产融结合”“工贸结合”道路。*进一步发挥“产融结合”的功能和优势，以专业化、市场化、平台化，为钢铁生态圈提供供应链金融和资产管理等服务，增强金融对钢铁实体的支持作用。以象石贸易为主体，进一步走好“工贸结合”之路，加强全球化布点，以钢铁为基础，在能化、有色等方面做一些整合，把象石实业打造成黑色产业链的资源整合者、优秀的风险管理者以及行业大数据的拥有者，力争在3至5年内年营业收入突破800亿元。

*三要加强钢铁下游产业链延伸。*顺应“两新一重”建设要求，扩增市政土建工程、装配式建筑、钢筋剪切加工配送产业规模，打造绿色建材全产业链生产服务基地。整合昆仑重工、联峰重工等实体，为国家战略性制造产业提供配套锻件新材料，并探索走资本化运营之路，力争未来形成一家自主运营的上市公司。

*四要壮大循环经济产业。*以张家港市大宗固废综合利用基地为依托，以产业化、市场化、生态化为导向，把前期投产的转底炉项目运行好，把3D打印项目的市场开拓好，建筑垃圾综合处理项目也要按照时间节点抓紧落实推进，尽早产出经济效益、生态效益，真正把固废垃圾变为“城市矿山”，把企业打造成为钢厂与城市共生共融的典范，让老百姓感受到永钢集团循环经济发展带来的好处。

同志们，“十四五”期间，在产业发展上，我们要在钢铁之外，开辟形成第二主业。以长江自备码头为依托，东沙作业区拥有广阔的发展腹地，通过LNG储备中心项目建设，可以激活产业链条，打造规模化的产业体系。在董事局领导的努力下，目前项目取得了良好进展。后续相关部门和人员要持续跟进项目，加强攻坚，争取项目早日落地。同时，也要未雨绸缪，加强规划，利用现有资源开辟其他产业，为“百亿利税”的实现打下坚实基础。

向管理要效率，以管理促发展，推动管理升级，夯实打造竞争力一流企业的基础。

当前，企业竞争越来越表现为企业管理等软实力的竞争。加强和改进企业管理，将是提升企业整体水平、赢得市场竞争优势的重要抓手。

一要着力构建数字化企业。5G、物联网、大数据，是这个时代的热点，如何利用这些技术手段，来提升企业的工作效率，改进企业的管理，是摆在我们面前的一大课题。特别是大数据，它是工业、制造业的核心资源。时代在进步，企业如果不懂得利用数据，还停留在人工或者简单电脑化的思维中，竞争力将无从谈起。为此，我们要大力推进企业的数字化转型，用数字化驱动精细化，让管理实现用数字说话、用数字决策，而不再单纯依赖经验和主观判断。

钢铁板块要着力打造全透明的数字化工厂。聚焦生产效率、生产质量、生产成本等各种要素，重点围绕生产流程控制、维修与工程、供应链计划与物流、支持服务与研发、原料处理、采购、市场营销等七个方面开展数字化提升工作，尤其要重点关注效益来源最广、潜力最大的生产管理流程的数字化提升工作，为加强和改进运营管理提供依据。要通过和科大智能的合作，努力开发一些数字化产品，在自我成熟应用的基础上推向市场，形成为其他钢厂提供产品与技术服务的能力。

要在管理业务方面加快形成一批科学决策模型。逐步把我们的财务管理、投资管理、人才管理等各项业务，具象化为各类可以用数字衡量的指标，通过采集海量数据，将相关信息进行整合提炼后，形成科学决策模型。实现以实时精准的数据，达到更高水平的决策支持。

要加强全员的数字化能力建设。进一步提升全员对信息化、数字化的认识，普及数学、统计学等基础学科知识，提升全员对数字的敏感性，提升全员的数字化应用能力，避免员工因为使用系统能力不足，导致我们系统的开发、设计与实施起不到应有的效果。

二要继续加强和第三方管理咨询机构的合作。今年以来，我们相继和麦肯锡、美世和杜邦等管理咨询公司，在配矿、人力资源和安全管理等方面展开了合作。这些合作的推进，对于更新和丰富企业领导班子以及管理层的管理理念，提升大家的专业化管理水平，起到了良好的撬动作用。

我前阵子和杜邦公司交流，他们提到，安全仅仅依靠"管得严"是实现不了的，特别强调上下结合、全员参与，把安全的因子注入企业生产经营管理的全流程中去，做到安全管理的全覆盖、全员性、全流程。我们常说，有了理念创新，才有实践创新。为此，我们要进一步开放思维，引进吸收先进的运营理念和策略、管理流程和标准，来带动我们全员的能力素质提升。我们要借助于第三方专业机构的专业能力，来诊断和发现企业存在的问题，革除旧有的既定看法和思维模式，以新的视角、新的方法和新的思维模式，精准施策、对症下药，持续增强企业管理效能。

三要进一步强化预算管理。企业的运营，本质上就是对人、财、物的资源配置。通过预算，对集团公司的各类资源进行分配、控制以及监督考核，能够有效加强集团公司的内部控制，提升企业管理水平，促进集团公司战略目标的实现。

近两年，集团公司在联峰实业展开了全面预算管理的试点。从2021年开始，要把全面预算管理在整个集团公司范围内全面铺开。但客观上，各个板块、行业的属性特征是不一样的，所处的发展阶段也不一样，管理方式也会有所差异，因此要把全面预算管理的理念和要求与自身实际相结合。各单位要认真研判国内外宏观、微观经济形势和相关政策走向，准确把握行业发展趋势和阶段性特点，对标先进，比拼一流，科学合理地提出2021年的经营目标，且预算目标要更具挑战性。对于集团公司确定的预算指标，各单位要做好细化、分解工作，只有把预算指标细化到具体责任人，才能提高全员参与预算控制的意识。

人才为本，激发活力，推动人才升级，持续提升队伍的创新力、战斗力和凝聚力。

习近平总书记强调：人才是第一资源，创新是第一动力。而创新驱动，本质上还是人才驱动。从我们金融板块、贸易板块快速发展壮大的实践，凸显了人才在转型升级中的支撑引领作用。过去，我们是依托产业集聚人才；今后，我们要依托人才引领产业。

一要加大优秀人才的引进力度。在企业瞄准高质量发展的关键时刻，加快集聚各类人才，特别是领军型人才，是实现转型升级比较有效的途径。为此，我们要加大优秀人才的引进和储备力度，依托于和第三方咨询公司的合作，让他们推荐优秀人才；加强和猎头公司的合作，挖掘一批优秀人才；依托于和高等院校、科研机构的合作，定向培养一批优秀人才。另外，可以充分发挥永钢投融、象石实业地处大城市的“桥头堡”作用，以及新加坡、中国香港公司的平台作用，吸引和留用高端人才，为企业发展注入鲜活力量。

二要把单位效益与个人利益更加紧密地捆绑。目前，钢铁板块依然部分呈现出集团公司“大锅饭”的状况，接下来要打破这种局面，以市场化为原则，让各个板块、各个子公司都成为相对独立的成本中心、利润中心、分配中心。这一轮组织机构调整以后，紧接着要按照市场化的原则，厘清费用的边界、成本的边界、利润的边界，实现“亲兄弟明算账”。一些具备独立运行条件的单位，如宏泰物流、恒创软件、循环经济产业园，要逐步剥离出来推向市场。最终以“账户”为基本单位，实现全要素核算，检验经营成效，并按照“人在哪里、股在哪里”的原则，进行股权分配权益调整。要通过按市场经济规律办事，激励大家提升自我造血能力、价值创造能力、市场竞争能力。

*三要重奖和严罚并举。对于绩效突出的先进单位和先进个人，加大奖励力度，形成轰动效应。*加快建立“容错和免责机制”，鼓励大家改革创新、大胆探索，特别是在新品研发、质量提升方面，鼓励大家勇敢去闯、去试。

同时，把“能上能下”中的“能下”坚决落到实处，对于“安全”“环保”问题，继续坚持“零容忍”。近几年，企业加大了对干部队伍的梳理和优化力度，这项工作还是会坚定不移。希望大家进一步增强忧患意识、危机意识，提升奋斗意识、进取意识，通过加强学习，提高能力素质，提升履职能力，跟上企业发展的需要。

四要筹建好“永钢学院”。在中国民营企业百强中，很多都成立了企业大学和企业学院，如华为的华为大学、海尔的海尔大学、阿里巴巴的湖畔大学、苏宁的苏宁大学等等。企业组建大学，可以形成一个有效载体，有助于构建学习型组织，支撑企业战略目标实现，同时也有助于展现企业的规模实力。我们永钢集团发展到今天，也亟待对人力资源培训体系进行升级，更加重视内部造血和文化传承。这项工作，请公司办公室认真谋划，围绕提升全员的岗位胜任能力、满足企业对技术提升的需求、推动企业转型及文化变革，建立和发展永钢的“企业大学”。

加强企业品牌的塑造和提升，推动企业品牌升级，在增强企业软实力、营造良好发展环境上更上一层楼。

企业品牌是企业长期积淀形成的一种无形资产，是企业竞争力的重要来源，也是企业软实力的重要体现。良好的企业品牌形象，将成为企业发展的重要推动力量。在这次总裁班子成员分工中，专门把“品牌建设”作为一项重要职能，由余加军副总裁来分管。我们要通过系统性地加强品牌建设，让“永钢集团”的美誉度和知名度大大提高，吸引力和辐射力大大提升。

一要强化品牌建设的系统性思维。企业的品牌形象，产品质量是根本，客户市场是标尺。品牌形象的长久建立，要靠产品与服务质量说话，要靠客户的口碑积累。要始终紧扣产品质量这一根弦，把企业品牌形象的地基打牢。同时，要贯彻系统性思维，质量是“大质量”，在产品质量以外，还要在企业环境形象、业绩形象、员工形象、社会形象等方面有所作为，使品牌形象各要素相互补充、互相推动，发挥集聚放大效应。

二要进一步讲好“永钢故事”。过去，企业一直倡导“少说多做”。但随着信息时代的发展，壮大企业的“舆论场”，凝聚发展的“正能量”，将十分有益。接下来，我们不光要做，也要说；既要做得好，也要说得好。为此，我们要加大对外宣传力度，多渠道、多平台、多形式总结推广企业在绿色发展、产品提档、科技创新、社会责任等方面的实践成果和经验，让永钢集团“绿色发展领跑者”“数字化智能化企业”“高品质钢铁材料服务商”“社会责任优秀企业”等方面的形象传播得更加广泛、更加深入人心。

同志们，长风破浪会有时，直挂云帆济沧海。希望大家以这次机构和人员调整为新的起点，迅速焕发新的状态，全力以赴做好新的工作，为企业“十三五”圆满收官，“十四五”实现更高质量发展，做出新的更大的贡献！

关于印发《关于开展“严守安全红线、筑牢安全堡垒”专项行动方案》的通知

永钢党委〔2020〕5号

各党（总）支部、各群团组织：

为充分发挥党组织在企业安全生产工作中的政治引领作用，联合各群团组织，进一步强化企业安全“红线”意识，切实维护企业安全稳定，经集团党委研究决定，于2020年4月开始，开展“严守安全红线、筑牢安全堡垒”专项行动。现将《关于开展“严守安全红线、筑牢安全堡垒”专项行动方案》印发给你们，请结合实际认真贯彻落实。

特此通知

附件：关于开展“严守安全红线、筑牢安全堡垒”专项行动方案

中共江苏永钢集团有限公司委员会

2020年4月26日

附件

关于开展“严守安全红线、筑牢安全堡垒”专项行动方案

为深入学习贯彻习近平总书记关于安全生产的重要论述和重要指示精神，全面落实集团公司2020年安全生产大会会议精神，经集团党委研究决定，于2020年4月开始，开展“严守安全红线、筑牢安全堡垒”专项行动。现制定如下行动方案：

一、目标任务

积极发挥党组织在企业安全生产工作中的政治引领作用，联合各群团组织，广泛开展员工安全教育宣传活动。发挥党员示范引领作用，带动周围职工形成“人人讲安全，人人要安全”的良好氛围，筑牢企业安全堡垒。

二、工作举措

（一）开展党支部“安全堡垒”行动计划（4月至12月）。由各党组织围绕安全生产责任落实，在思想引领、宣传教育、模范表率等方面发挥党组织优势和党员模范带头作用。一是开展“安全生产教育”主题党课，各支部结合业务工作实际，围绕习近平总书记关于安全生产的重要论述和重要指示精神，安全生产法律法规，上级和集团关于安全生产工作的系列方针政策、管理举措和警示案例等内容，提高党员安全生产意识和防范能力。二是开展“安全生产”主题党日活动。以国家安全生产月活动为契机，各支部制订“安全生产”主题党日活动计划。集团党委班子成员通过参加基层党支部的组织生活会和工作巡查，督促各支部有效落实主题党日活动。鼓励以理论学习、思想汇报、典型示范、自查自纠、民主讨论、评比竞赛等灵活多样的形式，创新组织生活。三是开展“党员身边无违章”活动。党员一是要亮明身份，严格落实“零违章”的要求，做好示范表率。二是要做好联保结对，对工作责任区域安全管理、联保结对人员的安全行为进行监督。党员履职情况纳入党员民主评议，并作为评先评优的重要依据。

（二）开展“安全生产、青年争先”主题活动（4月至6月）。由集团团委围绕青年员工安全教育、技能提升组织开展专题讨论教育活动，动员广大青年员工争当安全生产的先进模范。各分团委组织构建青年志愿者安全监督网络，组织青年员工对安全生产中的隐患、合理化建议等进行讨论分析，做安全生产的表率。

（三）开展“安全生产知识竞赛”活动（5月至6月）。由集团工会联合安全环保部、公司办公室，

借助云学堂平台，以竞赛的形式展开一次安全知识大考核，竞赛以岗位应知应会安全知识、安全操作、岗位应急预案等为主。由各工会分会选拔推荐出3名员工参加公司级安全知识竞赛总决赛，公司级竞赛前三名员工作为公司安全知识学习标兵并给予奖励。

（四）开展“小手拉大手”亲情安全寄语活动（5月至6月）。由集团妇联组织在南丰小学、永联小学就读的永钢员工子女，给一线职工写一封安全嘱托信，用亲情唤起职工安全意识。拍摄制作一段亲情安全寄语视频集，在班前会、安全例会、微信平台等全方位展播，通过以亲情强化安全责任、以真情呼唤安全意识的方式，把职工的人身安全、家庭的平安幸福与企业的安全生产紧密地结合在一起。

（五）开展“安全生产啄木鸟在行动”主题活动（4月至12月）。在永钢办公App随手拍板块增设“安全生产啄木鸟在行动”板块，各党组织、群团组织积极宣传发动周围职工群众积极发扬“啄木鸟”精神，以零容忍态度曝光、监督不安全行为。曝光内容主要围绕设施设备本质安全、安全标识标牌、设备操作指南、员工违章违纪、安全管理履职、教育培训成效等方面，切实有效堵塞安全漏洞、排除安全隐患，营造全员监督安全生产的良好环境。对于真实有效、被采纳的意见建议，由安全环保管理部定期汇总给予一定奖励。

三、组织实施

（一）加强组织领导。活动由集团党委统筹，各群团组织联动。针对工作举措，形成具体计划并组织实施，确保各项活动规范、有序、有效开展。将安全生产专项行动作为党群组织本年度重点任务，纳入年度工作考评。

（二）营造浓厚氛围。在活动开展过程中，各组织要加大宣传力度，注重发现先进、培育典型，通过抓典型、树导向，营造浓厚的行动氛围。集团党委将及时发布、推广活动过程中涌现出的好经验、好做法，推动活动深入持续开展。

（三）务求工作实效。各党群组织要按照行动的总体要求和目标任务，采取灵活多样的形式开展工作，积极创新“自选动作”，提升活动水平，拓展行动效应。要把开展本次行动作为推动党群工作创新发展的强大动力，不走过场，不搞形式主义，以求真务实的作风确保活动取得实际效果。

业务外包管理制度

第一章　总则

第一条　为了加强业务外包管理，规范业务外包行为，降低运营成本，提高效率和质量，特制定本制度。

第二条　集团公司各部门（综合职能部门、供销事业部、物流事业部、建设事业部）、全资（控股）公司、永联村股份经济合作社各类业务外包一律适用本制度。

第三条　本制度所称业务外包，是指企业利用专业化分工优势，将日常经营中的部分业务委托给本企业以外的专业服务机构或其他经济组织（以下简称“承包方”）完成的经营行为。

第四条　业务外包主要包括生产作业、设备维护、工艺技术、建设工程、信息技术、咨询服务、劳务、物流运输、安保物业、后勤保障等。

第五条　企业及相关人员在选择承包方的过程中，不得收受贿赂、回扣或者索取其他好处。承包方及其工作人员不得利用向企业及其工作人员行贿、提供回扣或者给予其他好处等不正当手段承揽业务。

第二章　管理职责

第六条　监督审计部负责本制度的修订；对集团公司各部门、全资（控股）公司、永联村股份经济合作社的业务外包活动进行监督检查。

第七条　全资（控股）公司、永联村股份经济合作社负责按照本制度制定本单位的业务外包管理标准，明确业务外包各个环节的业务部门及职责，主要包括：业务外包实施方案、技术协议签订、承包方选择、招议标、商务合同、过程管控、合同结算、承包方评价等。

第三章 业务外包实施方案

第八条 业务部门根据各类业务与核心业务的关联度、对照业务外包的控制程度及市场成熟度等标准，合理确定外包项目和范围，制定实施方案。实施方案应包括：业务外包背景、外包内容、外包方式、实施程序、主要风险、预期收益、合同期限等内容。

第九条 业务外包实施方案应着重对比分析该业务项目在自营与外包情况下的各项风险和收益，对外包的经济效益进行评价，确保外包的合理性与可行性。

第十条 集团公司所属部门业务外包按照年度《授权委托书》授权范围由部长审批，超出授权范围的，报集团公司总裁批准；全资（控股）公司业务外包按照《全资（控股）公司经营权限管理规定》授权范围由总经理审批，超出授权范围的，报集团公司总裁、董事局批准；永联村股份经济合作社业务外包由社长批准。

第四章 技术协议拟定

第十一条 业务部门根据业务外包方案中识别出的风险及管控质量要求，拟定外包项目技术协议，该协议中须包含：服务内容及范围、主要技术性能及参数指标、作业进度及要求、运输及贮存要求、检验方法及验收标准、保证值及考核标准、资料交付、有效期限等内容。

第十二条 业务部门负责组织对应职能管理部门、实施单位对技术协议进行评审。

第五章 承包方选择

第十三条 合同签订部门根据业务外包申请、技术协议要求，建立外包单位准入机制，承包方的遴选一般应当考虑下列因素：

承包方的服务能力、资格认证和信誉，至少应当具备以下条件：

（一）承包方是依法成立和合法经营的专业服务机构或其他经济组织，已经办理营业执照，具有相应的经营范围和固定的办公场所；

（二）承包方应当具备相应的专业资质，其从业人员符合岗位要求和任职条件，并具有相应的专业技术资格；

（三）熟悉公司业务，具备丰富的社会经验和运营经验，近三年内有2个以上同等规模业务的经营业绩；

（四）承包方的技术、人才、财务状况符合企业业务外包的运营要求。

第十四条 合同签订部门选择承包方，应当引入竞争机制，遵循公开、公平、公正的原则，货比三家，择优选择；达到招议标要求的，应当按照《集团公司招标管理制度》相关程序执行。业主单位应对业务外包的运营成本进行分析测算，在询比价或招议标时作为定价参考依据，严格控制业务外包成本。

第六章 业务外包合同签订

第十五条 业务部门应当根据询比价、招议标结果，与最终选定的承包方签订技术协议。

第十六条 合同签订部门应当按照集团公司法务部门发布的“集团公司年度合同授权事宜请示件”规定的授权范围与承包方签订商务合同，合同内容应明确：服务类型、服务范围界限、作业方式、作业时间、服务和质量标准、保密事项、费用结算标准、违约责任等细节。

第十七条 考虑到承包方履约不充分可能会导致企业蒙受一定的损失，给企业生产经营活动带来影响，业务外包应当要求承包方缴纳不低于合同金额的5%（如有国家或行业标准的，按标准执行）履约保证金。

第七章 业务外包过程管理

第十八条 业务部门根据业务外包合同条款，应当对承包方的组织架构、人员配置、实施计划、管理机制、质量控制等实施前的准备工作落实情况进行确认。

第十九条 承包方人员进厂作业前，由业务部门根据公司安全管理要求对作业人员进行进厂安全教育培训及相关工作，并对特种作业人员持证情况进行备案。承包方人员应严格遵守公司的各项规章制度，按照工作区域内标准作业要求从事外包业务，不得逾越其规定的业务范围。

第二十条 在承包方提供服务或制造产品

过程中，业务部门应当密切关承包方的履约能力，采取承包方动态管理的方式，对承包方每月开展绩效评价和考核，并上报给合同签订部门，包括以下方面：

（一）承包方对该项目的投入是否支持该产品或服务质量达到企业预期目标。

（二）承包方自身的财务状况、生产能力、技术创新能力等综合能力是否满足该项目要求。

第二十一条 业务部门对于因业务外包需要由承包方采购的存货，在公司厂区内应当按照公司仓库管理相关要求实施有效管理，包括堆放地点、入库验收、计量、使用记录、库存报表等方面。每月至少开展一次存货的盘点和检查。

第二十二条 由公司提供给承包方使用的存货，承包方只能将其用于外包活动，不得另做他用。业务部门应当指定专人跟踪承包方的使用情况，对于承包方无正当原因过度使用，造成企业运营成本上升的，应要求承包方进行补偿。

第二十三条 业主单位应建立即时监控机制，明确检查频率及内容，并做好检查记录，一旦发现偏离合同目标的情况，应及时要求承包方调整改进。

第二十四条 业主单位对重大业务外包的各种意外情况做出充分预计，建立相应的应急机制，制定临时替代方案，避免业务外包失败造成企业生产经营活动中断。

第二十五条 有确凿证据表明承包方存在重大违约行为，并导致业务外包合同无法履行的，业务部门应当及时终止合同，必要时提交集团公司法务部门按照法律程序向承包方索赔。

第二十六条 业务部门根据承包方业务外包成果交付的特点，制定不同的验收方式，按照实施过程中质量控制的关键节点分步骤、分阶段进行审核验收，确保产品或服务的质量达到要求，并做好记录。

第二十七条 外包过程中如出现质量异议，由业务部门组织相应部门、承包方进行共同研究分析，判定事故责任、造成损失，并上报给合同签订部门进行扣款处理。

第二十八条 业务部门严格按照验收标准对承包方交付的产品或服务进行审查和全面测试，确保产品或服务符合需求，并出具书面验收证明。验收过程发现异常情况的，视问题的严重性与承包方协商补救措施，并由合同签订部门依据合同约定进行扣款及索赔。

第八章 结算与评价

第二十九条 合同签订部门应严格按照合同约定的结算条件、业务外包标准、验收证明进行外包费用结算及付款；财务部门应审核相应的结算报表、发票等原始凭证后给予账务处理。

第三十条 合同签订部门每年年底（12月份）应当组织开展对承包方进行全面评价，评价内容须包括：承包方的履约能力、对该项目的投入是否能够支持其产品或服务质量达到公司预期目标，自身财务状况、生产能力、技术创新能力等综合能力是否满足该项目的要求。评价结果作为企业是否继续与承包方合作的依据。

第九章 监督考核

第三十一条 监督审计部负责对集团公司各部门、全资（控股）公司、永联村股份经济合作社的业务外包管理进行监督检查，当无故出现下列情形的，对单位的主官和主管进行责任追究。如给公司造成经济损失或负面影响的，除按照降薪

表22 永钢集团业务外包考核办法

序号	责任追究	责任部门	考核标准
1	未建立业务外包管理标准的	业务部门	主管降薪考核500元
2	没有业务外包实施方案的	业务部门	主管降薪考核300元
3	业务外包实施方案未按审批权限批准的	业务部门	主管降薪考核300元
4	承包方不具备基本条件的	合同签订部门	主管降薪考核500元

续表22

序号	责任追究	责任部门	考核标准
5	承包方选择未能货比三家、达到招标要求未招标的	合同签订部门	主管降薪考核300元
6	未与承包方签订商务合同的	合同签订部门	主管降薪考核300元
7	未与承包方签订技术协议的	业务部门	主管降薪考核300元
8	对承包方投入、运营、管理缺少管控的	业务部门	主管降薪考核300元
9	对承包方缺少日常绩效评价和定期考核的	业务部门	主管降薪考核300元
10	未有应急机制，业务外包失败影响企业生产经营活动的	业务部门	主管降薪考核500元
11	承包方违约，未及时处理及索赔的	合同签订部门	主管降薪考核500元
12	验收缺少标准的	业务部门	主管降薪考核300元
13	未按标准验收的	业务部门	主管降薪考核500元
14	未按合同进行结算、付款的	合同签订部门	主管降薪考核300元
15	未开展承包方年度评价的	合同签订部门	主管降薪考核500元

考核之外，还需按《员工违章违纪处理办法》对相关单位和责任人进行责任追究与处理；构成犯罪的，移送司法机关处理。

第十章　附则

第三十二条　业务外包流程适用于一般业务外包，具有通用性，各全资、控股公司在实际开展业务外包时，可以参照此流程，并结合不同业务的特点予以扩充和具体化。

江苏永钢集团有限公司
2020年3月1日

员工调动管理办法

第一章　总则

第一条　为进一步规范和加强员工调动管理，促进人员有序、合理、高效流动，特制定本办法。

第二条　员工调动是指根据工作需要，导致人员隶属关系或职位发生变化的人力资源流动。

第三条　调动原则

（一）员工调动应以编制配置及职位任职资格为前提，坚持“科学合理、人岗匹配、岗变薪变”。

（二）员工调动应以提升工作效率为目标，对于培养难度高，技能成熟慢的关键职位，坚持“技能沉淀、经验传承”。

（三）员工调动应有利于员工职业发展，有利于人力资源优化配置。

第四条　本办法适用于集团公司直属部门、联峰实业，集团控股及全资公司可参照执行。

第二章　管理职责

第五条　公司办公室是公司调动配置管理的主管部门，负责制定和完善公司员工调动管理办法；负责协调、审核、监督、管理各部门员工调动需求及过程。

第六条　各部门是员工调动管理的落实单位，负责审核本部门员工调动的必要性、合理性、合规性；负责规范本部门内部调动流程及业务办理；负责配合做好员工调动手续办理。

第三章 调动内容

第七条 调动类型包含部门内调动、跨部门调动、跨公司调动。

（一）部门内部调动指集团公司直属部门、联峰实业职能部门及事业部等部门内部之间的人员调动；

（二）跨部门调动指集团公司直属部门、联峰实业职能部门及事业部等部门相互之间的人员调动；

（三）跨公司调动是集团公司及所属控股公司之间的人员调动。

第八条 调动形式包括指令性调动、配置性调动、借用性调动。

（一）指令性调动是指根据公司组织机构变化、职责调整、人事任免等要求，进行的人员调配工作；

（二）配置性调动是指因职位空缺或公开竞聘等原因，产生的人员流动；

（三）借用性调动是指不改变人事隶属关系，因工作、项目、技术支撑等需要，以兼职方式参与工作而发生的人员流动；适用于兼职时间超过一个月的情形。

第九条 调动过程中若涉及职位序列及职位层级变化的，参照公司相关管理要求执行。

第四章 业务管理要求

第十条 指令性调动

由公司办公室根据相关要求，办理人员调动手续。

第十一条 配置性调动

主要职员调动由公司办公室按照权限审批后统一在金蝶EASHR系统中调整。其他人员调动，按照以下流程办理：

（一）部门内调动

由部门内部协商，开具《调动申请表》，经员工书面签字确认，作为调动申请附件提交至金蝶EASHR系统，部门按照权限审批，提交至公司办公室，公司办公室对调动职位、职层、职等、任职资格等审核通过后，在部门内部执行调动。

（二）跨部门调动

需求部门在OA填报《人员需求表》；采取公开竞聘或者意向人选推荐等方式，由公司办公室结合推荐建议，物色相关人选或组织公开竞聘。人选确定后，由调出部门开具《员工调动申请表》，经员工书面签字确认，作为调动申请附件提交至金蝶EASHR系统，调出与调入部门按照权限逐级审批，提交至公司办公室，由公司办公室对调动职位、职层、职等、任职资格等审核通过后，调入与调出部门同步执行调动。

（三）跨公司调动

由公司办公室统一开展。

第十二条 借用性调动

需求部门根据工作需要提出人员借调需求，说明借调理由、有关事项等情况，并在OA上提交《借调申请表》；公司办公室审核备案后执行。

第五章 监督管理

第十三条 在组织机构、业务管理调整时，未经公司许可不得擅自对涉及调整范围内的人员进行调动，但可按规定办理退休、辞职等手续。未经公司办公室核实的员工调动均属于无效调动，纳入人力资源专项评价。

第十四条 金蝶 EASHR系统调动业务在当月1至10日内完成；人员调动手续由人事专员在3个工作日内办理完毕。

第十五条 调动审批完结前，不得前往新部门工作；若已前往新部门工作的，发生安全等突发意外情况，均由调出部门负责。

第十六条 人员调动后，按照薪酬管理相关制度执行。

第十七条 人员调动时，涉及劳动合同签订主体变更以及档案资料移交的，由公司办公室负责通知员工在调动后一周内办理完毕。

第六章 附则

第十八条 流程图：YG-F02-015 员工调动流程

第十九条 相关记录：

YG-S02-017-01A 调动申请表

YG-S02-017-02A 借调申请表

江苏永钢集团有限公司

2020年4月17日

员工奖惩管理办法

第一章 总则

第一条 为维护公司正常生产经营秩序，激发员工积极性和创造性，明确公司奖惩的依据、标准和程序，依据《中华人民共和国劳动法》《中华人民共和国劳动合同法》等国家法律法规，结合公司实际，特制定本办法。

第二条 本办法适用于集团公司直属部门、联峰实业，集团公司下属全资子公司、控股公司可参照执行。

第三条 员工奖惩应遵循以下原则：

（一）以人为本，维护企业与员工双方的合法权益；

（二）精神鼓励和物质奖励相结合；

（三）教育为主，奖惩结合；

（四）奖惩有据，公开、公平、公正。

第二章 职责分工

第四条 公司办公室负责员工奖惩管理的组织、监督工作。

第五条 各专业归口职能部门负责制定本专业管理领域的《处理标准》，对本专业领域内的有关行为进行奖惩管理。

第六条 各部门根据权限负责本部门员工的奖惩管理。

第七条 工会负责组织履行民主程序，牵头组织公司劳动争议调解工作。

第三章 奖励

第八条 奖励必须以事实为依据，严禁弄虚作假。对于工作表现、生产经营等成绩突出，有下列情况之一的员工，应当给予奖励：

（一）在完成生产任务或者工作任务、提高产品质量或者服务质量、节约资材和能源等方面，做出显著成绩的。

（二）在生产、科学研究、工艺设计、产品设计、改善劳动条件等方面，有发明、技术创新或者提出合理化建议，取得重大成果或者显著成绩的。

（三）在改进企业经营管理，提高经济效益方面做出显著成绩有较大贡献的。

（四）保护人身安全和公共财产，防止或者挽救事故有功，免受重大损失的。

（五）为维护正常的生产秩序和工作秩序，见义勇为同坏人、坏事作斗争，维护社会治安，有显著成绩的。

（六）维护财经纪律，事迹突出的。

（七）一贯忠于职守，积极负责，廉洁奉公，舍己为人，事迹突出的。

（八）遵章守纪表现突出的、管理责任者业绩显著的、主动检举违规违纪行为的。

（九）其他应当给予奖励的行为。

第九条 奖励的种类

公司对员工的奖励分为：优秀员工，劳动奖、管理奖、创新奖、文明奖等公司级奖励以及部门经申报获批后的各类部门级奖励。

第十条 奖励流程和权限

各类奖励的流程和权限按公司有关规定执行。

第四章 惩处

第十一条 对于违反相关规定的员工，部门可根据《处理标准》的规定予以处理。对员工的惩处，必须做到事实清楚、定性准确、处理恰当、手续完备、程序合法。

第十二条 惩处的种类

公司对员工的惩处分为：降薪、惩处扣分、经济赔偿、停工教育、降级、诫勉谈话、察看、降职、免职、解除劳动合同。

降薪：指员工因违反相关规定，被一次性降低薪资。

惩处扣分：指员工因违反相关规定，被处理扣分。

经济赔偿：指员工因违反相关规定造成损失的，赔偿公司经济损失。

停工教育：员工因违反相关规定，被停止职务或工作，接受离岗教育。

降级：降低员工职位工资等级的处理方式。

诫勉谈话：指通过提醒教育及时制止具有负面性、倾向性的问题，并予以降薪、惩处扣分的处理方式。

察看：一定时限内保留员工职位、待观察使用的处分。

降职：降低员工职位层级的处理方式。

免职：免除现有职位的处理方式。

解除劳动合同：员工因违反相关规定，被公司依法解除劳动关系的处理。

第十三条　惩处周期

一个惩处周期以内（按自然年份1月1日至12月31日），当员工惩处扣分累计达到4分及以上，由所在单位给予不少于三天的停工教育；当员工惩处扣分累计达8分及以上（未满12分），则给予待岗处理且惩处积分结转至下一个惩处周期（只结转至次年度）；当员工惩处扣分累计达到12分（试用期内，惩处扣分累计达到6分），公司将与该员工解除劳动合同。停工教育期间，不享受绩效工资和奖金。

第十四条　员工同时出现两种及以上违反规定行为的，应统筹考虑予以从严处理。

第十五条　员工降薪或赔偿经济损失的，当月工资不得低于苏州市最低工资标准；低于最低标准的，下月结转执行。

第十六条　对于各专业规定中尚未明确，但危害国家、公司和员工利益，情节严重确需追究责任的，可参照《处理标准》中规定的同类条款处理。

第十七条　除各专业《处理标准》所列可解除劳动合同的行为以外，员工有下列行为的，公司可依法解除劳动合同：

（一）造成严重后果的；严重影响公司声誉、形象的；涉嫌违法的，移交司法机关处理的；受到刑事处罚或行政拘留及以上处理的。

（二）对违反《处理标准》行为事实清楚，经教育拒不认识和改正错误，态度恶劣，屡教不改，影响正常生产经营秩序的。

第十八条　有下列情形之一的，可依照本办法的规定，从重或者加重处理：

（一）强迫、唆使他人违法违纪的。

（二）伪造、隐匿、毁灭证据的。

（三）阻止他人揭发检举、提供证据材料的。

（四）有串供行为，包庇他人或者对检举人、控告人、证人以及其他人员进行打击报复的。

（五）有干扰、妨碍公司审查以及检查人员履行职责行为的。

第十九条　惩处流程和权限

（一）对员工的惩处，部门应将处理决定书面通知本人，归入本人档案，并予以公布。

（二）员工受到诫勉谈话、察看、降职、免职或解除劳动合同的，由公司通报处理。受到其他惩处类型处理的，由各部门负责处理。

（三）员工因违反《处理标准》解除劳动合同，须经工会委员会讨论，集团公司审批同意后执行。

第二十条　员工对处理决定有异议的，可向工会提出申诉。涉及劳动争议的，员工可向工会委员会申请调解，若调解不成，可向劳动仲裁机关提起仲裁。

第五章　附则

第二十一条　本办法和下列《处理标准》配套使用。

1.《安全生产事故及违章处理标准》

2.《环保事故（件）及违章处理标准》

3.《设备事故及违章处理标准》

4.《生产操作事故及违章处理标准》

5.《质量事故及违章处理标准》

6.《能源管理违章处理标准》

7.《员工违纪处理标准》

第二十二条　本办法经公司第六届第二次职工（会员）代表大会表决通过。

第二十三条　本办法自印发之日起施行，原《员工违章违纪处理办法（修订）》自行废止。

江苏永钢集团有限公司

2020年6月2日

员工离岗管理办法

第一章　总则

第一条　为规范公司员工离岗管理，根据国家相关法律法规，结合公司实际，特制定本办法。

第二条　员工离岗是指员工出现不能胜任岗位要求、不符合岗位任职要求、因身体原因无法继续工作等情形时，适时退出工作岗位。

第三条　本办法适用于集团公司直属部门、联峰实业，集团公司下属全资子公司、控股公司可参照执行。

第二章　管理职责

第四条　公司办公室是员工离岗归口管理部门，负责制定本办法；负责对各部门提出的员工离岗建议进行审核及报批；负责落实员工离岗相关手续办理；负责内退人员的管理；负责协助待岗培训相关工作。

第五条　各部门负责员工的绩效考核、评定，针对出现离岗情形的员工，提出离岗建议；负责本部门待岗人员的管理。

第三章　离岗类型

第六条　员工离岗包括待岗、内退、大病退出岗位、工伤退出岗位等四类。

第七条　待岗是指员工具备一定劳动能力，因不符合现有岗位任职资格要求，或个人绩效不能胜任岗位基本要求，或根据《员工奖惩管理办法》，扣分达8分及以上的，按照审批流程退出现有岗位的。

第八条　内退是指在公司连续工作满10年的正式员工，且距法定退休年龄不满5年，不适宜继续从事本职工作，在公司内部又无合适岗位安置，按照审批流程退出现有岗位的。

第九条　大病退出岗位是指在劳动合同有效期内，因病或非因工负伤等员工，医疗期满后不能从事原工作，也不能从事公司另行安排的工作的，按照审批流程退出工作岗位的。

第十条　工伤退出岗位是指员工因工致残被鉴定为一级至四级伤残的，按照审批流程退出工作岗位的。

第四章　离岗流程

第十一条　由部门结合员工工作绩效、违章违纪扣分及个人实际情况，提出员工岗位退出建议，经所在部门负责人同意后，报公司办公室核准。

第十二条　公司办公室根据部门建议提出预处理意见。

（一）预处理意见为待岗的：

1. 待岗人员由各部门组织管理，包括出勤管理，临时性工作安排，专项培训等。不服从待岗管理的，按旷工处理。

2. 待岗期间，公司办公室根据用工需求情况组织开展竞聘工作。待岗人员竞聘成功后到新岗位工作；未竞聘成功或无岗位空缺时，继续待岗。公司办公室或者部门推荐上岗，本人未参加竞聘的，视同放弃上岗。

3. 原则上，待岗时间不低于1个月，不超过1年。

4. 待岗结束后，因员工个人原因，仍未上岗的，各部门依据相关规定进行处理，通知员工办理相关手续。

（二）预处理意见为内退、大病退出岗位、工伤退出岗位的由公司办公室依据相关规定进行协商处理，通知员工办理相关手续。

第五章　离岗待遇

第十三条　待岗人员待遇

待岗期间按照当年度苏州市最低工资标准支付生活费，不再享受公司其他奖金、津贴、福利等。待岗期间，社会保险及公积金均由公司承担。

第十四条　内退人员待遇

保留劳动合同关系直至法定退休；内退期间，按照当年度苏州市最低工资标准按月支付生活费，不再享受集团公司各项福利待遇。社会保险及公积金单位缴纳部分由公司承担，个人缴纳部分由本人承担，直至其达到规定退休年龄当月。

第十五条　大病退出岗位、工伤退出岗位的按照国家规定标准执行。

第六章　其他

第十六条　待岗期间，有以下情况之一的，给予解除劳动合同处理：

（一）待岗期间，违反公司相关管理规定，达到解除劳动合同条件的；

（二）累计出现以下情形两种及以上的：

1. 首次竞聘录用后本人放弃上岗；

2. 再次竞聘录用后仍放弃上岗；

3. 首次上岗后不能胜任岗位要求；

4. 再次上岗后仍不能胜任岗位要求。

第十七条　当内退人员达到法定退休年龄时，按国家规定办理退休手续。

第七章　附则

第十八条　本办法经公司职工代表大会审议通过后生效。

第十九条　相关流程图

YG-F02-014员工离岗流程图

第二十条　相关记录

江苏永钢集团有限公司

2020年6月2日

员工出勤管理办法

第一章　总则

第一条　为保持公司正常工作秩序，维护员工休息休假权利，提高工作效率，根据国家有关规定结合公司实际，特制定本办法。

第二条　本办法适用于集团公司及联峰实业，控股及全资（子）公司参照执行。

第二章　管理职责

第三条　公司办公室是出勤管理的归口部门，负责公司考勤请休假标准的制定、制度的落实、业务的指导等相关管理工作。

第四条　各部门负责落实内部员工出勤的过程管理工作。

第三章　作息管理

第五条　生产单位及为其提供服务保障的相关业务部门负责拟定本部门的作息时间方案。

第六条　制造管理部负责各生产单位及与为生产单位提供服务保障的相关业务部门作息时间方案的审核及备案工作。

第七条　公司办公室负责集团公司各部门作息时间方案的审批工作。

第四章　考勤管理

第八条　严禁迟到、早退、旷工。上班时间后15分钟（含）内未到岗的，按迟到处理；下班时间前10分钟（含）内离岗的，按早退处理。迟到15分钟以上2小时以内或早退10分钟以上2小时以内的，按旷工半天处理；迟到或早退2小时及以上的，按旷工1天处理；迟到早退员工应办理请假手续。

第九条　员工在正常工作日不请假或请假未批准的缺勤行为视为旷工。

第十条　员工上、下班按照作息时间进行考勤签到，部门内部做好员工实际到岗、离岗管理工作；员工出差期间各部门应做好考勤调整记录。

第十一条　各部门指定专人做好员工考勤记录，并按月公示。

第十二条　月度考勤时间为自然月。公示确认后的考勤记录，经部门负责人审核后于次月3日前提交公司办人力资源管理科。

第五章　请休假管理

第十三条　生产单位根据生产特点实行排班轮休制。轮休排定后，如确因工作需要可随时要求员工销假，事后继续补休；员工如需调休，必须提前书面申请，经作业长同意并安排好其他人员代岗后方可调休。其他部门根据法定节假日及正常休息日合理安排值班及轮休工作；原则上，不允许部门安排员工当月集中并休本月应休天数。

第十四条　以永钢集团为中心，距离永钢集团半径为500公里以外的员工，如遇婚假或利用带薪年休假回家的，可提前一个月提出申请，经部门负责人同意后可将当月未休完的天数合并至下月婚假、带薪年休假天数之内；假期自准假之日起计算。

第十五条　员工除因急病或临时发生意外等不可抗力情况不能自行请假外，均应本人事先办理请假手续。未办妥请假手续或请假后未经部门负责人审核同意自行离开的按旷工处理。确因特殊情况无法办理请假的，可电话请假或委托他人请假，由部门或被委托人代填“请假单”，事后须提供相关请假证明。

第十六条　员工按单位安排好的轮休计划执行休息休假，一般法定假及正常休息日不需请假，其他病（事）假、婚（丧）假、生育假等休假情形，员工必须事先办理请假手续，经相关领导按权责核准后生效。

第十七条　连续休假、续假达15日以上的报公司办公室人力资源管理科审核通过后，提交公司办公室办理相关手续，请假单一式两份，公司办公室、所在部门各备案一份。各单位应建立健全员工请休假台账，请休假员工应按期到岗，到岗后部门应及时销假。

第十八条　员工如遇特殊情况须续假的，应在请假期满前两天以电话、委托他人等形式办理续假手续，获准后方可续假，续假期满后及时补全书面手续。如未获批准而不按时到岗者，除确因不可抗力事件外，均按旷工处理。如发现员工请假有弄虚作假情况，则对所请假期按旷工处理。

第十九条　部门因检修等原因临时安排相关岗位员工放假的，放假天数需优先扣除可应休息的天数。

第六章　加班管理

第二十条　各部门因工作任务繁重等原因无法按规定安排休息休假的，可提出加班申请，原则上应当于当月内安排员工补休，确实无法安排补休的按加班计算。

第二十一条　各单位经部门领导审核批准后的《长期加班申请表》于每年1月15日前，《临时加班申报表》于加班次月5日前送公司办公室人力资源管理科核准。

第二十二条　加班工资按集体工资合同约定的计算基数计发。

第七章　病假

第二十三条　员工因病或非因工负伤，经医疗单位证明不能坚持工作的，可参考医生建议、给予病假，但最长不得超过医疗期限。

第二十四条　在合同期内因病住院或需长期疗养的医疗期限，根据本人实际参加工作年限和在本单位工作年限，给予3个月到24个月的医疗期：

（一）实际工作年限10年以下的，在本单位工作年限5年以下的为3个月；5年以上的为6个月。

（二）实际工作年限10年以上的，在本单位工作年限5年以下的为6个月；5年以上10年以下的为9个月；10年以上15年以下的为12个月；15年以上20年以下的为18个月；20年以上的为24个月。

第二十五条　医疗期3个月的按6个月内累计病休时间计算；6个月的按12个月内累计病休时间计算；9个月的按15个月内累计病休时间计算；12个月的按18个月内累计病休时间计算；18个月的按24个月内累计病休时间计算；24个月的按30个月内累计病休时间计算。

第二十六条　员工请病假需有医院开具的相关证明，因病住院15天以上或需长期疗养的须提供县（市）级以上医院开具的病休时间证明。复工时提供该医院出具的门诊病历、处方、医疗发票、康复证明等方可办理复工手续。

第二十七条　病假到期未续假且未复工的，超出病假假期的天数按旷工处理。医疗期满后，不能从事原工作也不能从事公司另行安排工作的，公司根据劳动能力鉴定结果，按照国家相关法律法规执行。

第二十八条　请病假审批权限：15天（含）以内的，由部门负责人批准；连续15天以上的（含续假），由公司人力资源管理部门批准。

第二十九条　员工病假期间待遇按苏州市相关法定要求执行。

第八章　婚假

第三十条　员工符合法定结婚年龄，即男方不早于22周岁，女方不早于20周岁，在永钢集团入职后登记结婚的，自登记之日起1年内假期有效，且每位员工只享受一次婚假。

第三十一条　员工一方符合初婚条件且在法定年龄内的，可享受13天婚假；员工双方符合再婚条件且在法定年龄内的，结婚可享受3天婚假。婚假假期与国家法定休假日不重复享受。路途超过距离永钢集团500公里以外的员工，可按实际路途时间准假。

第三十二条　婚假一次性使用，不得拆分。

第三十三条　请婚假需出具本人结婚证，弄

虚作假的，按旷工处理。

第三十四条　请婚假必须经部门负责人批准并备案。

第三十五条　婚假期间享受正常薪酬福利待遇。

第九章　丧假

第三十六条　员工直系亲属（双方父母、配偶、子女）、法定监护人去世后，可享受5天丧假。路途超过距离永钢集团500公里以外的员工，可按实际路途时间准假。丧假与国家法定休假日不重复享受。

第三十七条　凡弄虚作假的，按旷工处理。

第三十八条　请丧假必须经部门负责人批准并备案。

第三十九条　丧假期间享受正常薪酬福利待遇。

第十章　法定节假日

第四十条　法定节假日为：

（一）元旦1天：1月1日；

（二）春节3天：正月初一、初二、初三；

（三）清明节1天：农历清明当日；

（四）劳动节1天：5月1日；

（五）端午节1天：农历五月初五；

（六）中秋节1天：农历八月十五；

（七）国庆节3天：10月1日、2日、3日。

国家另行规定的按国家相关规定另行通知。

第四十一条　加班工资按集体工资合同约定的计算基数计发，不再安排补休。

第十一章　事假

第四十二条　原则上，全年事假累计不得超过15天，超出天数按旷工处理。

第四十三条　事假必须经部门负责人批准并备案。

第四十四条　事假期间不享受薪酬福利待遇。

第十二章　生育假

第四十五条　生育期及相关待遇按照《永钢集团计划生育管理规定》执行。

第四十六条　生育假期内参保人员按社保规定发放补助，无参保人员参照《永钢集团计划生育管理规定》补助标准执行。

第十三章　带薪年休假

第四十七条　享受带薪年休假的对象为与公司签订正式劳动合同、连续工作12个月以上的正式员工；员工按照累计工作年限享受带薪年休假，在本公司入职前，有其他公司工龄的，员工需提供社保缴费证明。

第四十八条　员工享受带薪年休假的天数标准：

（一）累计工作已满1年不满10年的，年休假为5天；

（二）累计工作已满10年不满20年的，年休假10天；

（三）累计工作已满20年的，年休假15天。

第四十九条　国家法定休假日、休息日不计入年休假；员工依法享受的婚丧假、产假等国家规定的假期以及因工伤停工留薪期均不计入年休假假期。

第五十条　员工有下列情形之一的，不享受当年的年休假：

（一）累计工作满1年不满10年的员工，请病假累计2个月以上的；

（二）累计工作满10年不满20年的员工，请病假累计3个月以上的；

（三）累计工作满20年以上的员工，请病假累计4个月以上的。

员工已享受当年的年休假，年度内又出现以上情形的，不享受下一年度的年休假。

第五十一条　各部门根据生产、经营等实际情况并考虑员工本人意愿，统筹制订年休假计划，但不得跨年度安排年休假。年休假计划应以书面形式通知本人，员工须服从部门的年休假安排；若无特殊原因，年休假计划原则上不得更改。

第五十二条　如遇特殊情况确需调整年休假时间的，原则上，员工应提前一个月向所在部门提出变更申请，经部门领导审批同意后，方可调整年休假时间。若因生产、经营计划变化，部门可临时调整员工年休假计划，员工须服从安排。

第五十三条　员工因本人原因提出不休年休

假的，视作员工自动放弃年休假，部门需与员工签订《员工自愿放弃年休假申请表》。

第五十四条　年休假期间，员工享受正常薪酬福利待遇。

第五十五条　本年度内，员工应休而未休的年休假天数，按职位工资的300%支付报酬。

第五十六条　公司与员工解除或终止劳动合同时，当年度未安排员工休满应休年休假的，折算其当年应休而未休年休假天数，支付未休年休假的差额工资。已休完年休假的，多休年休假天数不再扣回。

第十四章　附则

第五十七条　相关记录：

YG-S02-019-01A 员工自愿放弃带薪年休假申请表

YG-S02-019-02A 请假单

江苏永钢集团有限公司

2020年6月22日

会计档案管理办法

第一章　总则

第一条　为了加强会计档案管理，统一集团内会计档案管理制度，建立和完善会计档案的收集、整理、保管、借阅等管理制度，采取可靠的安全防护技术和措施，保证会计档案的真实、完整、可用、安全。现依据财政部《会计档案管理办法》和集团公司《档案管理制度》及其他有关规定，特制定本办法。

第二条　本办法适用于集团公司、各控股及全资（子）公司。

第三条　会计档案是指会计凭证、会计账簿和财务报告等会计核算专业资料，是记录和反映企业经济业务发生的重要资料和凭据。具体包括：

（一）会计凭证类：原始凭证、记账凭证；

（二）会计账簿类：总账、明细账、日记账、固定资产卡片及其他辅助性账簿；

（三）财务报告类：月度、季度、半年度、年度财务报告，包括财务报表、附表、附注及说明、审计报告、验资报告、评估报告及其他财务报告；

（四）税务资料类：发票、纳税申报表、完税证明及其他税务资料；

（五）银行资料类：开户证明书、预留印鉴卡、开户申请表、销户申请表、账户管理协议、银行余额调节表、银行对账单及其他银行类资料；

（六）其他类：会计档案移交清册、会计档案保管清册、会计档案借阅清册及其他具有保存价值的会计资料。

第二章　管理职责

第四条　财务管理部为会计档案的责任部门，负责会计档案的立卷、归档、保管、借阅等工作。财务管理部指定会计档案管理员，管理会计档案。会计档案管理员对会计档案的真实性、完整性、及时性、可用性、安全性等负责。

第五条　永联档案馆为会计档案移交后的责任部门，负责会计档案移交后的保管、借阅及销毁等工作。

第六条　其他部门为会计档案的协助部门，有责任协助管理会计档案。

第三章　会计档案整理立卷

第七条　会计档案立卷

（一）会计凭证类：按月立卷，将各类记账凭证连同后附的原始凭证、汇总清单等，按照凭证类别和凭证编号先后顺序进行组卷。凭证附件较多的资料如出入库单等，可单独组卷。会计账簿类：按年度立卷，按照不同类别并区分不同的保管期限分别组卷。

（二）财务报告类：按年度立卷，按照不同类别并区分不同的保管期限分别组卷。

（三）税务资料类：按月立卷，按照不同类别并区分不同的保管期限分别组卷。

（四）银行资料类：按月立卷，按照不同类别并区分不同的保管期限分别组卷。

（五）其他类：如会计档案保管清册、会计档案移交清册、会计档案借阅清册、会计档案销毁清册等，每一个清册就是一个保管单位，各自立卷。

第八条　会计档案装订整理

（一）会计凭证：

1. 装订前管理

财务部在装订会计凭证前须指定装订负责人负责组织装订工作。凭证录入人员在凭证过账后及时打印凭证，不得漏缺。凭证录入人员将日常打印的会计凭证粘贴附件整理并进行妥善保管。

2. 装订前准备工作

按照会计凭证编号顺序排列进行分类整理，同时检查日期、编号是否齐全，如果发现缺号必须查明原因。检查会计凭证的附件是否有缺漏，领料单、入库单、发票等附件是否齐全。摘除会计凭证内的金属物，如订书钉、大头针、回形针等，对较大的纸张或附件要折叠成同记账凭证大小，且要避开装订线，以便翻阅并保持页面数据完整。

3. 装订要求

装订凭证时尽可能缩小所占部位，使记账凭证及附件保持尽可能大的显露面，以便于事后查阅。 凭证外面要加封面和包角纸，封面规格略大于所附记账凭证。装订凭证厚度为2厘米左右，保证装订牢固、美观大方。

4. 装订后注意事项

凭证封面上列明单位名称（全称）、凭证名称、凭证起讫编号、起讫日期、加盖主管人员、装订人员印章或签字。凭证封面上编好册数，册数编写须可见本册册数及总册数，按编号顺序入柜保管。凭证包角处注明会计年度、月份、凭证起讫编号、本册数及总册数。

（二）其他档案：

发票参照会计凭证的装订整理方法进行立卷。其余档案资料按类汇总分别装入档案盒中进行归档。

第四章　会计档案保管

第九条　按月立卷的会计档案，在每月底前完成上月会计档案的立卷工作。按年立卷的会计档案，在每年6月底前完成上年度会计档案的立卷工作。

第十条　出纳人员不得兼任会计档案管理员。

第十一条　会计档案在会计部门保管期间，应确保其安全性，应做到防盗、防火、防虫、防潮。

第十二条　档案管理员应建立“会计档案保管清册”，列明保管的会计档案名称、起止年限、保管册数、保管期限和保管地点等。档案管理员对会计档案要妥善保管，存放有序，严防损坏、散失和泄密。档案柜应统一编号管理，档案柜正面应配置标签，注明档案柜编号、档案类别和起止年限，信息应与会计档案保管清册的内容保持一致，以便查询和日常管理。

第十三条　同时满足下列条件的，企业内部形成的属于归档范围的电子会计资料可仅以电子形式保存，形成电子会计档案：

（一）形成的电子会计资料来源真实有效，由计算机等电子设备形成和传输；

（二）使用的会计核算系统能够准确、完整、有效接收和读取电子会计资料，能够输出符合国家标准归档格式的会计凭证、会计账簿、财务会计报表等会计资料，设定了经办、审核、审批等必要的审签程序；

（三）使用的电子档案管理系统能够有效接收、管理、利用电子会计档案，符合电子档案的长期保管要求，并建立了电子会计档案与相关联的其他纸质会计档案的检索关系；

（四）采取有效措施，防止电子会计档案被篡改；

（五）建立电子会计档案备份制度，能够有效防范自然灾害、意外事故和人为破坏的影像；

（六）形成的电子会计资料不属于具有永久保存价值或者其他重要保存价值的会计档案；满足以上规定条件，企业从外部接收的电子会计资料附有符合《中华人民共和国电子签名法》规定的电子签名的，可仅以电子形式归档保存，形成电子会计档案。

第十四条　会计档案的清点和检查至少每年进行一次，检查会计档案的安全完整性、借阅等情况，发现问题应及时采取措施。

第十五条　各类会计档案保管期限从会计年度终了后的第一天算起，本办法规定的会计档案保管期限为最低保管期限。

第五章　会计档案借阅

第十六条　档案管理员须建立会计档案借阅

清册，登记借阅人姓名、单位、部门、借阅日期、借阅时间、借阅档案名称、借阅册数、归还日期等。借阅人须在登记清册上签字确认。

第十七条　本公司人员如因工作原因需要借阅或者复印会计档案的，必须严格履行以下审批手续：

（一）财务人员：申请人填写会计档案借阅申请表，经财务部负责人签署同意后办理借阅登记手续；

（二）非财务人员：申请人填写会计档案借阅申请表，经申请人所属部门科室负责人、财务部负责人签署同意后办理借阅登记手续。

第十八条　外单位借阅或者复印会计档案，须由集团内相关财务人员陪同，且严格履行以下审批手续：

（一）审计、税务部门因审计或查账事项需调阅会计档案的，应出具相关证明，由集团公司接待部门科室填写会计档案借阅申请表，经接待部门科室负责人、财务部负责人签署同意后办理借阅登记手续；

（二）公安、法院、工商等部门因办理相关案件需调阅会计档案的，应出具正式公文或身份证明，由集团公司接待部门科室填写会计档案借阅申请表，经接待部门科室负责人、财务部负责人签署同意后办理借阅登记手续。

第十九条　复印会计档案时，应由档案管理员或者指定财务人员完成，其他任何人员不得擅自复印会计档案。

第二十条　查阅会计档案时，禁止将原卷拆散，不得将档案原件抽走、涂改、损毁，不得泄密。借阅人员应及时归还会计档案，档案管理员应检查归还档案的完整性。

第二十一条　会计档案不得携带出公司，如确因政府部门调阅等实际需要的，须征得集团财务管理部部长同意。

第六章　会计档案归档

第二十二条　依据集团公司《档案管理制度》要求，集团公司会计档案当年立卷，由会计部门保管一年后，向永联档案馆移交。

第二十三条　档案管理员在移交前应编制“会计档案交接清册”，登记需移交的档案名称、册数、应保管期限、已保管期限，并保持原卷的封装完好无损。

第二十四条　档案管理员岗位发生变动时，交接双方依据会计档案保管清册的内容进行确认与交接，并由直接上级和部门负责人监交。交接完毕后，交接双方和监交人员须在交接清单上签字或者盖章。

第七章　会计档案销毁

第二十五条　依据财政部《会计档案管理办法》与集团公司《档案管理制度》中规定的档案保管期限与鉴定销毁制度执行。

第八章　监督考核

第二十六条　违反本办法规定，对部门主管和相关责任人进行追究，同时将纳入单位绩效考核、年度干部评优和员工评优中，涉嫌违法的，移送司法机关处理。具体行为：未按时完成会计档案立卷归档，相关部门责任人考核50元/次，部门主管考核100元/次。未按时完成会计档案移交，相关部门责任人考核50元/次，部门主管考核100元/次。造成保管档案遗失或损毁，无经济损失的，相关部门责任人考核100元/次，部门主管考核200元/次；有经济损失的，按公司相关规定处理。未按规定借阅、私自复印或盗取会计档案，责任人调离岗位，考核200元/次，部门主管考核500元/次，视情节严重程度及损失情况按公司相关规定处理。

第九章　附则

第二十七条　相关记录：

YG-S03-021-01A 会计档案移交清册

YG-S03-021-02A 会计档案保管清册

YG-S03-021-03A 会计档案借阅清册

YG-S03-021-04A 会计档案借阅申请表

江苏永钢集团有限公司

2020年9月3日

永合社区“文明家庭”考核评比实施细则

第一章 总则

第一条 为加快推进永联区域农业农村基本现代化建设步伐，创造文明和谐的社会环境，培育和践行社会主义核心价值观，倡导文明行为，治理不文明行为，提升区域内社会文明程度，根据有关法律、法规规定，结合永联区域实际情况，制定本办法。

第二条 本评比办法以家庭为单位，以个人文明素养提升为根本出发点和落脚点，一年一评；坚持树立榜样，通过表扬先进、鞭策落后，以积分量化文明元素的方式，激发居民比学赶超，让“文明分”催生“文明风”；坚持齐抓共管，各治理主体权责明晰、互相协作，共同推进。

第三条 本办法适用于长期生活居住在永联区域内的永合社区居民，包括永联村经济合作社社员、永合社区户籍人口、颐和公寓职工家庭、永联区域新市民（包括在永合社区购房的非户籍人口、在永合社区居住满一年以上租房的非户籍人口）。

第四条 本办法不适用于长期不生活在永联区域的社员、学龄前儿童以及居住在永钢集团宿舍的个人员工。

第五条 “文明家庭”评比办法由村党委统一领导，永合社区统筹推进，区域内各责任单位各负其责、共同参与，形成共建、共治、共享的长效机制。

第六条 区域内企事业单位、群众性自治组织、其他组织和个人，应当结合自身实际配合做好“文明家庭”评比工作。

第七条 国家公职人员、教育工作者、社会公众人物应当在“文明家庭”评比工作中发挥表率和示范作用。

第八条 区域内主要治理单位应当积极宣传文明行为，传播文明理念，营造全社会促进文明行为的氛围。

第二章 文明守则

第九条 遵纪守法。认真执行党的方针政策，遵守国家法律法规、地方规定及各项公序良俗；遵守村规民约及所在社区、企业、学校及物业等单位各项管理规定。

第十条 明礼诚信。在人际交往中做到言语谦和，举止得体，尊重他人，互相礼让，不言行粗鄙、骄凌傲慢；信守承诺，诚实无欺，言行一致，表里如一，不弄虚作假、贪利忘义。

第十一条 爱护公物。自觉爱护公共设施，不公物私用，不在公共场所随意堆放私人物品，不破坏公共设施外观形象及使用性能，主动劝阻、制止损坏、哄抢、盗窃公共财物的行为。

第十二条 保护环境。维护环境卫生，不乱扔垃圾，不随地吐痰、大小便，不在禁烟场所吸烟；爱护花草树木，不踩踏草坪，不砍伐、折摘花木；移风易俗，不在公共场所晾晒衣物，不在楼道内、草坪上烧纸，不超限燃放烟花爆竹。

第十三条 敬业勤俭。珍惜工作岗位，热爱本职工作，脚踏实地、尽职尽责，积极进取、精益求精，争当劳动模范、创业能手。坚持勤劳致富，珍惜劳动所得，崇尚俭朴生活，不挥霍、不奢靡。

第十四条 孝老爱亲。孝顺老人，给予物质、精神、生活等全方位的关心关怀；关爱子女，尊重个性，注重教育，支持发展；夫妻恩爱，生活温馨；兄友弟恭，家庭和睦。

第十五条 邻里互助。邻里之间以礼相待，互帮互助，互谅互让，不传闲话，不闹纠纷。

第三章 联动考核（扣分项）

第十六条 违法违纪

（一）凡被公安机关处以行政拘留的，扣50分；被判以刑事处罚的，受处罚当年扣100分；第二年度开始家庭成员不与其联动考核，刑期结束恢复联动考核关系。

（二）盗窃、侵占财物，故意损坏公私财物、打架斗殴、寻衅滋事等，被公安机关查实，但未被处以行政拘留或刑事处罚的，视情节轻重扣20至50分。

（三）不履行《兵役法》规定的义务，扣100分。

（四）九年制义务教育阶段，子女中途退学，不上学等违反《义务教育法》的行为，视情扣20至100分。

（五）受党纪、政纪、军纪处分的，扣100分。

（六）违反安全管理规定尤其是消防管理规定，视情扣20至50分。

（七）不服从工商、税务、城管等行政部门管理的，视情扣5至20分。

（八）违反城镇建设管理规定，擅自乱搭乱建被相关部门查处的，扣30分；拒不整改的，扣100分。

（九）无营业执照，在家中私开棋牌室的，扣20分，存在聚众赌博现象并经群众举报的，扣40分；被公安机关查实，但未被处以行政拘留或刑事处罚的，视情节轻重扣30至60分。

（十）不通过正常渠道表达诉求，造谣生事，造成恶劣影响的，扣50分；重要活动期间故意扰乱秩序的，视情节轻重扣20至50分。

（十一）蓄意妨碍、阻止辖区内工程施工，影响工程进度的，视情节轻重扣20至50分；有意煽动、发动群起事件，造成恶劣影响的，扣组织者50分；参与者扣10分。

（十二）不履行法院判决的，被纳入失信人员名单的，视情扣10至30分。

（十三）传播色情、暴力、封建迷信的网站、书刊、音像制品的，发现一次，扣10分。

（十四）其他违法违纪行为，视情节轻重酌情扣分。

第十七条　文明生活

（一）文明装修。装潢未到物业部门备案认可的，扣5分；违反物业管理规定，擅自改变房屋内部主体结构或房屋外貌的，扣20分；拒不整改的，扣50分；擅自安装户外设施，拒不整改的，扣10分；装潢垃圾不按规定时间清理、不在指定地点倾倒的，发现一次，扣5分。

（二）爱护居住环境。在小区公共场所、绿化内乱堆杂物、乱扔垃圾、随地方便的，扣5分；在公共楼道、配电间等公共场所堆放杂物，拒不整改的，扣5分；高空抛物，扣20分；擅自破坏绿化，乱砍乱种，除赔偿外，扣30分；在小区内饲养家禽，拒不整改的，扣20分；在园区内擅自建灶、放置流动灶具，拒不整改的，扣10分；在景观河道内清洗物品，捕鱼、游泳的，每次扣10分。

（三）爱护公共设施。擅自开启各类井盖、电箱门、水表总闸等公共设施，造成后果的，扣10分；擅自拆除、损坏、挪用消防设施的，扣50分；属累犯者扣100分。占用安全疏散通道拒不整改的，扣20至50分；因故意行为导致楼道门灯不亮，且拒不修理的，扣5分；邻里之间无正当理由拒不提供检修方便的，扣5分；因自身原因给邻里造成损失不及时维修或赔偿的，扣5至10分；擅自私拉乱挂、乱涂乱画、乱张贴等，拒不整改的，扣5分。

（四）遵守出租房管理规定。违反“331”专项整治要求，视情扣20至50分；出租房屋内存在群租房、三合一、小作坊、聚众赌博以及堆放易燃易爆物品等违法活动情况，拒不整改的，扣房主20至50分。

（五）其他违反物业规定的，视情节轻重酌情扣分。

（六）文明祭祀。焚烧物品烧毁草坪、垃圾桶等设施的，除赔偿外，扣5分；引发喷淋系统报警或造成电梯等设施故障的，除赔偿外，扣20分；造成火灾事故的，扣100分。

（七）文明停车。汽车停放在绿化带内、一车占用两个以上停车位的以及车头不朝外停放等不文明行为，发现一次扣2分；电动车在公共楼道等违规停放、充电，发现一次扣2分。

（八）文明公厕。不占用集体资源，出现在公厕内清洗物品、取水等行为，发现一次扣5分；恶意损坏公厕设施，除照价赔偿外，发现一次扣15至30分。

（九）文明治丧。违反敬孝堂文明管理相关规定，视情扣20至50分；不在规定区域内办理丧事等，视情扣20至50分。

（十）文明邻里。邻里和睦相处，出现邻里之间打架斗殴等情况，视情扣5至20分；生活噪音严重影响周围居民正常休息、生活且拒不整改的，扣5分；因装修不当导致房屋漏水，楼上住户及时维修并赔偿，拒不整改的，视情扣5至10分；衣物、拖把等不脱水晾晒在外面的，发现一次扣2至10分。

（十一）文明交通。在永联区域内违反交通法规，行车不礼让行人、横穿马路等现象，发现一次扣5至20分。

（十二）计划生育。凡计划外生育的，连续5年扣100分；早婚早育的，扣30分；不配合计划生育管理的，有一次扣5分。承租户不服从计生管理的，扣房东5分；出现无计划生育的，扣房东20分。

（十三）家庭卫生。家庭卫生脏、乱、差，不符合卫生家庭基本要求且拒不整改的，扣5分。

（十四）尊老爱幼。不尊敬长辈、爱护幼小，不尽赡养、抚养义务，视情节轻重扣10至30分；遗弃家庭成员的，扣100分。

（十五）家庭和睦。家庭之间出现矛盾纠纷甚至打架等过激行为，产生不良影响的，视情扣5至10分。

（十六）文明养犬。违反社区文明养犬规定，视情扣5至20分；造成不良后果的，视情扣20至50分。

（十七）文明租住。外来家庭在租住期间出现违反本考核细则相关规定的，除租户扣除相应分数，房主还要视情扣5至10分。

（十八）垃圾分类。违反规定要求投放生活垃圾的家庭，由巡检人员责令其改正，拒不改正的，一次扣10分；因故意行为导致智能垃圾箱、积分兑换机等公共设施损坏的，除赔偿外，扣20分。

第十八条　遵章守纪

（一）不爱护单位，损害单位声誉、利益者，视情扣5至50分；违反职业道德，以不正当手段窃取单位机密，并向外界泄露、宣示、收受好处，使单位蒙受损失者，视情扣50至100分；

（二）安全意识淡薄，造成事故并负主要责任的，视情节扣5至100分；损坏公物，影响单位正常秩序者，视情一次扣5至30分。

（三）有劳动能力，对安排的工作挑三拣四，或不劳动跟集体无理取闹要救助的，扣5分；聚众闹事、打架斗殴，影响生产秩序、工作秩序的，视情节扣5至30分；不走正常的劳资协商程序，有意煽动、发动罢工，造成恶劣影响的，扣50分；参与罢工的，扣10分。

（四）擅自挪用公款和同事财物或有贪赃盗窃行为者，恣意挥霍单位财产造成较大经济损失者，视情扣50至100分；利用工作之便和业务关系请客、送礼、贿赂为个人谋取好处者，视情扣10至50分。

（五）擅自涂改单位原始记录、单据、合同者，视情节扣10至100分；遵守考勤制度，不按时上下班，迟到、早退，无故旷工的，视情扣2至20分。

（六）其他违反公司劳动纪律及各项规章制度现象，根据实际情况酌情给予扣分。

（七）违反党员相关规定的，视情节轻重，扣5至10分。

第十九条　尊师重道

（一）尊敬长辈，不尊敬长辈，言行举止不文明的，扣5分。

（二）努力学习，学习态度不端正，经常旷课、逃学的，扣5分。

（三）爱护公物，破坏学校公共财物，除照价赔偿外，扣5分。

（四）团结协作，不团结同学，打架斗殴造成一定影响的，扣5分。

（五）诚实守信，弄虚作假，考试舞弊的，视情节轻重，扣5至30分；私拿他人财物的扣5至20分。

（六）健康生活，沉迷营业性网吧和娱乐场所，参加非法组织活动的，发现一次，扣10分；有吸烟、喝酒、赌博等不良嗜好的，视情节轻重，发现一次扣5至20分。

（七）其他不文明行为或者受处分的，根据实际情况给予扣分。

第四章　文明奖励项（加分项）

第二十条　荣誉表彰

（一）家庭成员被评选表彰各类先进模范（如“××好人”“道德模范”“三好学生”“劳动模范”“优秀党员”等）将按以下规定进行加分：被村、社区、学校、企事业单位评选表彰的先进个人，加10分；获乡镇级表彰的，加20分；获县市级表彰的，加30分；获地市级表彰的，加40分；获省级表彰的，加60分；获国家级表彰的，加100分；以上奖项不重复获累计奖励，同一荣誉的按最高级别表彰进行加分。家庭获得荣誉的，在个人加分基础上，额外加10分。

（二）家庭成员参加各地区竞赛者按以下规定进行加分：获村、社区、学校、企事业单位竞赛证书的，加2分；获乡镇级竞赛证书表彰的，加5分；获县市级竞赛证书表彰的，加10分；获地市级竞赛证书表彰的，加20分；获省级竞赛证书表彰的，加30分；获国家级竞赛证书表彰的，加50分。以上奖项不重复获累计奖励，同一荣誉的按最高级别表彰进行加分。家庭共同参与的竞赛，在个人加分基础上，额外加10分。

（三）被各类媒体宣传报道的先进典型等将按以下规定进行加分：先进事迹被村、社区宣传报道的，加3分；被镇级媒体宣传报道的，加5分；被县市级媒体宣传报道的，加10分；被地级市媒体宣传报道的，加20分；被省级媒体宣传报道的，加30分；被国家级媒体宣传报道的，加50分。同一事迹被同一级别不同媒体报道的，不累计加分；同一事项获得表彰且宣传报道的，按最高加分计算。

第二十一条　爱心公益

（一）积极参与抢险救灾活动，经有关部门证实的，加10分。

（二）为保护他人、集体利益积极与违法犯罪分子做斗争，经公安机关证实的，加20分，被认定为见义勇为行为的加100分。

（三）不为财物所动，将所拾财物物归原主或上交相关部门的，视财物价值加2至30分。

（四）热心公益事业和志愿服务，本年度达到一星级志愿者时长（100小时）的加2分；达到二星级志愿者时长（300小时）的加5分；达到三星级志愿者时长（600小时）的加10分；达到四星级志愿者时长（1000小时）的加15分；达到五星级志愿者时长（1500小时）的加20分；当年度获评铜星志愿者（2000小时）加25分；获评银星志愿者（2500小时）加30分；获评金星志愿者（3000小时）加35分；获评终身志愿者（5000小时）加50分。

（五）向为民基金会等慈善机构、公益组织捐款捐物每1000元奖励3分。

（六）本年度获得全国无偿献血铜牌的，加20分；获银牌的，加30分；获金牌的，加50分。

（七）捐献骨髓或眼角膜等器官（捐献给直系亲属的除外），加100分；签订遗体捐献协议并执行的，为其家庭加100分。

（八）长期无偿照顾无亲缘关系鳏寡孤独、弱势群体，被照顾对象亲属或楼道内群众推举并经查实的，视情加10至40分。

第二十二条　其他

根据居民配合、参与本年度区域内开展的各项工作情况，视情考核。

第五章　实施方式

第二十三条　考核申请

以家庭户为单位（一房算作一户，特殊情况灵活处理），所有符合条件的家庭都需签字确认《永合社区“文明家庭”考评活动确认书》，并将回执交到永合社区，若居民逾期不交，社区将根据联动考核机制，将相应情况提交相关联动单位和个人，由相关单位和个人按照联动考核内容进行考核。

第二十四条　考评方式

（一）考核评比工作由南丰镇永合社区牵头，永联社会文明建设联合会进行实体化运作，永联为民基金会设立“文明基金”项目，相关责任单位共同参与。采取以个人为基础、家庭为单位评分制考核的形式，与个人文明素养评分表、家庭文明积分相结合，与社员福利待遇，职工、学生评优奖励等相挂钩。

（二）评比实施细则设有文明守则项、联动考核项（扣分）、文明奖励项（加分）；家庭满足“文明守则项”考核内容，且“联动考核项”没有扣分现象的，即达到及格线60分（含）。

（三）永联村经济合作社、永钢集团、永联警务室、永联小学等单位对照“文明家庭”评比细则内容提供相关考核证据材料，最终将家庭文明积分排名进行公示，来年年初举行表彰奖励。

第二十五条　奖优评先

（一）评比名额分配。文明积分60分以上，且没有扣分项的家庭入选文明家庭评比，其中“文明家庭标兵户”10户，奖励家庭1000元/人；“金质文明家庭户”90户，其余的为“银质文明家庭户”。以上文明家庭对象均可参加文明积分兑换活动，且由永合社区进行授牌奖励。

（二）文明积分运用。60分以上（无扣分）的家庭，每超过1分可兑换价值10元/人的礼品，文明家庭可前往天天鲜超市内进行物品兑换。（积分为次年统一时段进行兑换，不可跨年叠加，过时清零）

（三）奖励办法。一是表彰先进，被评为“文明家庭标兵户”的家庭，推荐参评省、市、镇级文明家庭；“金质文明家庭”“银质文明家庭”采用挂牌宣传（第一年获得文明家庭荣誉，但第二年未达标的家庭，将采取摘牌措施）；二是宣传典型，广泛宣传“文明家庭标兵户”优秀事迹，利用宣传媒介进行事迹报道，通过拍摄宣传视频、组织创作“文明家庭标兵户”文艺作品、编印《家风》宣传册、先进事迹宣讲等多种形式，让文明家庭的故事走进文艺作品、走进道德讲堂、走进家家户户。

第二十六条　信息公示

永合社区每年对“文明家庭”排名结果进行公示，所有居民进行监督，对公示结果有异议的，可在公示之日起10个工作日内向永合社区举报，申请再次核查；如果核查后积分结果排名变动的，将再次公示。凡被举报家庭，经核实，将取消当年“文明家庭”评选资格。

第二十七条　“五联”挂钩

“文明家庭”评比以家庭户为单位进行考核，文明积分基数为60分。一是联合社区，挂钩居民，社区作为区域内的服务和管理者，通过宣传引导以及统筹区域内治理单位制定各类奖惩机制进行挂钩考核；二是联合村股份经济合作社，挂钩社员，永联村股份经济合作社根据社员家庭文明积分情况，结合相关福利待遇等内容进行挂钩；三是联合工作单位，挂钩在职人员，对于有家庭成员在企事业单位中违反有关规定的，根据条款进行扣分，同时将得分情况反馈给所在的企事业单位作为评优奖励、职务晋升的依据；四是联合学校，挂钩学生，对于违反校纪校规的根据考核条款进行扣分，学校在进行评优奖励时，可参照该名学生家庭文明积分进行综合考量；五是联合党组织，挂钩党员，对于党员违反相关规定的根据条款进行扣分，同时对于在文明家庭考核中，党员的家庭成员有违反社会公德、职业道德、公序良俗行为的，报所在党组织进行挂钩扣分。

第六章　附则

第二十八条　“文明家庭”评比考核资金来源于永联为民基金会，发放主体为永合社区居委会。

第二十九条　本考评实施办法由南丰镇永合社区制定，最终解释权归南丰镇永合社区所有。

第三十条　本办法自2020年1月1日起实施，原《2019年度永合社区“文明家庭”评比办法》同时废止。

永合社区

2020年1月1日

经济合作社设备设施资产管理办法

第一章　总则

第一条　为加强村经济合作社所属集体设备设施资产的管理，规范设备设施资产的新增、闲置、报废、转移调拨、租赁、外售等管理流程以及台账、折旧等管理要求，防范资产流失风险，特制定本办法。

第二条　本办法适用于村经济合作社所属集体所有的各类设备设施资产的管理。

第三条　本办法所指的设备设施资产是为生产商品、提供劳务、出租、生活服务、经营管理而拥有的、使用年限一年以上的设备设施（包括在线使用、备用、新增、改造、闲置以及自制检验合格的设备），主要由以下几类构成：

（一）生产经营类设备设施。主要是生产经营用的机器、机械、电器、电子设备、运输工具以及其他与生产经营活动有关的设备、器具、工具等。

（二）生活服务类设备设施。主要是生活用的电梯、消防、供水、供电、监控、空调等公共配套设备设施，自购或受赠的具有一定价值的各类艺术品。

（三）办公类设备设施。主要是办公电脑主机、显示器、打印机、传真机、照相机、录音笔等办公设备及办公用桌椅、文件柜、会议桌、冰箱、电视机、开水器等。

第四条　新增设备设施是指因生产经营、生活服务、办公等需要，新购或新建的设备设施（含配套专用备件）。

第五条　闲置设备设施是指因使用需求变化、设备升级改造等因素，经有关部门论证，设备设施确实不再使用，但仍有使用价值的设备设施（含配套专用备件）。

第六条　报废设备设施是指设备设施主体结构陈旧、破损严重，经修理也不能恢复其工作能力或根本无修理价值（修理费用超过原值的60%）；或国家明令淘汰、确实不能继续使用；或已超过规定的使用年限，其主要结构和零部件损坏严重而无法修复；或改（扩）建、生产变更，拆除后又无法利用；或因事故或自然灾害使设备遭受严重损坏，无修复价值等情形的设备设施。

第二章　管理职责

第七条　资产管理部是村经济合作社设备设施资产的归口管理部门，主要负责拟定、修订设备设施资产管理制度和标准并执行监督；负责年度新增资产的预算管理；建立和维护设备设施资产管理台账（含设备图纸、维保及检修记录等技术档案），定期盘点；办理新增、闲置、报废、转移调拨、租赁、外售、受赠等手续；对闲置、报废设备设施的日常管理；承办设备设施维修业务事宜；负责闲置、报废设备设施的外售定价并办理处置手续。

第八条　资产使用部门负责资产的保管和维护，提出资产新增、闲置、报废、转移调拨申请。

第九条　财务管理部负责对设备设施固定资产新增、闲置、报废、转移调拨等进行账务处理，负责固定资产的折旧管理。

第三章　新增管理

第十条　由使用单位按财务预算管理要求，每年底将下一年度需新增的设备设施列入年度预算计划内，由资产管理部审核，经执委会讨论，报理事会审议。

第十一条　年度预算内单列的新增设备设施，使用单位根据需求计划，填写《设备设施新增申请表》，经资产管理部审核，报社长审批同意后，资产管理部办理采购计划审批流程；与建设项目同步新增的设备设施，列入年度项目总预算的，可不再提交《设备设施新增申请表》，按照项目建设整体计划实施。

第十二条　未列入年度预算内的新增设备设施（办公类设备设施除外），由使用单位按预算管理要求，提出追加预算的申请，报资产管理部审核，20万元以内的，由社长审批；超过20万元的，经社长审核、执委会讨论，报理事会审议同意后，方可办理新增申请手续（流程同第十一条）。

第十三条　受赠的设备设施，由资产管理部办理接受手续，建立资产管理台账。

第四章　闲置（外售）管理

第十四条　设备设施需闲置处理的，由使用单位提出闲置申请，资产管理部填写《设备设施闲置（外售）申请表》，经资产管理部经理审核，报社长审批同意后，办理闲置或外售手续。

第十五条　闲置设备启封或使用其部件，需以书面形式向资产管理部提出申请，经资产管理部经理审核同意后，办理启封或出库手续。

第十六条　闲置设备设施涉及外售的，由资产管理部联系购买单位，提出销售处理建议，报社长审批同意后，签订销售合同。销售结束后，资产管理部将销售合同、《设备闲置（外售）申请表》（纸质版）及对应的销售清单交财务管理部备案。

第十七条　对库存时间超过两年的闲置设备设施要定期梳理，确认闲置或报废。若确认报废，按报废流程办理。

第五章　报废管理

第十八条　符合报废条件的设备设施，由资产管理部填报《设备设施报废申请表》（附《设备设施报废明细表》），经资产管理部经理审核，报社长审批。若同意报废，由资产管理部进行拍照存档，进行报废处理；若不同意报废的，继续做好资产的维护和管理工作。

第十九条　报废设备设施需要技术鉴定的，可委托专业部门提供鉴定意见；报废设备设施要割废或作为固废垃圾处理的，可委托第三方予以处理，处理成本或售卖价格由资产管理部询价后，报社长审批。委托第三方处理或外售的，处理流程同第十五条。

第二十条　报废工业锅炉、特种设备，须经张家港市质量技术监督部门签字注销；报废后，不得转卖或留用。

第六章 转移调拨管理

第二十一条 设备设施可在村经济合作社内部实行资产调拨。

第二十二条 需使用经济合作社内部其他单位的闲置设备设施的，由调入单位填写《设备设施转移调拨申请表》，经调出单位同意、资产管理部经理审核后，报社长审批同意，方可办理转移调拨手续。

第二十三条 设备设施固定资产对外转让或赠与，由资产管理部拟定方案，经社长审核、执委会讨论后，报理事会审议。批准同意后，签订转让或赠与协议，资产管理部办理资产移交手续。

第二十四条 职能部门之间可调配的办公设备设施，由需求部门申请，提交资产管理部审核办理；若员工离职、调岗办理岗位交接时，由所在部门提交资产管理部，办理资产移交或变更手续。

第七章 租赁(借用)管理

第二十五条 设备设施对外出租或借用的，须经双方协商同意，资产管理部按照双方约定，代表村经济合作社办理租赁(借用)协议签订手续，报社长审批。若设备设施与房屋、厂房等固定资产一并出租或借用的，合并签订协议。

第二十六条 租入(借用)方要按期归还资产。如需续租，应按规定重新办理租赁(借用)手续。

第八章 台账管理

第二十七条 设备设施固定资产初始数据的采集主要有以下三方面的来源：

(一)建设部门采集。工程项目竣工投产时，建设部门以书面形式通知资产管理部和财务管理部，对达到预定可使用状态的设备设施固定资产进行预估入账，预估金额包括勘察设计费、建安合同价款、设备价款、资本化利息等所有相关费用。

(二)自行采集。以总包方式建设的工程，资产管理部要协同建设部门，编制设备设施清单(清单应包括设备名称、规格及型号、数量、安装具体部位、主机名称、金额等内容)，提交财务管理部。

(三)采购部门采集。工程设备出库时，采购部门提供完整的《设备出库单》并及时办理下账手续。出库单包含设备名称、规格及型号、数量、供货单位全称、合同号、设备制造厂家、设备重量、安装具体部位、主机名称、金额等信息，为设备设施固定资产的“台套划分”提供原始依据。

第二十八条 设备设施固定资产“台套划分”遵循以下原则：

(一)一般具备驱动、传动和工作三部分机构的设备，应划为一台单机。

(二)虽不具备驱动、传动和工作机构，但能独立完成某项既定的工作任务者，亦应划为一台单机。

(三)对于高低压柜等配电设备的每一单体凡属于本配电系统或两台以上机械设备共用者，应划为一台单机。反之，属于某一机械设备的附属设备，不应划为一台单机。

(四)水、电、风、气、汽等传导设备划分要按输送管(线)路的主干、分支或规格、能力等因素进行分段，明确线路的起点和终点以及管(线)路中的各种附属设置，每段应划为一单项设备。

第二十九条 财务管理部依据采集的初始数据，编制《固定资产交付清单》(初稿)，移交资产管理部审核并进行实物确认，并按照“台套划分”原则，进行资产归集分类和编码。

第三十条 财务管理部依据资产管理部已确认的《固定资产交付清单》(初稿)，对设备设施安装、管理等费用进行分摊，形成《固定资产交付清单》(正式)，提交资产管理部确认后，建立正式固定资产卡片，同时将原预估入账的固定资产卡片作“报废”处理。

第三十一条 零星购置的设备设施属于固定资产的，每月由财务管理部整理，编制零星购置的设备设施《固定资产交付清单》，经资产管理部核实后，建立固定资产卡片。

第九章 折旧管理

第三十二条 属于固定资产的设备设施折旧按财务规定的折旧方法和折旧率办理。

第三十三条 下列固定资产不计提折旧：

(一)以经营租赁方式租入的固定资产；

(二)已提足折旧继续使用的固定资产；

（三）提前报废的固定资产。

第十章　管理要求

第三十四条　设备设施发生新增（含受赠）、闲置（外售）、报废、调拨转移（含对外转让和赠与），资产管理部均要及时将相关信息输入资产管理系统；属于固定资产的，要报财务管理部备案并作账务处理，其中资产管理卡片包括资产名称、编号、规格型号、价格、配置、配件、购入日期、生产厂家、验收情况、验收人、使用单位、使用人及维护使用情况等信息。

第三十五条　报废、闲置设备设施原则上集中堆放，由资产管理部或委托第三方保管，任何人不得随意处置或拆卸挪作他用；闲置设备设施原则上就地封存，指定专人保管，并定期维护、保养和清理盘点，维护保养费用由资产隶属单位承担。

第三十六条　内部转移调拨或对外转让和赠与设备设施，按照账面价值进行账务处理，设备设施固定资产卡片、有关资料及附件等一并移交给调入（接收）单位。未经许可，不得自行拆散、转移、外调、变卖。

第三十七条　资产保管遵循“谁使用，谁保管”的原则，使用部门或使用人是第一保管人和日常保养人；领用登记人或部门拥有领用资产的使用权、保管权，承担损坏、丢失赔偿责任。

第三十八条　设备设施租赁（借用）期间发生的修理维护费用，由租入（借用）方承担。如损坏或丢失，按价值和损坏程度予以赔偿。

第三十九条　资产管理部每年组织资产集中盘点不少于一次。若遇到单位撤并重组、固定资产批量处理等情形，由资产管理部组织临时盘点。

第四十条　若设备设施的固定资产信息发生变化时，资产管理部和财务管理部要同步更新管理台账；以报废、闲置、赠与等方式处置资产均要拍照存档。

第十一章　监督考核

第四十一条　若违反本办法，由资产管理部进行专项考核。对造成经济损失的，由资产管理部组织相关部门进行联合调查，提出处理建议，经村经济合作社执委会讨论后，按照相关规定追究责任人员的责任。

第十二章　附则

第四十二条　相关业务流程：

1. 设备设施新增审批流程图
2. 设备设施闲置（外售）审批流程图
3. 设备设施报废审批流程图
4. 设备设施转移调拨流程图

第四十三条　相关记录：

1. 设备设施新增申请表
2. 设备设施闲置（外售）申请表
3. 设备设施报废申请表
4. 设备设施转移调拨申请表
5. 闲置（外售）设备设施台账

南丰镇永联村股份经济合作社
2020年6月9日

经济合作社土地资产管理办法

第一章　总则

第一条　为了规范村经济合作社集体所有的土地资产管理，合理保护、开发土地资源，促进节约集约利用土地，切实保护耕地，促进村域经济可持续发展，依据《中华人民共和国土地管理法》和《江苏省土地管理条例》，特制定本办法。

第二条　本办法适用于村经济合作社已取得土地使用权的土地和集体所有的农业、住宅、商业、工业、公共建设用地以及从外部流转、租赁的土地管理。

第三条　按土地用途，土地分为农用地、建设用地和未利用地。农用地是指直接用于农业生产的土地，包括耕地、林地、草地、农田水利用地、养殖水面等；建设用地是指建造建筑物、构筑物的土地，包括住宅、商业、配套设施和公共设施用地、工业用地、交通水利设施用地、旅游用地等；未利用地是指农用地和建设用地以外的土地。

第四条　本办法的土地资产管理包括但不限于：土地资产维护、出租经营管理，土地资产的看护和安全管理，土地资产正式接收后至移交前的资产权属资料管理等。

第五条　村经济合作社负责已取得土地使用权的土地和集体所有土地的统一经营和管理工作。

第六条　村经济合作社根据土地资产的复杂程度和管理难度，可选择自主聘用专员管理、组建专业机构管理或委托第三方管理的管理模式。

第二章　管理职责

第七条　资产管理部是村经济合作社土地资产的归口管理部门，负责土地资产管理制度的拟定、修订与执行监督；负责土地资产使用、租赁、转让、维护等日常管理，对出租土地的使用和维护情况监督管理；负责土地资产文档管理、租赁明细台账登记、统计、更新等工作，定期（每年）报告土地资产管理情况；配合上级土地行政主管部门完成土地权属变更手续。

第八条　财务管理部负责土地资产的账务管理和土地补偿费、安置补助费等费用结算。

第九条　经济合作社委托第三方负责集体建设用地流转、农用地转用、征收、不动产权登记所涉及的相关手续办理。

第十条　使用单位负责土地资产的日常使用和维护管理。

第三章　土地规划管理

第十一条　村经济合作社应当依据上级国土空间规划、节约集约用地和区域控制性规划明确的土地用途，依法依规使用土地；并及时根据上级规划调整提出规划需求，纳入规划编制。

第四章　土地租赁管理

第十二条　集体所有的农用地可由经济合作社内部或外部单位或者个人承包经营，从事种植业、林业、畜牧业、渔业生产。发包方和承包方应当订立承包合同，约定双方的权利和义务。土地承包经营的期限由承包合同约定。承包经营土地的单位和个人，有保护和按照承包合同约定的用途合理利用土地的义务。

第十三条　资产管理部根据土地用途，与租户确认租赁用途、面积和价格，草拟土地出租请示，经资产管理部经理审核后，报社长审批。若同意租赁，按批示草拟租赁合同，并按照合同审批流程办理租赁手续。需要招标条件的，按照招议标流程办理。

第十四条　资产管理部按照合同约定，监督土地使用情况，定期收缴土地租金。

第十五条　土地租赁到期，承租方要按期办理退还手续；若续租，要按规定重新签订租赁合同。若因政策调整等原因调整租金标准，可签订补充协议或重新签订租赁合同。

第十六条　若需对外承租土地，资产管理部草拟土地承租请示，经资产管理部经理审核后，报社长审批。若同意承租，按批示和合同审批流程办理租赁手续。

第十七条　资产管理部按照合同约定，定期缴纳土地承租租金。土地租赁到期，按期办理退还手续；若续租，重新按照第十六条流程办理。

第五章　新增建设用地管理

第十八条　若需新增建设用地，村经济合作社指定委托第三方负责办理相关手续，资产管理部、社务管理部、财务管理部协办。

第十九条　新增建设用地审批完成后，资产管理部会同财务管理部，协同委托单位办理后续土地公开交易、供地合同、缴纳税费、办理用地许可、不动产权登记等手续，更新土地资产的台账；确定的用地红线坐标图（CAD 版），纳入新增建设用地管理。

第二十条　新增建设用地在项目建设竣工后，应办理竣工验收、完成不动产权合并登记。

第六章　管理要求

第二十一条　使用土地要遵循以下管理要求：

（一）严禁擅自占用基本农田、一般农田等土地建设各类设施、建筑；

（二）严禁不按批准的用地红线及规划设计条

件使用土地；

（三）未经批准，不得将土地资产以任何方式进行租赁或出借给其他单位或个人使用；

（四）严禁乱搭乱建、乱倒弃土等侵占土地行为；

（五）严禁侵占、挪用土地补偿费、安置补助费、土地附着物和青苗补偿费以及在征地中发生的其他费用的行为；

（六）其他违反土地法律法规的行为。

第二十二条　临时用地应当按照临时使用土地合同约定的用途使用土地，应当办理临时用地审批的应在使用土地前完成报批。临时使用土地届满，由临时用地单位负责恢复土地的原使用状况。

第二十三条　土地资产租赁接收应注意以下事项：

（一）资产权属清楚，权属证明文件齐备，无法律纠纷或瑕疵；

（二）资产现状、数量符合相应资产流转协议、政府资产划转决定要求；

（三）资产租赁或其他占用情况；

（四）土地"四至"情况以及土地现有使用的完整性；

（五）有无其他限制资产正常使用的情况；

（六）其他相关情况。

第二十四条　建设占用土地，涉及农用地转为建设用地的，应当办理农用地转用审批手续。

第二十五条　涉及新增建设用地、临时用地的，由用地单位填写《新增用地申请审批表》，经单位主管、村资产管理部审核、村经济合作社社长审批同意后组织用地报批。

永联小镇、农耕文化园俯瞰图

第二十六条　依法取得使用权的土地，可以按照法律、法规的规定进行土地使用权流转、转让、出租、抵押。

第二十七条　承包经营耕地的单位或者个人连续两年弃耕抛荒的，应终止承包合同，收回发包的耕地。

第二十八条　耕地经营单位或者个人应当采取措施，维护排灌工程设施，改良土壤，提高地力，防止土地荒漠化、盐渍化、水土流失和污染土地。

第二十九条　涉及土地复垦的，按照国土资源部《土地复垦条例》规定实施。

第三十条　资产管理部采取定期或不定期的方式，对土地资产进行巡查，及时发现和处理土地管理存在的问题。

第三十一条　资产管理部每年须向村经济合作社报告土地资产管理情况，报告应包括土地资产情况、资产管理方式、成本费用情况、租赁收入情况、管理问题、下年度费用预算租赁收入计划等内容。

第三十二条　土地补偿费、安置补助费、土地附着物和青苗补偿费等补偿标准按照上级政府规定执行。

第七章　监督考核

第三十三条　对违反本制度规定办事流程、违规、失职等行为，造成土地资产毁损或经济损失的，由资产管理部按照考核细则，对管理责任单位和责任人进行考核。造成安全事故的，按照相关管理制度追究管理责任。

第三十四条　对擅自违规用地触犯法律法规被追究的，依法移交司法部门追究法律责任。

第八章　附则

第三十五条　本办法由村经济合作社资产管理部负责解释和修订，自发布之日起施行。

第三十六条　相关记录：

1. 新增用地申请审批表

南丰镇永联村股份经济合作社

2020年8月7日

索引

Index

永联小镇一景

永联年鉴

2021

说 明

一、索引采用主题分析法编制，大部分选用关键词。

二、索引设有条目索引、表格索引、随文图片索引三个分目，按标引词首字母汉语语音音序排列，首字相同按第二字音序排列，以此类推。

三、由类目、分目提取的索引用黑体字标明。标引词后的阿拉伯数字表示内容所在的页码，数字后面的a、b分别表示从左至右第一、二栏。标引词后第二个页码起，表示该索引参见内容所在位置。

四、为便于读者检索，张家港市的企事业单位以及在张家港市发生的事件名称，除易产生歧义者外，省略“张家港市”或“张家港”。

条目索引

A

B

C

D

K

L

M

N

Q

R

S

T

W

表格索引

W

Y

Z

随文图片索引

A

C

D

G

H

J

L

M

N

P

主审人员名单

（按姓氏笔画排序）

毛水才	卢文良	吴卫忠	张良斌	吴　昊
陈建新	李春丰	苏剑斌	张祥生	李晓君
张爱峰	李　敬	张　瑜	屈小波	胡文俊
胡俊辉	徐云龙	钱丽英	高　敏	眭志松
黄忠良	黄　剑	崔　航	蒋志兵	程　勇
褚　卫				

2020年中国农民丰收节江苏主场

永联农产品展示

开幕式现场

晚会现场

开幕式现场